KB149356

ΗΘΙΚΩΝ ΜΕΓΑΛΩΝ
ΑΡΙΣΤΟΤΕΛΟΥΣ

고전의 숲 10

아리스토텔레스 대도덕학

초판1쇄 펴냄 2024년 9월 24일

지은이 아리스토텔레스
옮긴이·주석 김재홍, 장미성
펴낸이 유재건
펴낸곳 (주)그린비출판사
주소 서울시 마포구 와우산로 180, 4층
대표전화 02-702-2717 | **팩스** 02-703-0272
홈페이지 www.greenbee.co.kr
원고투고 및 문의 editor@greenbee.co.kr

편집 이진희, 구세주, 민승환, 성채현, 김혜미 | **디자인** 이은솔, 박예은
물류유통 류경희 | **경영관리** 이선희

ISBN 978-89-7682-876-7 93190

독자의 학문사변행學問思辨行을 돕는 든든한 가이드 _(주)그린비출판사

아리스토텔레스
대도덕학

김재홍, 장미성 옮김·주석

ΗΘΙΚΩΝ ΜΕΓΑΛΩΝ
ΑΡΙΣΤΟΤΕΛΟΥΣ

옮긴이의 말

이번 번역 작업은 모처럼 동학(同學)의 연구자와 수행하였다. 공동 작업에 참여한 장미성 교수(숭실대 철학과)는 미국 뉴욕에 있는 버팔로 대학에서 아리스토텔레스의 『니코마코스 윤리학』을 연구해서 박사 학위를 받은 중견 학자다. 그의 주된 연구 주제는 아리스토텔레스 윤리학에서 말하는 '중용'(중간임)에 관한 것이다. 장 교수는 나의 철학과 후배로서 젊은 시절부터 늘 가까이 교류해 온 학자이다. 장 교수와 공동 작업을 진행한 이유는 그가 아리스토텔레스의 윤리학 전공자이기도 하지만, 연로해지는 나의 '언어 감각'에 좀 더 신선한 기운을 불어넣기 위해서였다. 이렇게 말하면 이기적인 학문적 욕구를 드러내는 것 같으나 여기에는 철학의 정신을 실천해야겠다는 의도가 다분히 깔려 있다. "혼자서는 연속적으로 활동하기 쉽지 않은 데 반해 다른 사람과 함께라면, 또 타인과의 관계 속에서라면 쉽기 때문이다. 그러면 그 자체로 즐거운 활동은 더 연속적이 될 것"(『니코마코스 윤리학』 제9권 1170a5-8)이라는 아리스토텔레스의 말마따나 이번에 함께한 작업에서 우리의 공동 관심사가 많아질 것이라는 믿음과 기대감이 있었고 실제로 그러하였다.

일차적으로 내가 초벌 번역을 하고, 그다음으로 장미성 교수가 원고를 손보는 절차를 밟았다. 특히 이 책의 해제(『『대도덕학』은 어떤 책인가?」, 「외적 좋음과 행복에 관하여」)에는 이미 『대도덕학』에 대한 연구를 진행해 온 장 교수의 연구 결과와 아이디어 대부분이 담겨 있다.

이로써 아리스토텔레스의 윤리학 작품 넷 중에서 세 작품이 우리말로 옮겨지는 셈이다. 베커판으로 2쪽에 지나지 않아서 책이라 부르기도 민망하고, 게다가 아리스토텔레스의 진작이 아닌 위작으로 알려진 『덕과 악덕에 대하여』를 제쳐 놓으면, 아리스토텔레스의 윤리학 작품은 다 번역된 셈이다. 고전 번역 작업이 다 그렇지만 『니코마코스 윤리학』과 『에우데모스 윤리학』은 한 번의 번역으로 그치지 않고 세속해서 다른 고전 철학 연구자들에 의해 우리말 번역본이 나올 것이다. 이 작업에 장 교수나 나 자신도 동참할 수 있을 듯하다. 여러 학자의 손을 거쳐 다양한 우리말 번역본이 나오는 것은 반가운 일이고, 학문의 발전을 위해서도 매우 좋은 일이다.

아리스토텔레스에 대한 우리의 작업이 후학들에게 많은 도움이 되길 바란다.

김재홍·장미성

일러두기

1 이 책은 아리스토텔레스의 『대도덕학』(*HΘIKΩN MEΓAΛΩN*) 제1권과 제2권을 우리말로 옮긴 것이다.

2 원전 번역 대본은 F. Susemihl, *Aristotelis quae feruntur Magna Moralia*(Leipzig, 1883)를 기준으로 삼았다. 더불어 이에 약간의 수정을 가한 판본인 G. C. Armstrong, *Aristotle, Magna Moralia*(Loeb Classical Library, Cambridge, Mass,1935)도 참조했다. 여러 사본을 통해 전해진 교정을 받아들인 경우, 가급적 Susemihl판이 채택하지 않은 사본을 고려하여 번역했다. 대본과 다른 사본을 받아들여 수정된 사항은 각주를 통해 명확히 밝혔다. 단, G. C. Armstrong이 사본을 받아들인 경우는 각주에 밝히지 않았다. 이 책에 관한 한, 원전에 대한 표준적 '비판 정본'이 아직 확립되어 있지 않다.

3 원문의 쪽수, 단, 행의 표기는 관례를 좇아 벡커(Bekker)가 편집한 아리스토텔레스 전집(*Aristotelis Opera*, Berlin, 1831~1870)을 따랐다. 벡커판 1181a25는 '벡커판 1181쪽 왼쪽 난(欄: columm) 25행'을 표시한다. b는 오른쪽 난을 가리킨다.

4 원문에서 생략된 말이 있거나 원문만으로는 충분한 의미가 전달되지 않는다고 판단될 경우에는 대괄호([ ]) 안에 원문을 이해하는 데 도움이 될 수 있는 의미를 보충했다. 또한 대괄호는 원어에 대한 부가적 설명도 담고 있다. 원문에 없는 내용을 보충한 경우는 대괄호는 따로 표기하지 않고, 각주로 처리해 그에 대한 설명을 덧붙였다. 다른 풀어쓰기가 요청되는 경우도 각주에서 논의했다. 원문에서 탈문(lacuna)이 있는 경우 별표(**)를 사용했다. 독해에 방해가 되지 않는 한, 원문에서 생략된 표현은 기호 표시를 하지 않은 채 원문에 삽입하여 읽었다.

5 ē와 ō는 헬라스어 장모음 에타(eta)와 오메가(omega)를 표시한다. χ는 로마자 ch로, υ는 u로 표기하며, 헬라스어의 우리말 표기는 원음에 가깝게 표기하고, υ는 일관적으로 '위'로 읽어, 이를테면 Phusis는 '퓌시스'로 표기했다. 어쩔 수 없는 경우가 아니라면 Iota subscript(hupogegrammenē)를 밖으로 드러내 표기하지 않았다.

6 원칙적으로 헬라스어 전전에 충실해서 옮기되, 우리말로 매끄럽지 않을 경우에 어느 정도는 의역을 가했다. 가능한 한 맥락이 연결될 수 있도록 옮긴이의 해석에 맞춰 옮기려고 노력했다.

7 이 책의 '해제'를 포함하여 본문 각주에서 인용한 『니코마코스 윤리학』, 『에우데모스 윤리학』의 대목은 기존의 번역본을 사용하지 않고 미간행된 김재홍의 우리말 번역을 따랐다.

차례

옮긴이의 말   5
일러두기   7

『대도덕학』은 어떤 책인가?   15

1. '책의 제목'에 대하여——아리스토텔레스의 윤리적 작품들   15
2. 윤리학 책들의 저작 순서   18
3. 이 책의 논의 구조상의 특징   20
    (1) 문체상의 특징   21
    (2) 내용상의 특징   25
4. 작품의 진위 문제와 관련해서   29

외적 좋음과 행복에 관하여   39

1. 행복이란 무엇인가?   39
2. 『니코마코스 윤리학』과 『에우데모스 윤리학』에서 전개된 행복론   46
3. 『대도덕학』에서 설명되는 행복과 외적 좋음   54
4. 『대도덕학』이 남겨 준 윤리적 유산   73

제1권   77

I. 좋음의 규정   79

제1장   덕에 관한 선행 철학자들의 견해, 검토, 정치학과 좋음의 규정   79
제2장   좋음의 구분 (1)——최고선과 행복   90
제3장   좋음의 구분 (2)——최고선과 행복   95

II. 행복과 덕 98

제4장 행복과 덕 있는 삶——혼의 여러 부분 (1) 98

제5장 덕의 정의——혼의 여러 부분 (2) 102

제6장 성격에 관련된 덕과 쾌락, 습관화 106

제7장 성향, 감정, 능력, 성향과 중간임(중용) 107

제8장 감정과 중간임 108

제9장 모자람과 지나침, 덕은 우리에게 달려 있는가? 109

III. 행위를 둘러싼 여러 요소 114

제10장 시원(원리), 덕은 자발적인가? 114

제11장 행위의 시원 115

제12장 자발성에 대하여 (1)——자발성의 본질, 욕망과 자발성 117

제13장 자발성에 대하여 (2)——바람, 자발성과 비자발성 118

제14장 자발성에 대하여 (3)——힘에 의한 강요와 강제에 대하여 (1) 120

제15장 자발성에 대하여 (4)——힘에 의한 강요와 강제에 대하여 (2) 121

제16장 자발성에 대하여 (5)——자발성과 사고 122

제17장 선택에 대하여 123

제18장 덕의 목적, 선택과 덕, 중간임과 목적 128

제19장 목적 131

IV. 성격과 관련된 여러 가지 덕 133

제20장 용기에 대하여 133

제21장 절제에 대하여 138

제22장 온화에 대하여 140

제23장 자유인다움의 후한 마음에 대하여 (1) 141

제24장 자유인다움의 후한 마음에 대하여 (2) 142

제25장 고매(원대한 마음)에 대하여 143

제26장 통 큼에 대하여 144

제27장 의분에 대하여 146

제28장 존엄에 대하여 147

제29상 궁리에 대하여 148

제30장 재치에 대하여 149

제31장 친애에 대하여 150

제32장 진실에 대하여 150

제33장 정의에 대하여 151

V. 지성에 관한 덕 171

제34장 사려와 혼, 사려와 이성, 사려와 지혜, 사려와 동기 부여, 사려와 행위 171

제2권 185

제1장 공평에 대하여 187

제2장 양식에 대하여 188

제3장 덕과 사려, 정의와 사려, 부정의한 행위와 자발성 189

VI. 자제력과 자제력 없음 196

제4장 자제력과 자제력 없음에 대하여 (1) 196

제5장 자제력과 자제력 없음에 대하여 (2) 197

제6장 자제력과 자제력 없음에 대하여 (3) 198

VII. 쾌락   220

제7장 쾌락에 대하여──쾌락의 본질, 쾌락의 좋음과   220
      최선에 관련된 논의에 대한 답변

VIII. 행복   235

제8장 행운에 대하여   235

IX. 덕의 완성   241

제9장 '지극히 훌륭하고 좋음'에 대하여, 완전한 덕   241

X. 올바른 이치   243

제10장 올바른 이치에 근거한 행위   243

XI. 친애   246

제11장 친애에 대하여 (1)──친애의 본질,   246
       동등한 자와 동동하지 않은 자들에서의 친애, 친애의 세 가지 종류
제12장 친애에 대하여 (2)──호의, 마음의 일치('한마음'), 친애   263
제13장 친애에 대하여 (3)──자기애 (1)   267
제14장 친애에 대하여 (4)──자기애 (2)   269
제15장 친애에 대하여 (5)──자족과 친애   270
제16장 친애에 대하여 (6)──친구의 숫자   273
제17장 친애에 대하여 (7)──친애와 비난   274

참고문헌   277
찾아보기   285

대도덕학

『대도덕학』은 어떤 책인가?

1. '책의 제목'에 대하여──아리스토텔레스의 윤리적 작품들

왜 아리스토텔레스는 '동일한 내용을 동일한 방식으로' 다루는 거의 같은 주제의 윤리학 관련 작품을 3종이나 남겼을까? (일단 위작으로 알려진 『덕과 악덕에 대하여』는 제외한다.) 그는 왜 그런 수고를 아끼지 않은 것일까? 이러한 궁금증을 키운 후세 학자들은 그의 윤리학 저작으로 전해진 작품을 놓고 진위 문제를 따졌다. 하지만 작품의 진위 문제는 나중에 다시 언급하겠다. 우리가 알고 있는 대로 아리스토텔레스의 윤리학 저작 네 개 중에서 오늘날에도 『니코마코스 윤리학』과 『에우데모스 윤리학』은 흔들림 없는 확고한 지위를 누리고 있다. 『덕과 악덕에 대하여』는 위서(僞書)로 간주되었고, 나머지 저작인 이 책 『대도덕학』은 여전히 진작 여부가 논란이 되고 있다.

우선 이 책은 전통적으로 『대윤리학』(*Ēthika megala*) 혹은 『대도덕학』(*Magna moralia*)으로 불려 왔다. 이는 관습적 차이일 뿐 어느 제목으로 부르든 아무런 차이가 없다. 현존하는 『아리스토텔레스 전집』(*Corpus Aristotelicum*)에는 그의 윤리학적 저작으로 우리에게 잘 알려진 『니코마코스 윤리학』과 『에우데모스 윤리학』 이외에도 아주 짤막한 논고 형식인『덕과 악덕에 대하여』를 포함해서 모두 네 개의 책이 수록되어 있다. 그중에 이 책은 분량으로 따지면 세 번째다. 현재 아리스토텔레스 저작의 표준 텍스트가 되는 백커판으로 환산하면 어림잡아『니코마코스 윤리학』은 87쪽(1094a-1181a)이고,『에우데모스 윤리학』은 35쪽(1214a-1249b)이며,『대도덕학』은 32쪽(1181a-1213b),『덕과 악덕에 대하여』는 2쪽(1249a-1251b)으로 구성되어 있다.『니코마코스 윤리학』과『에우데모스 윤리학』은 각각 사람의 이름을 붙여 부르고,『덕과 악덕에 대하여』는 다루는 주제를 표제로 삼고 있다. 그런데 이 책의 제목이 조금 독특하다. 왜 책 제목에 '대'(大, magna)라는 말이 붙었을까?

지금 논의하고 있는 사항은『대도덕학』의 '대'라는 말의 함의이다. 도대체 '대'가 갖는 의미는 무엇일까? 앞서 언급했듯『대도덕학』은 두 개의 다른 윤리학적 저작에 비해 결코 '큰' 작품이 아니다. 극단적으로 짧은『덕과 악덕에 대하여』를 제쳐 놓으면, 남은 세 개의 책 중에서『대도덕학』은 분량상으로 가장 적은 책이다. 그럼에도 왜 이 책에 '대'라는 형용사를 붙여 불러 왔을까? 종래에는 크게 두 종류의 해석이 있어 왔다. 이것들 외에 다른 설명도 있지만, 그중 가장 그럴듯한 견해를 소개하자.

(1) 하나는 각 저작을 구성하는 권(volumen)의 분량 비교를 통한 '양'적 해석이다. 전체 두 권으로 구성된 이 책이 포괄하는 영역은 전체 여덟 권으로 구성된『에우데모스 윤리학』에 맞먹는다. 반면에 전체 여덟 권인『에우데모스 윤리학』에 실린 단어의 수는 전체가 두 권인『대도덕학』의 고작 두 배에 지나지 않는다. 전체 두 권으로 구성된 이 책은 그러나 제2권의 말미가 도중에서 끊어진 채 마무리되고 있지 않지만, 제1권만을

생각해도 거기에서 다루고 있는 주제는 매우 폭넓다. 예를 들면 『니코마코스 윤리학』 제1권부터 제6권에서 다루고 있는 주제를 『대도덕학』은 두루 포괄하고 있다. 그 결과 이 책의 '각 권'(biblia, 두루마리)은 다른 윤리학 저서의 '각 권'보다 책장에서 더 큰 공간을 차지하게 되었을 것이다. 요즘 같은 책 모양의 낱권이 아니라 '각 장'이 둘둘 말린 두루마리 형태의 낱권으로 책장에 쌓여 있다고 생각해 보라. 아마 그런 의미에서 '크다'라고 불리지 않았을까 하는 해석이 있다.[1] 즉 전체 두 권으로 구성된 이 책의 분량은 다른 두 윤리학서의 각각을 구성하는 권의 분량보다 약 두 배가량 많다.[2]

이처럼 『대도덕학』 한 권이 다루는 영역이 다른 윤리학서 몇 권이 다루는 영역보다 더 넓기 때문에, 그리하여 사본 한 권의 물리적 크기가 커졌기 때문에 '크다'라고 불리게 되었다는 것이 하나의 해석인 것이다.

(2) 또 하나는 '대'(大)를 '나이가 많은'이라는 뜻으로 보는 해석이 있다. 사십여 편이 남아 있는 이 책의 헬라스 사본 중에는 *Ēthika megala*라는 제목이 붙은 것 외에 제목을 *Ta Megala Nikomacheia*(『大 니코마코스의

---

1   Armstrong, pp. 427~428 참조.
2   아리스토텔레스 작품의 표준 텍스트인 벡커판으로 『니코마코스 윤리학』은 전 10권 87쪽, 『에우데모스 윤리학』은 전 5권(『니코마코스 윤리학』과 겹치는 4, 5, 6권은 관례적으로 제외됨) 35쪽 분량으로 권당 7쪽에서 9쪽인 반면, 『대도덕학』은 2권 전체 32쪽으로 권당 16쪽이다. 윤리학적 저작 이외의 다른 그의 저작을 참조하자면 대개 한 권이 벡커판에서 750~800행으로 구성되는 것에 비해 『대도덕학』의 경우 제1권이 1,288행, 제2권이 1,151행으로 구성되어 있어서 '크다'라고 말할 수 있다.

도덕학』)라고 표기한 것도 전해진다.[3] 즉, 하나의 사본군은 *Aristotelous ēthikōn megalōn*이라는 이름을 갖는 반면, 다른 사본군은 *Aristotelous ēthikōn nikomacheiōn*을 이름으로 지니고 있다. '니코마코스의'라는 형용사를 가진 아리스토텔레스의 윤리학 책으로 『니코마코스 윤리학』이 존재하지만, 이것과 구별하기 위한 것들을 *Aristotelous ēthikōn nikomacheiōn mikrōn*(『小 니코마코스의 윤리학』)으로 부른 것이다. 이 경우 '대', '소'는 니코마코스라는 이름을 수식하는 형용사로 사용되었다고 해석되는데, 그것이 의미하는 바는, 하나는 '大 니코마코스', 즉 아리스토텔레스의 아버지인 니코마코스에게 헌정된 윤리학 책이며, 다른 하나는 '小 니코마코스', 즉 아리스토텔레스의 아들인 니코마코스를 위해 헌정되거나 교육용으로 알려진 윤리학 책이라는 것이다. 당시에는 손자에게 할아버지의 이름을 붙이는 관례가 있었다.

2. 윤리학 책들의 저작 순서

아리스토텔레스의 진작 여부를 따질 때, 아리스토텔레스 연구자들은 그 저작이 다른 윤리학 저작들의 저작 시기와 어떤 관계가 있는지에 대해 관심을 가지고 다루는 경우가 많았다. 만일 『대도덕학』이 아리스토텔레

3 기원후 6세기 알렉산드리아의 신플라톤주의자 엘리아스(Elias)는 후자의 제목으로 이 책을 두 차례 언급하고 있다(*Ta Megala Nikomacheia; Commentaria in Aristotelem Graeca*, XVIII, pars 1, 32.31-33.2). 그보다 이른 시기에 볼 수 있는 이 책에 대한 언급에는 '니코마코스의'라는 형용구는 포함되어 있지 않다. 프톨레마이오스의 카탈로그에는 단순히 *ēthikōn megalōn*으로 나와 있다. 기원후 2세기의 아티코스는 *Megalōn Ēthikōn*이라고 불렸고, 기원후 6세기의 심플리키오스는 *ēthika mega*로 언급하고 있다. 키케로에게도 이 책이 '니코마코스의'로 알려져 있었음을 암시하는 증거가 전해진다(*De Finibus bonorum et malorum*, 제5권 제12절).

스의 진작이라면 시대적 관계를 두고 논의되어 온 것은 『니코마코스 윤리학』, 『에우데모스 윤리학』, 『대도덕학』이다. 문체와 내용적인 측면에서 『대도덕학』을 『니코마코스 윤리학』과 『에우데모스 윤리학』 사이에 위치시키는 경우는 거의 없다. 『니코마코스 윤리학』과 『에우데모스 윤리학』의 성립 순서에 대해서는 여전히 논란이 되고 있으나 이 두 책을 한 쌍으로 묶어 그 쌍보다 앞인가 뒤인가 하는 가능성을 물어볼 수는 있다. 다시 말하면 윤리학 세 작품들 가운데 『대도덕학』이 가장 먼저 쓰였느냐, 아니면 맨 나중에 쓰였느냐 하는 물음은 있을 수 있다는 것이다.

전자라고 할 경우, 그 내용과 윤리적 내용을 밝히는 측면에서 아리스토텔레스 이외의 다른 인물이 썼다고 보기 어렵다. 그렇다면 이 책은 아리스토텔레스의 진작이자 그의 초기 작품인 셈이 된다. 후자라고 할 경우, 아리스토텔레스가 『니코마코스 윤리학』과 『에우데모스 윤리학』을 쓰고 난 후에 『대도덕학』을 썼다고 생각하기는 어렵다. 아리스토텔레스는 책을 저술할 때 과거에 썼던 내용에다 새로운 내용을 첨가하거나 개정하는 습관이 있었다. 그런데 같은 내용을 같은 방식으로, 동일한 윤리적 이론을 담아 거듭 쓸 필요가 있겠는가? 앞의 두 권에 비해 이 책은 이론 간의 논리적 정합성이 떨어지고, 이론 간에 혼동도 있다. 이론의 전개 또한 지루하게 반복된다. 또한 앞서 내놓은 윤리적 이론에 새롭게 보탤 만한 '무엇'이 이 저술에 있는지 보아야 하는데, 이 작업은 새 윤리학을 쓰는 일에 아무런 도움이 되지 않는다. 그렇다면 아무런 도움이 되지 않는 윤리학 책을 아리스토텔레스가 하나 더 저술할 이유는 없어 보인다. 그러므로 이 책은 나중에, 아리스토텔레스 이외의 다른 사람들에 의해 만들어진 '가짜 작품'으로 판정되는 셈이다.

앞서 말한 바처럼,『니코마코스 윤리학』,『에우데모스 윤리학』과 비교하면 유감스럽게도 이 책의 논술에는 논지의 불분명함과 고찰의 조잡함, 불철저함, 논리 전개의 서투름, 서술 방식에서 명료함의 결여 등이 있다는 점을 부인하기 어렵다. 하지만 과연 이런 점들이 이 책의 진작 여부를 가리는 결정적인 수단이 될 수 있을까 하는 것은 또 하나의 의문이다. 이 책의 논리적 전개의 부족함은 아리스토텔레스가 아직 성숙하지 않았던 젊은 시절에 쓴 윤리학이라는 책의 성격에 기인한다고 짐작하는 것 역시, 이 책이 아리스토텔레스 이외의 누군가의 손에 의해서 쓰였다고 추측하는 것과 마찬가지로 가능하기 때문이나.

3. 이 책의 논의 구조상의 특징

고대 문헌의 진작 여부를 판가름할 때 흔히 사용하는 방법에는 첫째, 문헌 자체의 내적인 구조(내용에 기초한 이론들의 논리적 정합성, 문체, 단어의 사용, 문장의 구조)를 고찰하는 방법과 둘째, 그 책에 실려 있는 인명, 역사적 사건과 같은 텍스트 밖의 외적인 증거를 들여다봐서 그 문헌의 진작 여부를 판가름하는 방법이 있다.

전자는『대도덕학』에 사용된 철학적으로 중요한 아리스토텔레스의 energeia의 개념이 다른 철학적 저작에서 쓰이는 그 말의 공통적 의미와 다르다는 점을 지적함으로써, 그 작품의 진작 여부를 판가름하는 경우와 비슷한 경우이다.[4] 후자는 다른 저자나 같은 저자의 다른 작품, 작가의 초기 사본의 실제적인 자료 등을 비교 검토한다. 예를 들어『대도덕

---

4   D. Wolt(2021), pp. 65~94.

학』1205a23에는 '네레오스'라는 인물이 등장한다. 네레오스는 테오프라스토스의 유언장에도 등장하는 그의 친구이자 뤼케이온 학원의 장서(藏書)를 비롯한 유산 상속자였다(디오게네스 라에르티오스,『유명한 철학자들의 생애와 사상』제5권 52~53 참조). 이 인물을 통해 작품의 작성 연대를 이쯤으로 추정해서, 이 저술이 테오프라스토스 시대의 페리파토스학파의 작품이라는 '빌라모비츠설'(1927)이 대두될 수 있었다. 그러나 이것만으로는 확정적이지 못해서, 이름(네레오스)을 이 책의 성립에 대한 증거로 삼는 것에 대해서도 논란이 벌어진다.[5]

여기서는 첫 번째인 내적인 논증이라고 말할 수 있는 텍스트 자체 내에서 일어나는 문체상의 몇 가지 특징을 살펴보기로 하자.

(1) 문체상의 특징

1. 아리스토텔레스의 다른 저작으로부터『대도덕학』의 문체상의 특징의 다름을 지적해서 이 책이 진작일 수 없음을 주장한다.[6] 이 책의 두드러진 특징은 전치사 peri 대신에 huper를 많이 사용하고 있다는 것이다. '~에 대해 말하다, 논하다' 혹은 '~에 대해 고찰하다'라는 경우에 고찰의 주제를 제시하기 위한 표현으로서 전치사 peri(속격)라는 형태가 종

---

5   그 밖에 외적 증거를 살펴보는 방법으로, 예를 들어 '어떤 멘토르'(1197b21)인 경우에 기원전 337년에 죽은 참주(재위 기원전 364~352)인지, 아니면 호메로스의『오뒷세이아』에 나오는 오뒷세우스의 친구인 알퀴모스의 아들 '멘토르'(Mentōr)인지를 결정해서 맥락을 이해하는 방식이 있다. 다른 예로는 클레아르코스(1203a23), 페르시아의 다레이오스 3세를 가리키는 다레이오스(1212a6), 아르키클레스(1189b20-21) 등이 있다.

6   이 문제에 관련해서 다음을 참조했다. Fahnenschmidt(1968, pp. 2~51), Dirlmeier(1939, pp. 217~228), P. L. P. Simpson(2014/2017, pp. xix~xxii).

종 이용되는데, 이 책은 그 대신 흔히 '~위에'나 '~를 위해서'를 뜻하는 huper(속격)라고 하는 전치사 표현이 자주 사용되고 있다. 이것이 이 작품의 표현·문체상의 특징 중 하나로 손꼽힌다.

디를마이어(1966)에 따르면,[7] 『아리스토텔레스 전집』(*Corpus Aristotelicum*)에서 peri의 용례는 2,445개, huper의 용례는 142개, 그중 위서(僞書)로 여겨지는 『알렉산드로스를 위한 수사술』에서 각각 90개와 19개의 용례를 제외하면, 전집 전체에서 peri의 용례는 2,355개, huper의 용례는 123개가 발견된다는 것이다. 이 중에서 『대도덕학』에서의 용례는 peri가 12개인 데 반해 huper는 92개이다. 따라서 『대도덕학』 이외의 여러 작품에서 두 전치사의 사용 빈도의 비례는 peri:huper=75.6:1인 데 반해, 『대도덕학』에서는 peri:huper=1:7.6으로 압도적인 차이가 난다. 게다가 이 책 이외의 huper의 31개의 용례에서 (a) 사본의 재검토에 의해 huper 대신 peri가 채택되는 경우, 또 (b) peri를 반복적으로 이용하는 것을 회피하기 위해서 huper가 peri의 대용으로 해석되는 경우나, (c) peri 다음에 모음으로 시작하는 단어가 올 경우에 모음 연속(hiatus) 회피를 위해 huper가 대신 사용되는 경우 등, 문체상의 이유에 의한 huper의 용례 등을 제외한, 이를테면 '순수' 용례는 겨우 7개뿐이라는 것이다.[8] 이와 같이 이 책은 huper(속격) 사용 예의 빈도수가 많은 특징을 가지고 있다.[9]

---

7   Dirlmeier(1966), pp. 149~154 참조.
8   『범주론』(카테고리아) 1개, 『토피카』 2개, 『니코마코스 윤리학』 2개, 『정치학』 1개, 『아테나이인의 정치체제』 1개.
9   제2권 제7장 1204a19에서, '쾌락에 대해'란 표현에서 예외적으로 peri가 사용되고 있

게다가 이것은 peri의 사용이 시대적으로 점점 줄어들고 있으며, 그 대신 huper가 점차 많이 사용된다는, 헬라스어의 역사상 변천 과정의 사실과 겹치고 있음을 살펴볼 때, 이 책의 성립을 어느 시대에 두는 것이 적절할지 하는 물음에 대한 답을 끄집어낼 수 있다. 이러한 사실에 비추어, 이 책의 저술 시기를 아리스토텔레스가 살아 있었던 때로 위치시키는 것이 맞느냐 하는 의문의 가능성이 제기되며, 나아가서는 이 책의 위작에 대한 근거 중 하나로 꼽게 된다.

따라서 이 책을 아리스토텔레스의 진작이라고 생각하고, 게다가 그것을 아리스토텔레스의 윤리학 책들 중 최초로 저술된 것이라고 생각하는 연구자들은 전치사 huper의 과다한 사용을 어떻게 설명할 것인지를 하나의 과제로 안게 된다. 다른 학자들에 따르면, huper의 잦은 사용은 아리스토텔레스의 연구 동료로 뤼케이온의 2대 수장이었던 테오프라스토스와의 가까움을 엿볼 수 있으며, 따라서 이 책이 아리스토텔레스 사후 그 학파의 전통을 잇는 페리파토스학파의 누군가에 의해서 쓰였다는 주장에 손을 들어 줄 유리한 지점을 만들어 주고 있다.

2. '일반적으로'를 의미하는 to holon으로 문장을 시작하는 경우, 이 용법(to d'holon, kai to d'holon de, to gar holon)은 『대도덕학』에서 일곱 군데에 쓰이고 있지만, 『아리스토텔레스 전집』에 포함된 『대도덕학』 이외

다. 그러나 디를마이어에 따르면(1983, p. 397), 용어의 다양성(variatio)과 같은 수사학상의 이유에서가 아니라 (헬라스어 원문에서) 그 뒤에 이어서 다섯 번 나오는 '~를 둘러싸고'(huper)를 보면, ('쾌락을 둘러싸고'가 세 번, '행복을 둘러싸고'가 두 번) 이 부분의 '~에 대해'(peri)라는 표현이 단순한 우연(reiner Zufall)임을 나타낸다는 것이다.

의 작품을 모두 합쳐도 그러한 용례는 두서너 군데에 그치고 있다. 이에 반해 문장을 시작하는 to holon의 용례는 테오프라스토스의 '식물의 탐구' 관련 저작에서는 25회를 헤아리는 것으로 파악되고 있으며, 이 점에서도 이 책은 테오프라스토스와 근접성이 있다고 생각해 볼 수 있겠다.

3. '알다', '알고 있다'를 뜻하는 동사 oida에 대해서는 현재 복수형으로, 예를 들어 oidasi와 isasi의 두 계열이, 미래형에는 eidēsō와 eisomai의 두 계열이 존재하지만, 아리스토텔레스의 진작으로 여겨지는 저작에서는 전자의 계열이 매우 드문 데 반해(oidamen, eidēsō), 이 책에서는 전자의 계열(oidamen, oidasin, eidēsai, eidēsas, eidēsei, eidēsomen) 12개의 예가 발견된다.[10]

4. 동사의 형태로 '나'와 '당신'을 빈번하게 사용.[11] 희구법 동사의 사용이 드물다는 점. 논리적 추론(sullogismos) 형식에서 사용되는 용어로서 '그러므로'(ara), '그래서'(dē), '따라서'(hōste) 등을 반복적으로 사용한다는 점. 시제나 논리적 의미를 갖지 않은 채, 불변화사 nun(지금), ēde(이미), ouketi(더 이상 아니다), oupo(not yet) 등을 자주 사용한다는 점. hina(…하기 위해, so that) 대신에 hopōs만을 사용한다는 점. 이런 점들이 다른 저작과는 다른 문체상의 특이점을 가진다.

---

10 Dirlmeier(1983), pp. 157~158 참조.
11 희랍어에서는 인칭대명사를 동사에 붙여서 사용한다. 가령 eidō는 "나는 본다"인데 여기서 ō(w)는 '나는'을 뜻한다.

5. (지문에서의) 2인칭 단수의 사용(12개의 사례)은 이 책의 서술이 대화적 경향을 나타내고 있음을 알 수 있다.[12] 그 밖에도 dia ti, hoti(왜 그런가? 왜냐하면…)도 대화적 경향성을 띠는 예다.

6. 주어가 없는 phēsi('주장한다')의 사용이 빈번한데, 이 말은 해당 논의 속에서 반대의 주장을 도입하는 경우에 이용되고 있으며("그 논증은 주장한다"), 이것도 이 책이 대화적 경향을 나타내는 것이라고 할 수 있다.

(2) 내용상의 특징

1. 『대도덕학』의 중심에 놓여 있는 것은 '덕(aretē) 이론' 및 '좋은 것(agathon)들'에 대한 고찰이며, 아리스토텔레스 윤리학의 중심 개념인 행복(eudaimonia)은, 예를 들어 『니코마코스 윤리학』에서 행복 개념이 차지하고 있는 만큼의 핵심적인 위치를 점하고 있지 않다. 만일 이 작품이 행복은 '외적인 좋음'에 의존한다는 주장을 펼치고 있다고 하면, 이 논점은 테오프라스토스의 입장에 가까운 것일 수 있다. 키케로는 테오프라스토스의 글을 명료하다고 평하고, 그가 아리스토텔레스보다도 행복을 위한 '외적 좋음'과 '운'의 중요성을 더 강조한 것으로 기술하고 있

---

12 제1권 제5장 1185b23(ean […] poiēsē[i]s), 제1권 제34장 1196b10(diasaphēson) 1197b16 아래(an chōrisais), 제2권 제3장 1199a11(an eipois), 제2권 제6장 1201a13 (an eipois), 제2권 제7장 1206a10(poiēson), 1206a32(anairēseis), 제2권 제11장 1209b39 아래(ei […] aphelais), 1210a16(ei theleis […] poiēsai), 1210a19 아래(an […] poiēsē[i] s), 제2권 제12장 1212a14 아래(ean […] labē[i]s), 제2권 제16장 1213b8(ean […] apostēsē[i]s) 참조. '지문에서의'라고 한정한 것은 인용문 중에도 용례가 있기 때문이다(제2권 제3장 1199b25). 2인칭의 대명사가 이용되기도 한다(soi는 제2권 제1장 1209b26, 1210a33, su는 1210a32).

다. 즉 테오프라스토스는 덕이 행복을 위해 충분한 것으로 생각하지 않았다는 것이다. 왜냐하면 행복은 한 개인이 통제할 수 없는 외적 요인에 의존하기 때문이다. 실제로 고문, 형벌, 국외 추방, 자식 잃음과 같은 외부적 요인들은 인간의 삶을 비참하게 만들 수 있다. 그래서 테오프라스토스는 "행복한 사람은 (고문하는) 수레바퀴[刑車]에 올라타지 않는다"(in rotam […] beatam vitam non escendere)고 말한다(『투스쿨룸 대화』 5.24). 테오프라스토스는 『칼리스테네스』에서 "인생을 지배하는 것은 운명이지 지혜가 아니다"(Vitam regit fortuna, non sapientia, 『투스쿨룸 대화』 5.25)라는 좌우명을 지지한 것 때문에 철학자들에게 비난받았다고 한다(FHS&G, 단편 493). 키케로에 따르면, 그는 일관되게 외적인 일과 육체와 관련한 것을 주재하는 운명이 지혜보다 강하다고 주장했다. 비록 그가 아리스토텔레스보다 인생을 파괴하는 운명의 힘을 강조하고 있기는 하지만, 그는 여전히 신의 삶과 닮은 '관조적 삶'(theoretikos bios; vita contemplativa)에 특별한 중요성을 부여하고 있다.

2. 아리스토텔레스는 다양한 연구 영역에서 그 이전의 사람들이 해당 문제에 대해 어떻게 생각했는지를 endoxa(통념)의 형식으로 살피고, 경우에 따라 그것을 비판하고 있지만(『니코마코스 윤리학』 제7권 제1장 1145b2-7, 『에우데모스 윤리학』 제7권 제2장 1235b13-18 참조), 윤리학적 저작에서 '철학사적' 개관이 이루어지고 있는 것은 『대도덕학』에서만이며[13] 다른 두 윤리학에서는 그러한 역사적 개관은 찾아볼 수 없다.

---

13 제1권 제1장에서 '덕에 대해 그것이 무엇이고, 무엇으로부터 생겨나는지'를 고찰하는 경우 퓌타고라스의 입장을 비판하고, 이어 소크라테스, 플라톤을 비판하는 논의 참조.

3. 플라톤의 '혼의 삼분설'은『니코마코스 윤리학』이나『에우데모스 윤리학』에서는 찾아볼 수 없으나,『대도덕학』에서는 덕 이론의 토대가 되는 방법이 아니라 혼의 영양 섭취적 기능이 윤리학과 무관하다는 맥락에서 언급되고 있다(제1권 제4장 1185a21 참조).

4.『니코마코스 윤리학』에서는 덕의 구성 요소로서 행위와 감정의 양 측면에 초점을 맞추고 있는 반면에,『대도덕학』의 덕 이론에서는 감정의 측면이 강조되고 있으며, 덕은 감정의 '중간임'(중용)으로 파악되고 있다. 제1권 제8장 1186a32-33은 그러한 부분 중 하나이지만, 그 밖에도 '온화'의 덕의 경우에 대해서도 같은 말을 하고 있다(제1권 제22장 1191b38). 지나침과 모자람의 중간임은 감정의 지나침과 모자람의 중간임으로 파악된다(제2권 제3장 1200a33-34).『니코마코스 윤리학』에서 볼 수 있는 행위와 감정에 수반하는 즐거움과 고통도[14] 이 책에서는 찾아볼 수 없다. 제1권 제8장 1186a36-b3에서 악덕이 지나침 혹은 모자람 속에 있는 것이 아니라 그 자체가 악덕인 감정의 사례를 들고 있는데, 그에 반해『니코마코스 윤리학』과『에우데모스 윤리학』에서는 감정의 경우와 함께 행위의 경우를 들고 있다.[15]

---

14 『니코마코스 윤리학』제2권 제3장 1104b13-16, 제2권 제6장 1106b16, 1107a4-5, 제2권 제8장 1108b18, 제2권 제9장 1109a23, 제10권 제8장 1178a10-13,『에우데모스 윤리학』제2권 제1장 1220a31 참조.

15 『니코마코스 윤리학』제2권 제6장 1107a8, 11, 제3권 제1장 1109b30, 제10권 제8장 1178a12-13,『에우데모스 윤리학』제2권 제3장 1221b23 참조.

5. 제1권 제8장 1186a32-35에서는 감정은 칭찬의 대상이 된다고 말해진다.[16] 반면, 『니코마코스 윤리학』에서는 "우리는 감정에 따라서 칭찬받지도 않고 비난받지도 않는다"(제2권 제5장 1105b31-32)라고 분명히 밝히고 있다. 『대도덕학』에서는 감정이 직접적으로 가치평가의 대상이 되고 있다는 인상을 강하게 받는다.

6. 그 밖에도 산술적 비례에 따른 시정적(diorthōtikon) 정의(『니코마코스 윤리학』 제5권 제4장 1131b25-1132b20)에 대한 논의는 『대도덕학』에는 나오지 않는다.

7. 『대도덕학』에서는 『니코마코스 윤리학』 제2권 제1장에서 언급되는 '지성적 덕'(dianoētikē aretē)을 찾아볼 수 없다. 지성적 덕에 관련해서, 『니코마코스 윤리학』에서는 기술(테크네)과 지식(에피스테메)이 구별되고 있는 반면, 이 책에서는 양자는 구별 없이 사용되고 있다.

8. 『니코마코스 윤리학』에서는 덕과 자제력, 악덕과 자제력 없음은 서로 다르다고 생각되는 데 반해, 『대도덕학』 제2권 제4장 1200a37-38에서 자제력은 '기묘한 종류의' 덕으로, 자제력 없음은 '기묘한 종류의' 악덕이라고 되어 있으며, 제2권 제6장 1201a10에서는 절제 있는 사람은 자제력도 있다고 말하고 있다. 또한 '자제력 없는 사람'은 자발적으로 행

---

16 제2권 제7장 1206b10-11에서는 '고유의 덕을 가진 여러 감정'이라는 표현도 있고, 또 1206b13-14에서는 '여러 감정이 좋은 상태에 있으므로 이치가 명하는 것이 무엇이든 그것을 쉽게 한다'라고 말하고 있다.

위한다는 것을 논하는 논증에서(제1권 제12장 1188a13-17), 자제력 없는 사람들은 부정의하고 부정의를 저지른다는 주장이 이야기되고 있다. 이 책이 이러한 점을 그대로 주장하고 있다면, 그것은 『니코마코스 윤리학』에서의 '자제력 없음'(아크라시아)을 다루는 방법과는 기본적으로 다르다고 이해해야 한다. 왜냐하면 『니코마코스 윤리학』에서는 악한 사람과 자제력 없는 사람이 명확하게 구별되고 있기 때문이다.

4. 작품의 진위 문제와 관련해서

논의를 종합하는 차원에서 한 번 더 『대도덕학』의 진작 여부의 문제를 언급하기로 하자. 고대 세계에서 윤리학 저작의 진위 문제를 유일하게 의심받은 책은 『니코마코스 윤리학』이었다. 키케로는 『니코마코스 윤리학』을 아리스토텔레스의 아들 니코마코스에게 속하는 것으로 보았고, 디오게네스 라에르티오스는 단언적으로 아리스토텔레스에게 귀속시켰으며, 아스파시우스가 『에우데모스 윤리학』을 에우데모스에 귀속시켰다.[17] 『대도덕학』은 결코 의심할 여지가 없었으므로 언급될 때마다 아리스토텔레스의 작품으로 간주되었다. 진작 여부를 문제 삼기 시작한 것은 르네상스 시대에 들어서면서부터였다. 학자들의 의심의 싹은 그 문체와 논리의 간결함으로 악명 높았던 아리스토텔레스가 윤리학에 관한 세 가지 주요 저서를 '거의 동일한 내용을 두고 같은 방식으로' 쓰는 수고를 왜 기울이고 있는가 하는 점에서 비롯되었다. 한 권만 써도 그만인데, 왜 세 권씩이나 저술했을까? 그래서 그 작품들 중 일부에 대해 처

---

17 Cicero, *De Finibus* 5.5; 디오게네스 라에르티오스, 『유명한 철학자들의 생애와 사상』 제8권 88, Aspasius(*CAG* xix, pars 1, 151.18-27).

음으로 의심을 품기 시작했다. 학자들이 제안한 해결책은 그 작품들 중 하나 혹은 두 개가 다른 사람에 의해 쓰였다고 주장하는 것이었다. 그때까지 『니코마코스 윤리학』은 아리스토텔레스의 윤리학 작품으로서 확고한 지위를 얻었으므로 그들이 의심을 품은 것은 당연히 『에우데모스 윤리학』과 『대도덕학』이었다.

(1) 그 후, 19세기 초엽에 독일 문헌학자 슐라이어마허(1817)가 덕을 '지성적 덕'과 '성격적 덕'으로 구분하지 않고 '성격적 덕'만을 지적하는 점이 아리스토텔레스적이라고 보고, 『대도덕학』을 아리스토텔레스 진작으로, 『에우데모스 윤리학』을 위작으로 간주하게 되었다. (사실상 슐라이어마허가 지적한 점은 양면의 칼날로, 오히려 그 점이 아리스토텔레스의 저작이 아니라는 점을 보여 주는 근거로 사용될 수도 있다.) 이 책의 진위 문제를 둘러싼 논쟁은 19세기 후반부터 20세기 전반에 걸쳐 다시 일어났다. 그 중심에 선 인물이 예거(W. Jaeger)였다. 그는 아리스토텔레스의 윤리적 작품뿐만 아니라 아리스토텔레스의 모든 작품에 대한 발전사론적 또는 연대기적 논제를 대중화시켰던 철학자였다.[18] 이 발전사론적 입장은 오늘날에도 많은 학자들에 의해 여전히 받아들여지고 있다. 이 해석에 따르면, 우리가 갖고 있는 아리스토텔레스의 작품이 아리스토텔레스 경력의 여러 단계에서 나온 서로 다른 글을 편집한 것이며, 그의 사상적 진보의 여러 단계를 반영한다는 것이다. 나아가 이 입장은 아

---

18 예거(1923)를 중심으로 한 아리스토텔레스의 철학에 대한 '발전사론적 해석'에 대해서는 김재홍, 「아리스토텔레스의 정치철학: 윤리학과 정치학의 만남」, 『정치학』, 그린비, 2023, 855~868쪽 참조.

리스토텔레스 철학 내에서 일어나는 방법들, 사상들 간의 모순과 불일치를 분명히 밝힘으로써 양립할 수 없는 요인들을 시기적으로 나누어 해소하고자 시도한다. 만일 A가 B보다 더 '경험적이라면' B가 A보다 시기적으로 앞선 저작이다. '경험적'이란 요소는 아리스토텔레스의 독자적 입장을 세우는 시기로 플라톤으로부터 멀어지는 시기를 나타낸다. 만일 이론 B가 이론 A보다 더 '플라톤적이라면' B가 A 이전에 쓰인 것이라고 판단을 내린다. 이런 작업을 통해서 발전사론적 입장에 서는 학자들은 아리스토텔레스 전체 저작의 순서를 규정지을 수 있다고 생각한다. 그렇게 되면 아리스토텔레스 전체 사상의 발전을 알아내게 되고, 그의 온전한 생애 전반에 걸쳐 지적인 작업 일정을 한눈에 파악할 수 있으며, 그 내부를 속속들이 들여다볼 수 있게 된다는 것이다.

윤리학 저작과 관련해서 예거는 『니코마코스 윤리학』은 아리스토텔레스의 성숙한 단계의 윤리학이고, 『에우데모스 윤리학』은 그의 젊은 시절로 저술 시기가 정해지고 덜 성숙한 윤리학 작품이라고 주장했다. 그는 『대도덕학』이 아리스토텔레스 사후에 작성된 아리스토텔레스 추종자의 저작이라고 생각했다. 이러한 예거의 입장은 즉시 『대도덕학』도 아리스토텔레스의 초기 작품이라고 주장한 폰 아르님(von Arnim)의 반대에 부딪혔고, 이 두 학자 사이의 논쟁은 그들의 후학들에 의해 계속되었다.[19] 예거의 해석에 대한 비판에도 불구하고, 학자들은 여전히 아리스토텔레스의 저술이 그의 경력의 여러 시기를 반영하고 있으며, 윤리적 저작과 관련하여 『니코마코스 윤리학』과 『에우데모스 윤리학』 둘

---

[19] 예거의 추종자들인 Walzer(1929), Brink(1933)와 폰 아르님의 추종자인 Gohlke(1944) 참조.

다가 확실히 아리스토텔레스의 진작이라고 생각하는 경향이 있다. 그리고 『대도덕학』은 '아마도' 아리스토텔레스가 쓴 것이 아니라는 것이다. 만일 그 작품이 아리스토텔레스가 저술한 것이라면, 그것은 적어도 그 기원에 있어서는 『에우데모스 윤리학』과 대략 동시대로 추정된다는 것이다.[20]

앞서 언급한 바와 같이 『대도덕학』이 갖고 있는 일련의 특징이 진작인지 위작인지에 대한 물음에 어떻게 영향을 미치는지는 여전히 일률적으로 말하기 쉽지 않다. 문체상의 특징으로 볼 때, 지금 이 책이 아리스토텔레스가 말했던 그대로 선해지고 있다고 생각하기는 쉽지 않다. 그래서 20세기 후반 이후 진작을 주장하는 대표적 학자인 디를마이어도 이 책이 지금 전해지고 있는 서술의 형태를 취한 것은 아리스토텔레스 사후의 일임을 인정하면서, 예를 들어 자발성과 힘에 의한 강제, 강요(hekousion, biazesthai, ana[n]gkazein)를 둘러싼 논의에서, 『에우데모스 윤리학』에서 볼 수 없는 용어상의 특징이 보인다고 지적한다. 이 점이 이 책의 성립은 아리스토텔레스 이후의 시대에 속하는 것의 징표로 생각된다(1983, p. 241), 그럼에도 그는 그 내용 면에서는 아리스토텔레스의 진작이라고 생각해도 좋다고 주장한다.

---

20 『대도덕학』의 진작을 받아들이는 학자들의 논의를 요약하고 있는 Plebe(1965, vii‐ix) 참조. 이 밖에도 『대도덕학』을 진작으로 받아들이는 연구자로는 Elorduy(1939), Cooper(1973), Kenny(1978, pp. 219~220), Theiler(1934) 등을 열거할 수 있으며, 중립적 입장을 취하지만 Pellegrin([Dalimier,1992])도 『대도덕학』을 진작으로 받아들이고 있다. 진작임을 거부하는 학자들은 예거학파 외에도 Donini(1965), Fahnenschmidt(1968), Rowe(1971, 1975) 등이 있다. 진작임을 의심하는 학자로는 Bobonich([Kraut, 2006], p. 16)와 Natali(2001, p. 10)가 있다.

디를마이어는『니코마코스 윤리학』이나『에우데모스 윤리학』에서는 '행복'(에우다이모니아)의 개념이 논고의 바탕에 깔려 있는 반면,『대도덕학』에서는 그보다 오히려 '좋음'의 개념이 전면에 내세워지고 있음을 지적하고, 그 사실을 바탕으로 이 책이 다른 윤리학 책에서 '발췌된 모음집'이 아님을 극구 주장한다. 이는 이 책이 다른 두 윤리학 책의 줄거리를 요약한 것이 아님을 주장하는 것이기도 하다(『니코마코스 윤리학』의 반복이요, '요약'이라는 케이스Case의 입장에 대한 비판). 그렇다면 이러한 주장은 이 책이 나중 사람이 쓴 작품이 아니라는 논거가 된다고 생각한다.

그가 그러한 주장을 펼치는 것은, 이 책이 다른 윤리학 책의 줄거리 모음이나 요약이라면, 아리스토텔레스를 그 작품의 저자로 보기 어렵기 때문일 것이다. 하지만 이 책이 나중 사람의 작품이라고 해도, 꼭 그 작품의 형태가 발췌나 개요라고 하는 형태만이 아닐 수도 있다.

(2) 디를마이어는『대도덕학』의 서술에는 플라톤의 작품에서 볼 수 있는 표현과 유사성을 갖는 표현이 있다는 것과 아리스토텔레스의 초기 작품으로 여겨지는 논리학적 저작(『오르가논』, 특히 『범주론』과 추론의 기술적 명사의 사용)과의 연결점이 있다는 것을 지적하면서, 이러한 유사성이나 연결이 이 책이 아리스토텔레스 자신의 초기 강의 기록에 대한 증거의 일부가 된다고 주장한다. 이 책의 표현 자체의 독자적인 특징은 디를마이어도 수긍하며, 현재 남아 있는 서술은 아리스토텔레스와는 다른 사람의 손에 의한 것임을 인정하면서도, 그럼에도 이 책은 내용적으로는 아리스토텔레스의 초기 강의를 전하는 것으로, 다시 말해 아

리스토텔레스의 진작이라 봐도 좋다고 그는 주장한다. 그는 이 책의 문체적 특징의 '딱딱함'은 이 책의 저자가 '윤리학적 주제를 논리학자로서 접근하는 것'으로 설명 가능하다고 생각한다. 요컨대 이 책의 저자는 경험가(Empiriker)가 아니라 논리학자(Logiker)이며, 이 책은 '논리적으로 증명된 윤리학'(Ethica logice demonstrata)이라고 주장한다.[21] 그는 이 책은 윤리학을 주제로 한 최초의 논리적 스케치였으며, 그 후 『에우데모스 윤리학』이나 『니코마코스 윤리학』의 저작 무렵에는 삶에 의해, 경험을 통해 보충된 것이 아닌가 생각한다.

그러나 이 책이 플라톤의 작품이나 아리스토텔레스의 논리학적 저작과의 유사성이 사실이라고 해도, 그 사실이 이 책을 플라톤에 더 가까운 아리스토텔레스의 초기 작품으로 간주하는 증거로서 충분하다고 생각할 수 있을까?

(3) 디를마이어는 이 책이 『에우데모스 윤리학』이나 『니코마코스 윤리학』을 이용하지 않았으며, 그것들로부터 독립적인 논고이고, 게다가 내용적으로 아리스토텔레스 자신에게서 유래했다고 주장한다. 어떤 저작이 다른 저작을 이용하고 있는가의 판정 기준을 그는 명시하고 있지 않지만, 아마도 문자적인 일치에 이르는 언어 표현상의 일치 혹은 강한 유사성을 상정하고 있는 것으로 보인다. 그 경우에는 지금 문제가 되고 있는 세 윤리학 책뿐만 아니라 많은 경우에도 그러한 기준은 충족되지 않을 것이다. 그러나 작품 간에 언어상의 강한 유사성이 없다고 하여 다른

---

21 Dirlmeier, pp. 174~175, p. 194

저작을 이용하지 않았다고 해석하는 것은 지나친 요구사항일 것이다.

디를마이어의 주장처럼, 이 책이 다른 윤리학 책을 이용하고 있는지의 여부와 그 내용이 아리스토텔레스 자신에게서 유래하는지 여부, 즉 아리스토텔레스가 그 저자인지 아닌지는 독립적인 문제일 것이다. 설령 다른 책을 이용하지 않는다고 해서, 그 작자가 곧 아리스토텔레스라고 주장할 수 없을 것이다.

(4) 디를마이어는 『대도덕학』과 『니코마코스 윤리학』, 『에우데모스 윤리학』 사이의 차이를 지적하기 위해 상당한 노력을 기울이고 있는데, 그것은 이 책이 두 책의 단순한 줄거리나 요약한 것의 모음이 아님을 강조하기 위해서이다. 만일 단순한 줄거리나 요약 모음집이라면 그 저자를 아리스토텔레스라고 생각하기 어려울 것이기 때문이다. 그러면 이 책의 저자가 아리스토텔레스 말고 다른 사람일 수는 없을 것인가? 그것은 물론 디를마이어가 원하는 논리적 결론이 아닐 것이다. 이 책은 어디까지나 아리스토텔레스 자신의 저작이어야 한다. 디를마이어가 그것들 간의 차이를 강조하는 한편, 이 책의 내용과 표현이 전적으로 아리스토텔레스적임을 거듭 주장하는 대목을 곳곳에서 펼치고 있는 것도 그 때문이라고 생각된다.

여하튼 철학적 내용에서 볼 때, 『대도덕학』이 다른 윤리학 두 책보다 뛰어나다고 생각하는 연구자가 있을 것 같지 않다. 그렇다면 이 책을 아리스토텔레스의 진작으로 간주하면서 그 내용의 '정도'로서 설명할 수 있는 주장은 아리스토텔레스의 사고의 발전 과정이나 성숙을 상정해서,

예거식으로 이 책의 저작 시기를 아리스토텔레스적 사고의 미성숙한 단계로 구획지어서, 그 두 책보다 앞선 시기에 작성된 것으로 자리매김하는 것뿐일 것이다. 설령 다른 수준의 청강자를 위해서라고 쓴 것이라고 상정하더라도 『니코마코스 윤리학』이나 『에우데모스 윤리학』을 쓴 후에 이 책을 아리스토텔레스가 썼다고 생각하기는 어려울 것이다. 청강자의 차이를 단서로 이 책을 진작이라 주장하는 최근의 연구자로 심슨(Simpson, 2014)이 있다.

(5) 심슨에 따르면, 다른 두 윤리학의 책과 『대도덕학』의 청강자가 다르기 때문에, 이 책은 '시민적 문제들'(civilium rerum notitiam)을 적절하게 기술하고 있으며, 그래서 다른 두 윤리학의 특징인 철학과 입법에 대한 반성('더 멀리 떨어진 미묘한 철학'philosophia remotior subtiliorque)을 빠뜨리게 되었다는 것이다.

로마 사람으로 2세기경에 플라톤주의자들에게서 철학을 공부하고 활약했던 아우루스 겔리우스(Aulus Gellius)는 아리스토텔레스가 가르치는 방식에 대해 흥미로운 보고를 전해 주고 있다. 우리는 이 보고를 통해서 뤼케이온의 학문적 분위기와 당시에 엄격하게 시행되던 학문하는 자세 및 태도를 엿볼 수 있다.

철학자이자 알렉산드로스의 선생이었던 아리스토텔레스의 철학 강의 방식에는 두 종류가 있었다고 말해진다. 어떤 것은 엑소테리카(exōterika)라 불리고, 다른 어떤 것은 아크로아티카(akroatika)라 불린다. 엑소테리카란 시민을 위한 교육으로, 재치를 계발하는 수사술에 적용되는 것이고, 아크로아티카는 자연에 대한 탐구와 변증술적 논의를 통해서 더 심오하고 난해한 철학을 논의하는 것이었다. 뤼케이온에서 아리스토텔레스는 아침에는 아크로아티카 과목에 전념하는데, 누구나 참여할 수 있는 것이 아니라 자신의 능력과 교육적 토대, 배우고자 하는 열망과 기꺼이 그 일에 참여하겠다는 자세를 갖추고 충분히 그 능력을 보여 준 자들만이 허용되었다. 그러나 저녁에 같은 장소에서 열렸던 엑소테리카 강의와 말하기 훈련 교실은 제한 없이 모든 젊은이들에게 개방되었다. 아리스토텔레스는 이것을 '저녁 걷기'(deilinos peripatos)라고 부르고, 또 전자의 것을 '아침 걷기'(heōthinos peripatos)라고 불렀다. 이 두 시각에 공통적으로 그는 대화를 나누면서 걸어 다녔다. 그의 책들과, 이러한 동일한 주제에 관한 논고들 역시 비슷하게, 어떤 것들은 엑소테리카라 부르고 다른 것들은 아크로아티카라고 부르면서 구분하였다.(『아티카의 밤』Noctes Atticae 20.5)

심슨의 해석은 아리스토텔레스의 두 가지 강의 방식이라는 '외적 증거'를 통해 『대도덕학』이 진작임을 보여 주고자 한다. 이른바 엑소테리카는 아리스토텔레스의 '상실된 대화편'이라는 점 때문에 『대도덕학』을 엑소테리카로 볼 수 없다는 주장에 대해, 심슨은 『프로트렙티코스』('철학의 권유')를 지적하며 엑소테리카가 반드시 '대화'일 필요는 없다고 주장한다. 게다가 『대도덕학』에는 '혼의 구분'에 대한 엑소테리카적인 논의가 제1권 제34장 1196b13-15에도 나오듯이, "혼에 대해서는 개략적으로는 이전에도 규정되었다". 또 제1권 제1장 1182b5-1283b8에서 플라톤의 '이데아'에 관한 엑소테리카 논의, '좋음'의 구분에 관한 엑소

테리카 논의(제1권 제1장 1184b1-6), '행위와 제작의 차이'에 관한 엑소
테리카의 논의(제1권 제34장 1196b37-1197a13) 등을 지적하면서, 『대
도덕학』이 엑소테리카의 윤리학이라면 다른 윤리학과 함께 존재하는
이유를 설명하는 근거를 찾을 수 있다고 주장한다. 그것은 두 윤리학과
다른 기능을 제공하고, 상이한 청중을 상정하는 것이 마땅하다고 주장
한다. 서로 다른 청중이 있었기 때문에 서로 다른 작품이 있을 수 있다는
것이 충분히 가능하다는 얘기다. 이러한 논의를 통해서 심슨은 『대도덕
학』이 아리스토텔레스의 진작이라는 편에 가담하고 있다.

심슨의 이러한 해석은 케이스(1596)의 입장을 그대로 수용한 것으로
보인다. 아리스토텔레스의 강의는 아침과 저녁으로 나누어졌다고 하는
데, 저녁에 이루어지는 강의가 '일반 다중'을 대상으로 이루어진 강의였
다는 것이다. 『대도덕학』은 바로 일반 다중을 향한 강의를 기록한 것(엑
스테리카)으로 『니코마코스 윤리학』이 다루었던 내용을 '요약'한 것이
라는 것이다(케이스의 입장에 대해서는 「외적 좋음과 행복에 관하여」 각
주 13 참조). 이 해석은 『니코마코스 윤리학』이 앞서 쓰였다는 사실을 전
제하는 것으로, 결과적으로 『대도덕학』을 아리스토텔레스 사상의 발전
에서 플라톤 철학에 가깝던 초기에 작성되었다는 전제를 파괴하는 주장
이 되는 셈이다.

어쨌거나 앞서 살펴본 바와 같이 『대도덕학』의 진위 문제는 쉽게 매
듭지어질 것 같지 않다.

외적 좋음과 행복에 관하여

1. 행복이란 무엇인가?

아리스토텔레스 윤리학의 핵심인 행복론은 오늘날 철학뿐 아니라 심리학, 정신의학, 신경의학 등 심리적 문제에 대한 치유 영역에서도 자주 등장하는 관심 주제이기도 하다. 현대적 의미의 행복은 내가 행복하다고 느끼면 행복하다는 것으로 긍정적 자신감과 주관적 만족으로 대체된다.[1] 하지만 아리스토텔레스가 말하는 행복은 주관적 감정이 아닌 객관적인 덕(德)과 관련이 있으며 전 생애에 걸쳐 이루어지는 완전한 삶이자 최고선이다.

소크라테스와 플라톤도 행복이야말로 인간의 최고선이며, 이는 덕과 같거나 덕과 관련이 있다고 주장한다. 덕은 다름 아닌 앎으로 규정되는데, 이런 맥락에서 외적 좋음이나 행운은 그들의 행복론에서 배제된다.[2]

---

[1] 아리스토텔레스의 행복론이 긍정의 심리학이라고도 불리는 오늘날의 이론과 어떻게 다른지, 즉 행복에 관한 고대와 현대의 관점 차이에 관해서는 장미성(2015) 참조.

[2] 소크라테스와 플라톤에게 있어 그 자체로 좋은 것은 사려(phronēsis) 혹은 지혜 (sophia)뿐이며, 다른 좋은 것들(즉 부, 외모, 건강, 권력 등)은 어떻게 사용되느냐에 따라 때론 해악을 끼칠 수 있기 때문에 배제한다. 플라톤, 『에우튀데모스』 278E-282D, 『메논』 87D-89A 참조.

그리고 이런 설명은 이후 스토아 철학에서 다시 등장하는데, 스토아 철학에서 행복은 덕과 동일시되며, 외적 좋음이나 행운은 행복을 설명하는 데 있어 철저히 사라지게 된다. 하지만 아리스토텔레스는 상식에 기반하여, 덕이 행복의 핵심 개념이긴 하지만, 형틀에 매달려 죽어 가거나, 큰 불행에 빠진 사람이 그가 좋은 사람이기만 하면 행복하다고 말하는 것은 무의미하다고 주장한다.[3] 아리스토텔레스는 자신의 윤리학에서 소크라테스의 이름을 여러 번 거론하지만 행복에 관해서는 말을 아낀다. 소크라테스는 자신을 행복한 자라고 불렀으며, 심지어 자신이 아테나이인들까지도 행복하게 만들어 주는 사람이라고 했는데,[4] 왜 아리스토텔레스는 그의 윤리학 작품들에서 소크라테스를 행복하다고 하지 않았을까?[5]

아리스토텔레스는 『니코마코스 윤리학』에서 행복은 덕만으로는 충분하지 않다고 주장한다. 그는 "한 사람의 행복은 그 생애 동안에 판단하지 말고 그 생애를 마친 다음까지 기다리라"라는 솔론의 이야기에 귀를 기울여 '완전한 생애'를 그의 행복 개념에 반영하면서,[6] 행복이란 덕뿐 아니라 "명백히 추가적으로 외적 좋음을 필요로 한다"고 말한다(『니코마코스 윤리학』 1099a31-b2). 인간으로 살아가기 위해서 이런 외적 좋음을 필요로 하는 것은 너무나도 당연하다. 인간의 활동을 위해서 많

---

3   『니코마코스 윤리학』 1153b19-21.

4   플라톤, 『소크라테스의 변론』 36D-E.

5   아리스토텔레스는 소크라테스를 행복하다고 생각했을까에 관한 생각은 Yu(2003) 참조. 유는 소크라테스가 외적 좋음을 결여했기 때문에 아리스토텔레스는 그를 행복의 대명사로 언급하지 못했다고 주장했다.

6   『니코마코스 윤리학』 1106a10-21, 헤로도토스, 『역사』 제1권 30~33 참조.

은 외적 좋음들이 필요하고 활동이 고귀하고 위대할수록 더 많이 필요하다는 것은 어찌 보면 논의가 필요 없는 상식일 것이다(『니코마코스 윤리학』 1178b1-5). 아리스토텔레스는 "완전한 덕에 따라 활동하며 외적인 좋음들을 충분히 가지고 있는 사람을 전 생애에 걸쳐 행복한 사람이라고 부르지 말라는 법이 어디 있는가?"라고 말하는데(『니코마코스 윤리학』 1101a14-16), 이로써 외적 좋음이 아리스토텔레스에게 있어 행복에 필요한 요소라는 사실은 의심할 여지가 없어 보인다.

하지만 문제는 엄밀한 의미에서 '충분하게 외적 좋음을 가지고 있다는 것'이 무엇을 의미하는지, 이런 외적 좋음이 행복에 얼마만큼의 영향을 끼치며, 행복의 필수 조건으로 언급될 수 있는지에 대해 아리스토텔레스가 명확하게 설명하지 않았다는 것이다. 아리스토텔레스는 『니코마코스 윤리학』 시작 부분에서 소크라테스와 플라톤을 비판하면서, 덕을 아는 것이 중요한 게 아니라 덕을 행하는 것이 윤리학의 목적이기에 덕의 활동과 사용으로서의 성격적 덕을 강력하게 피력한다. 그런데 그의 주장을 요약하는 결론 부분인 제10권에서 다시 지적인 덕을 강조한다는 점에서, 그의 주장은 오히려 플라톤의 입장을 대변하고 있거나 아니면 한 걸음 양보해서 말한다 하더라도 플라톤의 영향력에서 못 벗어난 건 아닌지 의심스럽기만 하다. 이런 맥락에서 행복이 지적인 덕에 따르는 혼의 활동인 관조로 규정된다면, 행복한 사람은 지적인 덕 이외에 어떤 외적 좋음도 필요로 하지 않는 것처럼 보인다.[7]

이 문제는 여러 학자들 간에 풀릴 듯 풀리지 않은 장기간 토론의 주제

---

7   『니코마코스 윤리학』 1099b26, 1098a16-17, 1102a5-6, 1178a34-b4 참조.

가 되었고, 학자들은 주로 두 입장 중 하나의 입장을 취하면서 치열한 논쟁을 시작했다. 첫 번째 입장은 Ackrill(1974), Annas(1993), Irwin(1985), Nussbaum(2001), Roche(2014), White(1992) 등이 주장하는 것으로, 이는 행복이란 덕과 쾌락, 외적 좋음을 다 포함하여 포괄적(inclusive)으로 이해해야 한다는 것이다. 반면에 다른 입장을 지지하는 Brown(2005), Cashen(2016), Cooper(1985), Kenny(1978), Kraut(1989), Reeve(1992) 등의 학자들은 지적인 덕이 행복에 결정적이므로 외적 좋음을 배제적 (exclusive, 혹은 덕 결정적 dominant)으로 이해해야 한다고 제안한다. 1970년부터 시작된 이 논쟁은 같은 학자라도 70년대 주장과 90년대 주장이 달라지며, 어떤 주장이 맞는지 아직까지 합일점을 찾지 못한 상태이다.[8]

그럼에도 불구하고 최근까지도 이 문제를 해결하기 위한 학자들의 노력은 계속되고 있다.[9] 최근에 Cashen(2016)은 이런 문제가 『니코마코스 윤리학』의 행복론 분석에 치중해 있다는 점에 착안해, 『정치학』에 나타난 행복과 외적 좋음의 관계를 분석해서 해결책을 제시하고자 시도했다. 그에 따르면 『정치학』 제7권 제13장에서, 아리스토텔레스는 "행복은 덕의 활동이고 완전한 사용이며, 또 덕의 완전한 사용은 조건적으로가 아니라 단적인 사용"이라 했기 때문에 외적 좋음의 배제적인 해석이 가능하다는 것이다. 그렇다면 아리스토텔레스 윤리학의 다른 작품인

---

8 Caesar(2010)는 외적 좋음에 대한 관심을 기울이고 있는 아크릴, 쿠퍼, 케니, 브로디, 크라우트, 하디의 주장들과 시대상의 변화하는 관점들을 자세히 설명해 준다.

9 외적 좋음에 대한 한국의 최근 논문은 손병석(2017), 이창우(2017), 전헌상(2018) 등이, 외국 논문으로는 Cashen(2016), Elliott(2017) 등이 있다.

『대도덕학』에서도 외적 좋음에 관한 논의들을 검토해 봄으로써 아리스토텔레스 윤리학 전체에 걸쳐 있는 행복론을 큰 그림으로 조명해 볼 필요가 있을 것이다.

아리스토텔레스 윤리학에 관련된 작품으로는 『니코마코스 윤리학』, 『에우데모스 윤리학』, 『대도덕학』, 그리고 『덕과 악덕에 대하여』 등 네 작품이 전해진다. 현대에는 『니코마코스 윤리학』과 『에우데모스 윤리학』만이 아리스토텔레스의 작품으로 인정받고 있고, 『대도덕학』은 계속 논쟁 중이며, 『덕과 악덕에 대하여』는 제외된다.[10] 아리스토텔레스 윤리학 작품에 대한 위작 논쟁은 르네상스 시대 때부터 시작되었는데, 이는 아리스토텔레스 작품 중 자연학이나 형이상학은 한 주제에 한 작품만이 있는 반면, 윤리학은 같은 주제에 네 개의 작품이 있다는 데 학자들이 의심을 품었기 때문이다. 그래서 대부분의 학자들이 『니코마코스 윤리학』만을 아리스토텔레스 작품으로 인정했고,[11] 『에우데모스 윤리학』과 『대도덕학』은 의심스럽다고 평가했다.[12]

---

10 『대도덕학』과 『덕과 악덕에 대하여』는 아리스토텔레스 이후 페리파토스학파의 누군가에 의해 작성된 것으로 평가받는다. 그 이유 중 하나는 『니코마코스 윤리학』 제5, 6, 7권과 『에우데모스 윤리학』 제4, 5, 6권은 정확히 같은 내용을 담고 있는 데 반해, 아리스토텔레스 작품이라면 위의 두 윤리학 작품처럼 동일한 내용을 담고 있어야 할 『대도덕학』에는 그런 부분이 없다는 것이다.

11 Spengel(1841)은 『니코마코스 윤리학』만을 진작으로 인정했는데, 19세기 이후로는 『니코마코스 윤리학』과 『에우데모스 윤리학』만을 아리스토텔레스 작품으로 인정하는 것이 대세이다.

12 역설적이게도 고대나 중세에서 이 4개의 작품은 모두 아리스토텔레스의 작품으로 평가되었다. 마르쿠스 아우렐리우스 시대 사람인 플라톤주의자 아티쿠스는 『대도덕학』을 언급한 첫 번째 사람이었다. 스토아주의자 아리우스 디디우스는 소요학파 철학 개요에 『니코마코스 윤리학』, 『에우데모스 윤리학』, 『대도덕학』, 『덕과 악덕에 대하여』

하지만 1956년에『니코마코스 윤리학』을 번역했고, 1958년에는『대도덕학』을 독일어로 번역하고 주석을 단 디를마이어는 1962년에는『에우데모스 윤리학』을 번역하면서 이 세 작품을 믿을 만한 작품으로 생각했다. 1596년 케이스도『니코마코스 윤리학』과『정치학』주석서를 작성한 다음 세 번째 작품으로『대도덕학』을 선택했지만, 오히려 그는 특이하게도『에우데모스 윤리학』을 언급하지 않았다.『대도덕학』제1권 제1장 첫머리에서 "윤리학은 개인의 성격에 관련된 것이지만, 이 논고는 다중을 위한 '요약'(epitome)이며 폴리스 전체를 위한 정치체제와 관련된 여러 사항을 고찰하는 것"이라고 말하고 있듯이,『대도덕학』은 대중들을 위한 요약본이며, 정치적 관점에서 쓰여진 것으로 그 대상과 목적이 다를 뿐 아리스토텔레스가 저자라고 케이스는 피력한다.[13]

를 모두 언급했고, 이는 이후 스토바이오스에 의해 다시 언급되었다. 오히려 아스피시우스는 그의『니코마코스 윤리학』주석서 제8권 제8장에서 에우데모스를『에우데모스 윤리학』의 저자로 언급했으며, 심플리키우스도 에우데모스를 저자로 생각했고, 암모니우스도 에우데모스는 아리스토텔레스의 제자이며, 에우데모스가『범주론』과『분석론』을 저술했다고 생각했다. 아리스토텔레스 작품들의 기원과 편집에 관해서는 Dirlmeier(1958), pp. 93~146; Dirlmeier(1962), pp. 109~143; Schächer(1940), Rowe(1971), pp. 9~14; Kenny(1978), pp. 1~49; Susemihl(1884), pp. ix-xxix 참조 (Simpson[2014] 서론의 각주 4 참조).

13 Case(1596)는 다음과 같이 설명한다. "인문학적인 독자인 나를 믿어 보십시오. 반복은 헛된 것이거나 쓸모없는 것이 아닙니다. 첫째, 그것은 인간의 혼에 충분히 새겨지거나 심어질 수 없는 최선의 것, 즉 덕에 속하기 때문입니다. 두 번째로, 이 논고(『대도덕학』)는 그 자체로,『니코마코스 윤리학』에서 완전하게 다루어진 모든 것에 대한 요약 내지는 요약 표, 혹은 모음입니다. 셋째로, 여기서는 거기서 다루어지지 않은 것들이 추가되고 토론되기 때문입니다. 끝으로, 여기 (내가 위에서 보여 줬던 것처럼) 모든 것이 같은 방식이나 순서로 또는 같은 의미로 다루어지지 않기 때문입니다.『니코마코스 윤리학』은 개인에 관련되어 있으며, 이 요약(『대도덕학』)은 다중을 위한 축약판이고, 폴리스 전체에 대한 정치학입니다"(1.i.10). "『대도덕학』에서 아리스토텔레스는 당

케이스의 의견에 따라 아리스토텔레스가 네 개의 윤리학 작품을 남겼다면 각각의 작품들은 그의 사상의 발전에 따라 조금씩 다르게, 수정보완적으로 기록되었거나,[14] 아니면 각기 다른 독자나 청자들을 위해 다른 관점에서 쓰였다고 생각될 수 있다. 심슨은 각각의 윤리학 작품들의 연대를 문헌학적으로 분석하기보다는 이 작품들이 다른 독자들을 고려하여 다른 관점들로 쓰여진 아리스토텔레스의 작품들이라고 주장한다. 사실 모든 윤리학 작품이 아리스토텔레스의 작품이라고 주장하는 학자들은 『니코마코스 윤리학』은 법치자들을 위해, 『에우데모스 윤리학』은 철학자들을 위해, 『대도덕학』은 학교 밖 대중들을 위해, 『덕과 악덕에

신과 다른 개인도 좋게 만들려고 합니다. 그러나 이 책에서 그는 이 주제를 위한 다중과 시민적 삶을 가지고 있으며, 그는 자신의 가르침을 그것으로 지향하고, 그의 목소리를 바꾸지는 않지만, 그의 관심사는 변하고 있습니다. 그는 동일한 덕, 감정들 및 악덕을 나열하지만, 그것들을 다르게 적용합니다. 『니코마코스 윤리학』에서 그는 인간을 자신들의 삶에서만 덕 있는 자들로 만들기 위해 노력하지만, 『대도덕학』에서는 그들의 개인적 삶뿐 아니라 공적인 삶에서도 덕 있는 사람으로 만들려고 노력합니다. 그러나 그 개인적 인간의 덕은 하나의 것이며, 공적인 덕은 다른 것입니다. 『니코마코스 윤리학』에서는 인간의 덕 하나만을 선택하지만, 『대도덕학』에서는 그 양자의 것을 선택합니다"(1.i.15).

14 예거는 『니코마코스 윤리학』은 아리스토텔레스 완숙기 때, 『에우데모스 윤리학』은 40대 중반에, 그리고 『대도덕학』은 아리스토텔레스 사후에 추종자에 의해 쓰여진 작품이라고 생각했다. 반면에 폰 아르님은 『대도덕학』이야말로 아리스토텔레스가 초기에 쓴 작품이라고 주장했다. Dirlmeir(1958) 역시 『대도덕학』을 초기 아카데미아에 있을 때 아리스토텔레스가 작성한 것으로 보았다. 쿠퍼도 제1권에 등장한 '공통선' 개념을 이유로 『대도덕학』을 플라톤의 영향 밑에 있었던 아리스토텔레스 초기 작품이라고 주장했다. Rowe(1971)는 『에우데모스 윤리학』이 초기 작품이며, 이후 아리스토텔레스의 생각이 바뀌어서 수정본으로 『니코마코스 윤리학』이 쓰였다고 생각했다. Kenny(2016)는 『니코마코스 윤리학』의 부분적인 작품들이 있었고, 『대도덕학』은 초기에, 『에우데모스 윤리학』은 40대에 쓰였으며 『니코마코스 윤리학』의 10권 전체는 나중에 다시 수정 후 완성되었다고 생각한다.

대하여』는 어른 학생들을 위한 일종의 통념들(endoxa)의 모음이라고 가
정한다.[15]

　따라서 여기서는 행복과 외적 좋음의 관계에 대해『대도덕학』에서 설
명되는 논의를 살펴보면서, 만일 이 책이 대중 강연과 정치학의 성격을
가지고 있다면, 아리스토텔레스가 어떤 관점으로 설명하는지 검토해 보
면서, 아리스토텔레스 행복론에 대한 총체적 이해에 기여하고자 한다.
우선 아리스토텔레스의『니코마코스 윤리학』과『에우데모스 윤리학』에
서 전개된 행복의 정의와 특징은 무엇이고, 행복과 외적 좋음의 관계는
무엇인지 살펴볼 것이다. 그런 다음『대도덕학』의 행복의 정의와 좋음
들에 관한 설명을 자세히 고찰하고, 외적 좋음과 행복의 관계가 어떠한
지 그리고 더 나아가『니코마코스 윤리학』·『에우데모스 윤리학』과 다른
설명은 무엇인지 찾아보면서 대중들을 위한 행복론의 의미를 되짚어 볼
것이다.

2.『니코마코스 윤리학』과『에우데모스 윤리학』에서 전개된 행복론

아리스토텔레스가 말하는 행복의 핵심은 덕이지만, 그의 덕은 소크라테
스나 플라톤의 덕보다 훨씬 더 세분화되어 있고 체계화되어 있다. 그는
덕을 앎, 행위, 그리고 품성 상태의 세 가지 부류로 나누는데, 이 중 첫 번
째 것은 전혀 중요하지 않거나 그다지 중요하지 않은 반면, 나머지 둘은
훨씬 더 중요한 것으로 인정한다. 덕이 앎에만 의존한다면 이는 "의사
의 말을 주의해서 듣기는 하지만, 처방된 바를 전혀 행하지 않는 환자들

15　Simpson(2014), xxviii.

과 비슷해져서 육체뿐 아니라 혼까지 망치게 되는 것"과 같다는 것이다 (『니코마코스 윤리학』 1105b15). 이와 같이 아리스토텔레스는 이론적 지식이나 기술에 머무르지 않고 한 걸음 더 나아가 덕을 행하는 데까지 윤리학의 영역을 넓히려고 했다. 그 결과, 행복은 단순히 행복한 감정이거나 주관적인 만족에 있지 않고, 우리 안에 거하는 성향(hexis)으로 덕의 감정과 덕의 행위를 하면서 '잘 사는 것'(to eu zēn)에 있다고 보았다.

아리스토텔레스 윤리학의 주제는 최고선인 행복으로, 이 행복의 핵심은 덕과 관련이 있으며, 이는 흔히 사람들이 생각하는 행운이나 쾌락과는 거리가 멀다. 『니코마코스 윤리학』 제1권에서 아리스토텔레스는 "인간적인 좋음은 덕에 따른 혼의 활동이며, 만일 덕이 여럿이라면 그중 최상이며 가장 완전한 덕에 따르는 혼의 활동이 인간적인 좋음"이라고 규정한다(『니코마코스 윤리학』 1098a16-18). '덕에 입각한 혼의 활동'은 가장 유명한 행복의 정의인데, 『니코마코스 윤리학』에선 덕이 성격적 덕과 지적인 덕으로 나뉘기 때문에, 결론적으로 행복은 더 나은 지적인 덕의 활동, 즉 관조(theoria)가 된다. 하지만 아리스토텔레스는 『대도덕학』 제1권에서 상식에 근거하여 행복은 외적 좋음도 필요로 한다고 말한다.

참으로 많은 것이, 마치 도구의 도움처럼, 친구나 부, 폴리스에서의 힘을 통해 수행되기 때문이다. 또 그중에는 타고난 성품이나 자식들, 준수한 용모와 같이, 그것이 없으면 복을 훼손하는 것들도 있다. 그 이유는 용모가 아주 추하거나 좋지 않은 태생이거나 자식 없이 혼자 사는 그런 사람은 온전히 행복하다고 말하기 어려우며, 있어도 아주 열등하거나 나쁜 친구들만 있는 사람, 혹은 좋은 친구들과 자식들이 있었지만 죽어 버리면 더욱 행복하다고 할 수 없기 때문이다. 그래서 행복은 우리가 말한 것처럼, 이런 상황의 장점도 더불어 필요할 것 같다. 바로 이로부터 어떤 사람들은 운 좋음을 행복과 동일시하는 것이다. 다른 어떤 사람들은 행복을 덕으로 그렇게 하지만 말이다.(『니코마코스 윤리학』 1099a31 - 1099b8)

여기서 외적 좋음은 두 가지 의미를 지닌다. 첫 번째의 외적 좋음은 친구나 부, 권력 등과 같이 도구적으로 훌륭한 일을 수행한다. 두 번째의 외적 좋음은 외모, 집안, 친구나 자식처럼 그것의 결여가 행복에 방해가 되는 것으로 행복에 결정적인 영향을 미친다. 포괄론적 해석에 따르면, 인간으로 살아가기 위해 외적 좋음들은 반드시 필요하고, 덕의 활동을 위해서는 더 많은 외적 좋음이 필요하기 때문에, 외적 좋음도 행복의 구성 요소라는 것이다.[16] 그리고 이런 주장은 소크라테스의 주장과 비교해

---

16 그렇다면 외적 좋음은 그 자체로 내적 가치를 지닌다고 이해할 수 있을까? Cooper (1985)는 외적 좋음이 수단이며, 부차적인 요소일 뿐이라고 설명하면서 외적 좋음이 행복에 추가적이라는 뜻에서 의미를 갖는 것이지, 행복에 필연적이진 않다고 생각했다. 반면 Nussbaum(2001)은 외적 좋음이란 덕의 활동을 도우며 내적 가치를 갖는 것으로 외적 좋음이 증가됨에 따라 행복도 증가되는 것으로 봄으로써 외적 좋음을 높이 평가하였다. Irwin(1985)은 덕의 실현에 외적 좋음도 필요하지만 외적 좋음이 증가한다고 해서 행복에 필연적 영향을 끼치는 것은 아니라고 주장했다. 그는 행복에 있어 외적 좋음의 영향력을 약화시켜 해석하는데, 행복에는 어떠한 좋음도 추가될 수 없다고 하는 것은, 행복보다 더 나은 좋음을 만들기 위해서 행복을 구성하는 주된 요소인 어떤 좋음이 행복에 부가될 수 없다는 의미로 해석한다. Broadie(1991)는 외적 좋음을 '중심적 좋음'과는 달리, 중심적 좋음을 위한 수단이며, 그것을 통해 목적인 행복을 완성시키는 것으로 보았다.

볼 때 더욱 분명하게 드러난다.[17] 소크라테스에게 있어 행복은 덕 이외의 다른 것이 아니며, "지혜가 행운이기 때문에", 지혜가 있는 곳에서는 행운도 별도로 필요하지 않다.[18] 다시 말해서, 소크라테스는 행복에 관해서 설명할 때, 덕의 기능과 역할에 초점을 맞췄지만, 반면에 아리스토텔레스는 외적 좋음과 운의 기능도 포함하여 설명했다고 볼 수 있다. 아리스토텔레스가 예로든 트로이의 프리아모스 왕도 가장 행복한 자의 대명사였지만, 가혹한 불운으로 그는 가장 불행한 자의 대명사로 추락하였다(『니코마코스 윤리학』 1153b19-21). 이처럼 운은 우리 삶에 다양한 방식으로 영향을 주는 것으로, 만성질병이나 가난과 같은 불운은 행복에 직접적인 타격을 줄 수도 있다는 것이다.[19]

그렇다면 우리는 과연 포괄론적 해석에 동의해야만 할까? 최근에 Cashen(2016)과 Elliott(2017)는 포괄적 해석을 좀 더 세분화시켜 설명

---

17 소크라테스는 덕이면 충분하다고 생각했다. 그는 "돈으로부터 덕이 생기는 것이 아니라, 덕으로부터 돈과 인간들에게 좋은 다른 모든 것들이 사적인 영역에서든 공적인 영역에서든 생긴다"고 믿었다(『소크라테스 변론』 30A6-B3). 여기서 이 주장은 "덕에는 일반적으로 부나 외적 선들이 뒤따른다"라는 것과 "덕으로부터 나와야만 외적 좋음들이 인간들에게 좋은 것이 된다"라는 두 가지 해석이 다 가능하다.

18 요컨대 지혜는 모든 경우에 항상 실수하지 않고 성공적으로 올바르게 행위할 수 있도록 한다는 점에서 사람들을 운 좋게 만들어 준다는 것이다(『에우튀데모스』 279D2-6). 예를 들어 그것은 마치 지혜로운 피리 연주자는 가장 성공적으로 피리를 불고, 지혜로운 장군은 전쟁에서 성공적으로 승리를 획득하며, 지혜로운 의사는 무지한 의사보다 환자의 건강을 성공적으로 되찾아 주는 것과 같기 때문이다(『에우튀데모스』 279E-280A).

19 인간의 삶이 운에 취약하며 영향받기 쉽다는 것을 연구의 주제로 삼은 학자들은 다음과 같다. Foot(2003), pp. 96~97; Hursthouse(1999), p. 75 n11; Irwin(2007), p. 144; Nussbaum(2001), pp. 318~372; Swanton(2003), p. 60 n7(Elliott[2017], n4 참조).

한다. 카센은 포괄적 해석을 간접적인 방식과 직접적인 방식으로 나누고 외적 좋음이 행복에 간접적으로 영향을 미치는지, 아니면 직접적으로 영향을 미치는지 그리고 외적 좋음이 내적 가치를 갖는지에 따라 다르게 봐야 한다고 주장한다. 엘리엇도 포괄적 해석을 양적인 포괄론과 질적인 포괄론으로 나눠 설명하는데,[20] 외적 좋음이 양적으로 많으면 많을수록 행복해지는 것이 아니라, 오히려 덕의 통제에 따라 외적 좋음을 사용할 때 행복에 기여하는 것이라면 이를 질적 포괄론으로 불러야 한다고 주장한다.[21]

하지만 앞에서도 언급했듯이 『니코마코스 윤리학』 10권 8장에서 분위기는 다시 전환되어 포괄적 해석의 여지를 남기지 않는 것처럼 보인다(『니코마코스 윤리학』 1179a1-24). 여기서 행복이란 지성에 따른 활동이며, 이는 부와 권력, 기타 외적인 좋음을 전혀 필요로 하지 않는다. 그리고 프리아모스 사례에서도 "이런 불행 속에서도 덕이 있다면, 그가 복되다고 여겨지진 않아도 결코 비참하게 되지는 않을 것이다"(『니코마코스 윤리학』 1100b30-1101a17)라는 아리스토텔레스의 주장 역

---

20 Elliott(2017), pp. 348~349. 질적 포괄론을 주장하는 학자들은 Irwin(1985), pp. 95~96; Irwin(2007), p. 144; Roche(2014), pp. 40~44; White(1992), pp. 113~114 등이다.

21 그렇다면 여기서 배제적 해석과 질적인 포괄론의 영역이 다시 모호해진다. 외적 좋음은 단지 덕의 활동 수단일 뿐이고, 반드시 덕 있는 사람의 통제하에서만 이익을 산출하는 것이라면, 이는 덕 결정론 혹은 배제적 해석과 어떻게 다른지가 모호하기 때문이다. 하지만 Roche(2014)에 따르면 배제적 해석은 "오직 덕의 활동만이 행복에 결정적이다"라는 것이다. 따라서 행복에 간접적으로든 혹은 덕의 통제하에 이익을 산출함으로써 행복에 영향을 미칠 수 있다는 질적 포괄론적 해석과는 구분된다고 볼 수 있을 것이다.

시, 덕 결정론 또는 배제론적 해석이 가능하다.[22] 심지어 아리스토텔레스는 "운에 따라 행복을 판단하는 것은 아주 잘못된 것이 아닐까?"라는 의문을 제기하면서 인간적 삶에 외적 좋음은 필요하긴 하지만, 행복에 결정적이고 행복을 통제하는 것은(kuriai) 덕에 따르는 활동뿐이고, 그 반대의 활동은 불행에 결정적이라고 선언한다(『니코마코스 윤리학』 1100b8-11). 이런 주장에 힘입어 Roche(2014)는 배제적 해석을 내세우며, 외적 좋음이란 단지 행복을 더 잘 꾸며 주는 것으로만 가치를 지닌다고 생각한다.

이뿐만 아니라 아리스토텔레스는 제9권에서 '자기애'를 설명하면서 "각각의 사람이 바로 그의 지성(nous)이며, 훌륭한 사람은 주로 이것을 사랑한다는 것이 명백하다"(『니코마코스 윤리학』 1169a1-3)라고 말한다. 또한 "모든 지성은 자신에게 최선의 것을 선택하며, 훌륭한 사람은 그 지성의 설득에 복종한다"라고 설명한다. 이와 같이 『니코마코스 윤리학』의 강조점은 다름 아닌 지적인 영역으로 보이며, 행복 역시 지적인 덕을 가지고 있을 때 다른 외적 좋음을 필요로 하지 않는 것처럼 보인다. 물론 자유인다움('후한 마음')이나 '통 큼' 같은 덕들에서 돈의 역할은 덕에 결정적인 영향을 미친다. 하지만 행복과 행운을 동일시해서는 안 되며(『니코마코스 윤리학』 1099b8, 『에우데모스 윤리학』 1215a12 아래), 오히려 너무 많은 외적 좋음은 행복을 방해한다(『니코마코스 윤리학』

---

22 "고통과 불행 가운데에서도 덕 있는 사람은 행복하다"라는 아리스토텔레스의 생각이 플라톤의 영향이라고 버넷과 고티에는 주장하는데, 이런 측면에서 케니를 비롯한 여러 학자들이 『니코마코스 윤리학』이 『에우데모스 윤리학』보다 먼저 쓰였다고 주장하고 있는 것이다.

1124a30 아래, 『에우데모스 윤리학』 1249b20)는 것이 아리스토텔레스가 주장하는 행복론의 핵심 개념일 것이다. 그러므로 『니코마코스 윤리학』에서의 행복은 결국 지적인 덕으로 배제적 해석이 지배적이라고 할 수 있을 것이다.

그렇다면 『에우데모스 윤리학』에서 행복론은 어떠할까? 제1권에서 아리스토텔레스는 행복이 가장 고귀하고 좋으며 가장 즐거운 것이라고 설명하면서, 이에 따르는 삶의 방식도 정치적·철학적·쾌락적 삶의 방식이 있다고 설명한다. 그리고 우리가 탐구하는 행복은 인간의 좋음들 가운데 최대이자 최상이며 신이나 동물에 귀속된 것이 아니라는 점을 분명히 밝히고 있다. 그리고 제2권 제1장에 가서 아리스토텔레스는 행복을 다음과 같이 정의 내린다.

그런데 행복 또한 가장 좋은 것이라고 했다. 그러므로 행복은 좋은 혼의 활동이다. 한편 행복은 어떤 완전한 것이라고 했고, 삶에는 완전한 것도 불완전한 것도 있으며 덕 역시 마찬가지인데—어떤 덕은 전체적이지만 어떤 덕은 부분이니까—불완전한 것의 활동은 불완전하므로, 행복은 완전한 덕에 따른 완전한 삶의 활동이라고 할 수 있다.(『에우데모스 윤리학』 1219a35-39)

『니코마코스 윤리학』에서 행복의 정의가 "덕에 따른 혼의 활동"이었다면, 『에우데모스 윤리학』에서 행복은 "완전한 덕에 따른 완전한 삶의 활동"으로 규정된다. 여기서 행복은 성격적 덕과 지적인 덕의 두 가지로 나눠지는 것이 아니라, 모든 개별적인 덕의 총합으로서의 완전한 덕으로 규정되는 것이다. 따라서 『에우데모스 윤리학』의 행복은 지적인 덕 뿐 아니라 모든 덕을 다 포함하는 완전한 삶으로, 고귀하고 좋으며 가장 즐거울 뿐 아니라 외적 좋음도 모두 총괄하는 포괄적 해석으로 이해될 수 있을 것이다. 이런 완전한 삶의 개념은 이후 친애와 자족성을 설명하는 제7권 제12장에서, 그리고 완전한 덕의 개념은 제8권 제3장에서 다음과 같이 자세히 설명되고 있다.

[각자에게] 적합한 것이 아름답다. 그런데 부, 좋은 태생, 권력과 같은 것들은 그에게 적합하다. 그러므로 '아름답고 좋은 사람'에게는 유익하기도 하고 아름답기도 하다. 그러나 이것은 다중에게는 지장을 가져온다. 왜냐하면 단적인 의미에서 좋은 것들은 다중에게도 마찬가지로 좋을 수 없고, 오직 좋은 사람에게만 좋은 것이기 때문이다. 하지만 '아름답고 좋은 사람'에게 그것이 아름다운 것이기도 하다. 그는 여러 가지 아름다운 행위들을 그 자체로 행하기 때문이다. 반면, 덕을 가질 필요가 있는 것은 단지 이런저런 외적인 좋음 때문이라고 생각하는 사람들은 비록 아름다운 행위를 한다고 하더라도 그것은 단지 부수적인 의미일 뿐이다. 그러므로 '아름답고 좋은 것'(kalokagathia)은 완전한 덕이다. 쾌락에 대해서도 그것이 어떤 것인지, 또 어떤 의미에서 좋음인지, 즉 단적으로 즐거운 것은 아름답고, 또 단적으로 좋은 것은 즐겁다는 것을 이미 말했다. 그런데 쾌락이 생기는 것은 행위 속에서 외에는 있을 수 없다. 그렇기 때문에 진정한 의미에서 행복한 사람은 누구보다 편안한 삶을 살게 될 것이다. 그리고 이 점을 사람들이 [옳게] 평가하는 것은 결코 무익한 일이 아니다.(『에우데모스 윤리학』 1249a10-20)

『에우데모스 윤리학』에서는 『니코마코스 윤리학』에서 발생하는 배제적/포괄적 해석의 대립이 부각되지 않는다. 완전한 덕에 따르는 완전한 삶에서 외적 좋음이 배제된다면 그 삶은 완전한 것과 거리가 멀 것이기 때문이다. 또한 제1권 제2장에서 아리스토텔레스는 "아름답게 살기 위해선 어떤 목표를 정해야 하고, 그 목표를 바라보면서 모든 행위를 할 것이다. 삶이 하나의 목적을 향해 정돈되지 않았다는 것이야말로 큰 어리석음의 증거"(『에우데모스 윤리학』 1214b9-10)라고 말한다. 이는 완전한 덕을 향한 목표를 겨냥하며 중용을 지키며 완전한 삶을 향해 나아가는 것을 격려하고 있다는 것이다. 그리고 제8권 세3장 마지막 부분에서 아리스토텔레스는 다스리는 부분과 다스림을 받는 부분을 언급하면서, 관조에 대해 이야기하지만 『니코마코스 윤리학』에서처럼 '관조'를 최고의 덕으로서 덕의 결정적 해석이나 배제적 해석으로 설명하진 않는다.[23] 그렇다면 『대도덕학』에서는 행복을 어떻게 정의 내리고 있으며, 행복과 외적 좋음을 어떻게 설명하고 있을까?

3. 『대도덕학』에서 설명되는 행복과 외적 좋음

『대도덕학』은 총 2권이다. 제1권은 34장, 제2권은 17장으로 구성되어 있는데, 제1권에는 윤리학의 주제가 무엇인지, 덕이 무엇이며 좋음은 어떤 종류의 것들이 있는지가 쓰여 있고, 행복과 덕, 중간임(중용), 그리고 개별적 덕들에 관한 설명이 등장한다.[24] 제1권 끝과 제2권 첫 장에서는 사

---

23 또 다른 차이점이 있다면 『에우데모스 윤리학』의 마지막은 『니코마코스 윤리학』과 달리 『정치학』으로 연결되지 않는다는 점이다.

24 왜 이 작품은 『니코마코스 윤리학』이나 『에우데모스 윤리학』처럼 사람의 이름으로 제

려에 대해, 그리고 제2권에서는 덕과 악덕, 우연, 친애 등이 설명된다.

전체를 아우르는 서론 격인 『대도덕학』 제1권 제1장에서 아리스토텔레스는 우리의 논의 대상은 '성격'이며, 이는 윤리학이 아니라 정치학의 분야이므로, 이 작품의 목적은 공동체를 위한 것이라고 단언한다. 그렇다면 우리는 이 주장에 근거해서 아리스토텔레스가 공동체를 위한 정치학적 관점에서 행복을 어떻게 설명하고자 했고, 외적 좋음과 행복의 관계를 어떻게 바라보았는지 살펴보아야 할 것이다.[25]

우리는 성격(에토스)에 대해 이야기하는 것을 선택하고 있으므로, 우선 성격이 어떤 부분인지를 살펴봐야 할 것이다. 그래서 개략적으로 말하자면, 그것은 정치적인 지식 이외의 다른 지식의 부분이 아니라고 생각할 수 있다. 왜냐하면 폴리스에 관련된 [정치적인] 여러 사항에서는 어떤 종류의 방식을 취하고 있지 않고서는 어느 것 하나 행위할 수 없기 때문이다. 내가 말하는 것은 곧 훌륭한 사람의 방식이다. 그런데 훌륭하다는

목이 붙여지지 않았을까? 아마도 편집자 안드로니코스가 '대윤리학'으로 명명했을 것인데, 그가 어떤 의도에서 그랬는지 분명하게는 알 수 없다. 학자들 가운데 헨리 잭슨은 『대도덕학』의 두루마리 분량이 많다는 점에서 『대도덕학』이라는 이름이 붙었다고 설명한다.

25 그러면 『정치학』에서 설명하는 행복과 외적 좋음은 어떠한가? 『정치학』 제7권 제1장에서 아리스토텔레스는 외적 좋음과 신체의 좋음, 그리고 혼의 좋음 모두 축복받은 자 안에 속해야 한다고 주장한다. 하지만 "사람은 외적인 좋음에 의해 덕을 얻거나 지키지 않으며, 오히려 덕에 의해 그 외적인 좋음을 얻고 지키는 것이다"(1323a40-b1)라고 주장하는데, 이런 주장은 오히려 소크라테스적 생각이라고 할 수 있을 것이다. 그리고 결론적으로 아리스토텔레스는 "최선의 삶이란 개인에게도, 또 공적으로 폴리스에서도, 덕에 따른 활동에 참여할 수 있을 만큼의 [외적 좋음을] 충분히 구비한 덕을 갖춘 삶"(1323b40-1324a1)이라고 규정한다.

것은 여러 가지 덕을 가지고 있다는 것이다. 그러므로 누군가가 폴리스에 관련된 여러 가지 일에서 활동적이고자 한다면, 그는 성격에서 훌륭해야만 한다. 그렇기에 아무래도 성격에 대한 고찰은 폴리스적 지식[정치학]의 부분이고, 또 그 단초(시작)인 것 같고, 일반적으로 그 고찰이 그 명칭이라는 점에서 성격과 관련되는 이름이 아니라 폴리스와 관련된 명칭을 가지고 있을 것이라는 점도 나에게는 올바르다고 생각된다.(『대도덕학』1181a24-1181b29)

이와 같이 아리스토텔레스는 성격과 훌륭힘(좋음), 그리고 딕이 이 책의 주제이며, 이런 주제들은 윤리학이라기보다 오히려 정치학 관련 주제라고 단언한다. 왜 성격에 관한 것이 윤리학이 아니라 오히려 정치학 관련 주제인지에 대해 자세한 설명을 주지 않고 있지만, 우리가 앞서 언급한 케이스의 주장대로 성격과 덕에 관한 논의는 개인적 차원에서뿐 아니라 공적이고 대중적인 차원에서 이뤄져야 한다고 이해할 수 있을 것이다. 『니코마코스 윤리학』 제10권 마지막 장, 마지막 단락에서는 윤리학적 논의들을 마치고, "이제 입법에 관한 것은 탐구된 적이 없으니, 인간적인 것에 관한 철학이 완결될 수 있도록 정치학의 논의를 시작해 보자"로 논의를 맺고 있는데,『대도덕학』에서는 첫 시작부터 우리의 주제는 정치학의 탐구 대상이라고 단언하며, 어떤 이론적이거나 형이상학적인 논의보다는 실천적이고 정치 공동체적인 맥락에서 논의를 펼쳐 가겠다는 다짐으로 글을 시작하고 있다.[26]

26 『니코마코스 윤리학』제1권 제2장에서도 최고선과 정치학에 관해 설명하면서, 최고의 학문은 정치학이며, 우리의 탐구가 '일종의 정치학적인 것'이라고 아리스토텔레스가

이어 아리스토텔레스는 많은 지면을 할애하여 덕의 역사적 기원을 설명한다. 덕의 기원에 관한 설명과 분석은 『니코마코스 윤리학』과 『에우데모스 윤리학』에는 등장하지 않는 『대도덕학』만의 고유한 것이다. 최초로 덕을 연구한 사람은 퓌타고라스였는데, 아리스토텔레스에 따르면, 그는 아쉽게도 덕을 '수'(數)로 환원시키는 오류를 범하고 말았다. 이후 덕을 다른 것들에서 찾지 않고 인간과 잘 연관시켜 설명한 철학자는 소크라테스인데, 그 역시 덕을 '앎'으로 환원시킴으로써 또 다른 오류를 범하고 말았다. 왜냐하면 덕을 앎과 동일시한다면 혼의 이성적 부분만 인정하게 되고 감정과 성향은 부정되는데, 이런 식으로는 올바른 덕을 파악할 수 없다는 것이다. 또한 우리가 용기란 무엇인지 안다고 하더라도 즉각적으로 용기 있는 사람이 되지는 않는 것처럼, 덕은 앎이 아니라는 것이다. 그 이후 플라톤은 혼을 이성적 부분과 비이성적 부분으로 나누어 잘 설명했지만, 그 역시 덕을 선의 이데아와 섞어 설명한 점은 잘못이었다(『대도덕학』 1182a1-26).

아리스토텔레스는 플라톤처럼 좋음의 이데아와 같은 단적인 좋음이 아니라 우리와 관련된 좋음에 관해 논의해야 한다고 주장한다. 이는 우리의 탐구는 신적인 것이 아니라 인간적이며, 정치적인 것이기 때문이라는 것이다. 더 나아가 아리스토텔레스는 선의 이데아가 아니라 모든 것에 공통적으로 있는 좋음에 관해 탐구해야 하는지를 질문하는데, 쿠

언급한 적 있다. 하지만 『대도덕학』 제1권 제1장에서는 더 분명하게 이 책의 논의는 정치학적이라고 선언하는 것이다. 이런 이유로 우리는 『대도덕학』이 정치 공동체 안에서 어떻게 훌륭한 행위를 할 수 있을지에 대한 대중의 청자들을 위한 강의라고 가정할 수 있다.

퍼는 여기 등장하는 '공통선'의 개념이 플라톤의 사상을 계승한 것으로 『대도덕학』은 아리스토텔레스 초기 작품이라고 주장한다.[27]

그렇다면 좋음의 이데아에 대해 이야기해야 하는가, 아니면 그렇지 않고 모든 것에서 성립하는 공통된 것으로서의 좋음을 이야기해야 하는가? 그것[후자]은 이데아와는 다르다고 생각될 것이기 때문이다. 왜냐하면 이데아는 떨어져 있으며 그 자체적인 것이지만, 그와 달리 공통적인 것은 모든 것에서 성립하는 것이기에, 따라서 떨어져 있는 것과는 같지 않은 것이기 때문이다. 왜냐하면 자연 본성상 그 자체적으로 존립하는 것은 결코 모든 것에 성립할 수 없을 것이기 때문이다.(『대도덕학』 1182b10-16)

이런 공통선은 모든 범주 안에 있는데, 즉 '무엇인가'[본질적 실체] 안에도, '어떻게인가'[성질] 안에도, 또 '얼마나인가'[양], '언젠가'[시간], '무엇에 대해서인가'[관계] 안에도, 그리고 단적으로 말하면 모든 카테고리아(범주) 안에도 존재하기 때문이다. 여기서 아리스토텔레스는 공통선이 정의(horismos)와 귀납추론(epagōgē)을 통해 설명될 수 있지만,

27 『대도덕학』 1182b10-1183a24. 공통선의 개념은 『대도덕학』에서 확장되어 설명되는데, 좋음의 개념은 『니코마코스 윤리학』과 『에우데모스 윤리학』에서는 하나가 아니라 여러 의미를 뜻하기 때문에 여럿의 공통된 선이 있다는 것은 두 윤리학의 입장과 반대되는 것이므로, 『대도덕학』이 두 윤리학 작품보다 후기에 쓰여지지 않았다는 것이다. 이런 Cooper(1973)의 입장에 대해 Rowe(1975)는 반대 논의를 편다. 또한 Inwood(2014)는 『대도덕학』을 아리스토텔레스 작품이 아니며, 이름 모를 저자를 매그너스(Magnus)라 칭하면서, 이 작품은 아리스토텔레스 사후 스토아 윤리학과의 연결선상에서 이해해야 한다고 주장한다.

정치학에 속하지는 않는다고 목소리를 높인다(1182b18-1183a6). 예를 들어 의사는 의술에서 언제가 좋은 때인지, 조타수는 항해에서 언제가 좋은 때인지를 알며, 각각 전문가들은 각각의 기술에서 좋은 때를 안다. 즉 의사는 언제 절단 수술을 해야 할지 알고, 선장은 언제 항해해야 하는지 알기에, 각각의 것들에서 각각의 전문가들은 각각의 분야에서만 언제, 무엇이 좋은 것인지를 아는 것이다. 따라서 정치학도 단적인 좋음이나 전체적으로 일반적인 좋음에 대해 아는 것은 아니라고 주장한다.[28]

이와 같이 행복이 무엇인지, 목적론적 설명과 기능론을 중심으로 논의를 펼치는 『니코마코스 윤리학』과 『에우데모스 윤리학』과는 다르게, 『대도덕학』에서는 '덕'을 가장 주된 주제로 제시하면서, 덕의 기원과 선철들의 덕에 관한 주장들, 그리고 선철들의 주장들이 어떻게 잘못됐는지를 분석한다. 계속해서 아리스토텔레스는 플라톤의 덕의 분석이 잘못되었다고 비판하면서, 정치학에서 다루는 좋음이란 좋음의 이데아도 아니며, 여러 분야에 걸쳐 있는 공통된 좋음도 아니고, 귀납추론과 정의에 의해 분석된 좋음도 아니며, 우리와의 관계에서의 좋음과 최고선이라고 결론 내린다. 따라서 제1권 제1장에서 우리는 『대도덕학』의 탐구의 대상이 덕이라는 점, 그리고 우리의 논의의 대상은 우리와의 관계에 있어 좋음인 정치적 좋음이라는 점을 알 수 있다.

이제 제1권 제2장에서 아리스토텔레스는 좋음이 무엇인지에 대한 논의를 이어 나가며, 좋음이 얼마나 많은 방식으로 설명될 수 있는지를 고찰한다. 우선 그는 모든 좋음을 네 가지 방식으로 분류한다. 첫 번째로,

---

28 『니코마코스 윤리학』 제1권 제6장 1096b25-30, 『에우데모스 윤리학』 제1권 제8장 1217b25-35에서도 비슷한 논의가 나온다.

좋음은 존중되어야 하는 것들(tima)과 칭송받는 것들(epaineta), 그리고 가능성으로서 좋음들(dunamis)로 구분된다. 존중되어야 하는 것들이란 마치 혼과 지성처럼 신적인 것과 더 아름다운(훌륭한) 것, 그리고 더 원초적인 것들, 시원(원리) 등과 같은 것들이고, 덕 역시 누군가가 훌륭한 사람이 될 때 명예로운 것이 된다. 다른 한편으로 칭송을 받는다는 것들은, 이를테면 덕들과 같은 것인데, 칭송은 그 덕에 따른 실천으로부터 생겨난다. 여기서 명예의 대상은 이미 뛰어난 것, 즉 덕 자체나 또는 어떤 존재이고, 칭찬의 대상은 덕에 따르는 '활동', 즉 실천에만 관련된 것이다. 따라서 덕이 있는 사람은 명예의 대상이지만, 덕에 따르는 사람의 활동은 칭찬의 대상이 된다. 마지막으로 가능성으로서의 좋음이란 외적 좋음인데, 아리스토텔레스는 다음과 같이 설명한다.

> 그런데 가능성이란 지배, 부, 강건함, 아름다움과 같은 그런 것이다. 왜냐하면 그것들은 훌륭한 사람이 잘 사용할 수도 있고, 못된 사람이 나쁘게 사용할 수도 있을 것이기 때문이다. 그래서 그러한 좋음은 가능성이라고 불린다. 확실히 그것들은 한편으로 좋은 것이다(그것들은 각각 훌륭한 사람의 사용에 의해 시험 평가되는 것이지, 못된 사람의 사용에 의해서 시험 평가되는 것은 아니기 때문이다). 하지만 동일한 그러한 좋은 것들에는, 운이 그러한 것들의 생성의 원인이라는 것도 속성으로서 있게 된다. 운으로부터 부와 지배, 그리고 가능성의 대열에 합류하는 모든 것이 생기기 때문이다.(『대도덕학』 1183b27-35)

첫 번째로 좋음을 존중받는 것, 칭찬받는 것, 가능성으로 분류하면서 아리스토텔레스는 왜 이 세 가지를 우선적으로 거론했는지 이유를 설명하지는 않는다. 또한 존중받는 것과 칭찬, 그리고 가능성으로서의 좋음이 서로 어떤 관계에 있는지, 다시 말해서 위계 질서를 갖는지, 하나가 다른 하나를 포함하는지에 관해서도 우린 알 수 없다. 추측건대 존중과 칭찬은 어떤 관련이 있어 보이지만, 가능성으로서 좋음은 여기서 어떤 관련이 있는지는 또 다른 해석을 필요로 한다.

어쨌든 여기서 소개된 외적 좋음은 뒤나미스(dunamis)라는 용어가 말해주듯이 능력, 힘 또는 가능성인데, 이를 좋음으로 부를 수 있는 이유는 그 자체로 좋기보다는 좋게 만들기 위한 힘이나 능력으로 훌륭한 사람이 사용했을 때만 좋음을 만들 수 있기 때문이다. 여기서 등장한 가능성으로서의 외적 좋음은, 『대도덕학』에서만 등장한 해석으로, 이는 덕의 활동과 연결되어 활동의 능력과 힘으로서의 좋음을 강조한 것이다.[29]

여기서 첫 번째 명예의 대상들과 두 번째 칭찬의 대상들은 그 자체로 좋음들이지만, 가능태로서의 외적 좋음은 사용하는 사람이 누구인지에 대해 의존적이며 그들의 덕에 따르는 활동을 할 수 있게 만드는 데 힘과 능력으로 사용된다. 그리고 명예와 칭찬의 대상으로서의 좋음은 행위자 내부에 있지만, 외적 좋음은 행위자 외부에, 즉 운으로부터 우연적으로 생겨나는 것이다. 외적 좋음이 운과 우연과 모종의 관련을 맺고 있기 때문에, 아리스토텔레스는 이 책의 종결 부분인 제2권 제8장에서 '운'(tuchē)이 무엇인지 자세히 설명한다.

---

29 물론 『니코마코스 윤리학』에서도 'dunamis'라는 단어가 등장하기는 한다(『니코마코스 윤리학』 1178a29-33). 하지만 직접적으로 외적 좋음을 가능성으로서 언급한 것은 『대도덕학』이 유일하다.

아리스토텔레스는 우선 운이 타고난 자연 본성(phusis)인지를 검토한다. 우리는 흔히 아름다운 외모나 악기를 잘 다루는 기술을 운 좋게 타고난다고 생각하기 때문에 운을 본성으로 보는 것이 첫 번째 후보라는 것은 어찌 보면 당연할지도 모른다.[30] 하지만 아리스토텔레스는 '자연 본성'을 운의 후보에서 탈락시키는데, 그 이유는 자연 본성이란 늘 무엇의 원인인데, 운은 결코 이런 것이 아니라, 임의적으로, 혹은 우연히 산출되기 때문이다.

그리고 아리스토텔레스는 두 번째 후보로 어떤 지성(nous)이나 올바른 이성(orthos logos)을 언급하는데, 이것들 또한 운과 내립된다고 지적한다. 왜냐하면 지성이나 올바른 이성에는 질서가 지워져 있지만 운은 그렇지 않으며, 따라서 지성과 이성이 가장 많은 곳엔 운이 거의 없지만, 운이 많은 곳엔 지성이 거의 없기 때문이라는 것이다.

마지막으로 아리스토텔레스는 운이 신의 보살핌과 선의를 받는 것과 같은 것인지 질문한다. 운을 신의 보살핌과 선의로 생각하면, 신은 보잘것없는 재판자이거나 정의롭지 못한 재판관이라는 결과가 도출된다. 신이라면 착한 사람들만 돌봐야 하는데 악한 사람들에게도 행운은 찾아오기 때문이다.

그렇다면 외적 좋음의 원인이 되는 운이 본성도, 이성도, 신의 보살핌도 아니라면 과연 무엇일까? 하지만 아리스토텔레스는 이 세 가지 후보

---

30 『에우데모스 윤리학』 1247a9-12에서도 자연 본성상 운을 타고난다는 것이 통념이라고 말한다. 자연이 사람들이 어떤 특정한 성질을 갖도록 하는데, 우리는 각자 이런저런 성질을 가짐으로써 어떤 이는 푸른 눈을 갖고 어떤 이들은 검은 눈을 갖듯이, 어떤 이는 운이 좋고 다른 이는 운이 나쁘다는 것이다.

외의 다른 후보를 찾을 수는 없으며, 행운을 이 세 가지 후보 중 하나인 본성이라고 마지못해 언급한다. 행운이 신의 보살핌이 아니라 본성이라고 말하는 이유는 행운이 외적 요인이 아닌 일종의 내적 요인을 갖는다는 것을 인정한다는 의미인데, 다시 말해서 우리는 나의 좋음과 즐거움으로 향하는 동기 부여(hormē)를 내부적으로 가지고 있고, 이런 동기 부여에 의해 성공하는 것을 행운으로 생각한다는 것이다.[31] 하지만 이런 아리스토텔레스의 설명이 우리의 목마름을 채우기란 턱없이 부족하다. 왜냐하면 행복과 행운을 구분하는 것이 아리스토텔레스 논의의 출발점이기 때문에, 행복이 내적 원인인 덕에서 기인한다면, 행운은 외적 원인을 갖는다는 것이 자연스럽게 따라 나오기 때문이다. 차라리 행운이 본성이 아니라 신적인 것이라고 결론짓는 것이 어쩌면 아리스토텔레스가 계획했던 틀에 더 맞을지도 모른다. 하지만 제2권 제8장에서 아리스토텔레스는 신적인 것이 아니라 내적 본성의 손을 들어 줬다. 여기에 대한 자세한 설명이 생략되어 있는 것이 아쉽지만, 제2권 제8장의 논의로 볼 때 우리는 행운에 대한 다음과 같은 사실을 추측할 수 있을 것이다. 운이란 원인 없이 임의적이거나 우연히 산출되는 것이며, 어떤 질서도 없으며, 신의 보살핌도, 우리의 노력에 달려 있는 것도 아니다. 우리는 정의로운 사람에 대해서도, 용기 있는 사람에 대해서도, 단적으로 덕에 따르는 사람들 가운데 누구에 대해서도 운이 있다고 말하지 않는다. 이와 같

---

31 『에우데모스 윤리학』1247b19-28에서도 아리스토텔레스는 같은 방식으로 설명한다. 혼 안의 충동은 이성적인 것과 비이성적인 것이 있는데, 쾌락에 의해 촉발된 동기 부여처럼 이 충동은 본성적이며 좋음을 향해 간다는 것이다. 따라서 생각이 없지만 동기 부여에 의해 성공하는 사람들을 우리는 '행운아'라고 부르는 것이다(1248a30).

이 행운은 덕의 특성과 철저히 반대되는 것으로 묘사되며, 외적 좋음과 관련된 것으로 여겨진다.

다시 좋음의 논의로 돌아가자. 아리스토텔레스는 계속해서 좋음을 두 번째 방식으로 분류한다.

그러나 좋은 것 또한 다른 분류를 가지고 있다. 예를 들어 여러 가지 좋은 것 중 어떤 것은 모든 경우에 모든 방식으로 선택될 수 있지만 어떤 것은 그렇지 않다. 예를 들어 정의나 다른 덕은 어떤 측면에서든 모든 방식으로 선택될 수 있지만, 이와 달리 건장함이나 부나 능력, 다른 그런 것들은 어떤 측면에서든 모든 방식으로 선택될 만한 것이 아니다. 또 다른 분류 방식도 있다. 즉, 여러 가지 좋은 것 중 어떤 것은 목적이지만 어떤 것은 목적이 아니다. 예를 들어 건강은 목적이지만 다른 쪽 건강을 위한 것들은 목적이 아니다. 그리고 그러한 방식을 취하는 것들에서, 그것들 가운데 그 목적이 항상 나은 것은 아니다. 예를 들어 건강은 건강을 위해 좋은 것보다 더 낫고, 또 단적으로 말해서 그 밖의 모든 것들 또한 그것을 위해 있는 것들이 항상 보편적으로 더 나은 것이다. 또 목적 그 자체 중에서는, 궁극적인(최종적인, 완결적인) 것이 궁극적이지 않은 것보다 항상 더 낫다. 궁극적[완결적]이란 그것이 거기에 있으면, 우리는 거기에 더해서 아무것도 필요로 하지 않는 것이고, 궁극적[완결적]이지 않다는 것은 그것이 거기에 있어도 우리가 거기에 더해서 무엇인가를 필요로 하는 것인데, 예를 들어 정의가 거기에 있더라도 우리는 그 밖에도 더 많은 것을 필요로 하는 반면, 행복이 거기에 있다면 우리는 그 무엇도 거기에 더해 더 필요로 할 것이 없다. 따라서 그것이 우리가 탐구하고 있는 우리에게서의 최고선('가장 좋은 것', to ariston)이며, 궁극적인 [최종적인] 목적이다. 그런데 바로 궁극적인[최종적인] 목적이야말로 좋음이요, 여러 좋음의 목적인 것이다.(『대도덕학』 1183b37-1184a14)

두 번째 구분은 모든 면에서 전적으로 선택할 만한 좋음과 그렇지 못한 좋음이다. 덕과 같은 것들은 그 자체로 모든 면에서 선택할 만한 것이지만, 외적 좋음과 같은 신체적 강인함과 부 등은 그 자체로 선택할 만한 것들이 못 된다는 뜻이다. 두 번째 좋음의 분류는 이렇게 간략하게 설명하고 아리스토텔레스는 바로 세 번째 좋음으로 목적과 수단을 구분한다. 목적으로서의 좋음은 수단으로서의 좋음보다 항상 낮다는 것으로, 예를 들어 건강은 목적 그 자체이고, 건강을 위한 운동이나 식이요법, 약을 먹는 것 등은 수단으로서 좋음일 뿐이다. 이어서 아리스토텔레스는 마지막으로 최종적이고 완전한 좋음과 불완전한 좋음을 구분한다. 완전한 좋음이란 그 자체로 다른 어떤 것도 필요로 하지 않는 것으로, 이는 행복만이 그 자리를 차지하게 된다. 불완전한 좋음은 정의의 덕과 같은 다른 것들도 필요로 하는 좋음이다. 여기서 개별적 덕들은 불완전한 좋음으로 분류된다. 여기서도 행복은 완전함으로 묘사되는데, 이는 행복의 포괄적 해석으로 이해될 수 있을 것이다.

제1권 제2장에서 기술되는 이와 같은 네 가지 좋음의 구분은 『대도덕학』에만 등장하는 것으로, 아리스토텔레스는 모든 좋음들을 나열하고 분석하면서 최종적으로 행복이란 이런 좋음들의 총합이고 그 자체로 독립적이고 떨어져 있는 제3의 것이 아니라고 지적한다.

그렇다면 그것들 다음에는 어떻게 최고선을 고찰해야 하는가? 과연 그것 또한 [다른 것들과] 함께 꼽을 수 있는 것으로서 그런 식의 [고찰해야 할] 것인가? 아니, 그건 이치에 맞지 않는다. 왜냐하면 최고선은 궁극적 목적이지만, 궁극적 목적은 무조건적으로 말하자면 행복(에우다이모니아) 이외의 아무것도 아닌 것으로 보일 것이며, 그 행복을 우리는 많은 좋은 것들로 구성하기 때문에, 거기서 가장 좋은 것을 고찰할 때, 만일 그것을 다른 좋음들과 함께 헤아린다면, 그것은 그 자신보다 더 좋다는 [이상한] 일이 될 것이기 때문이다. 즉, 그것이 최선일 것이기 때문이다. 예를 들어 건강을 위해 좋은 것과 긴깅을 놓고, 그 모든 것 중에서 무엇이 최선인지 살펴보라. 건강이 최선이다. 그러므로 그것이 그 모든 것 중에서 최선이라면, 그것은 그 자신보다 나을 수도 있다. 그래서 어처구니없는 일이 일어난다. 그러므로 아마도 적어도 그런 식으로 가장 좋은 것[최고의 좋음]을 고찰해서는 안 된다. […] 그러나 과연 무언가 그것만을 떼어놓은 듯한 그런 방식으로 고찰해야 하는 것인가? 아니면, 그것도 이치에 맞지 않는 일인가? 행복은 여러 가지 어떤 좋은 것들로 이루어져 있다. 그런데 그것이 그것들로 이루어진 좋은 것들에 비해, 그것이 가장 좋은지 어떤지를 고찰하는 것은, 이치에 맞지 않는다. 왜냐하면 행복은 이러한 좋음들로 이루어진 것으로부터 떨어져 있는 다른 어떤 것이 아니라, 이러한 좋음들이기 때문이다.(『대도덕학』 1184a15-29)

여기서 설명되고 있는 행복은 다른 좋음들로부터 구성된 것이며, 좋음들과 떨어져 있는 것이 아니라 바로 이런 좋음들인데, 따라서 행복은

『에우데모스 윤리학』처럼 포괄적 해석으로 이해될 수 있을 것이다.[32] 더나아가 아리스토텔레스는 좋음들의 총합으로서의 행복을 다음과 같이설명한다.

> 과연 무언가 그런 식으로 최고선을 비교 판별하면서 올바르게 고찰할수 있을 것인가? 예를 들어 그러한 좋은 것들으로 이루어진 행복 그 자체를, 그것 [행복] 안에 내재하지 않는 다른 좋음들과 비교해 판단함으로써, 그러한 방식으로 최고선을 고찰한다면 올바르게 고찰할 수 있을것인가? [할 수 없다.] 그렇지 않으면, 지금 우리가 탐구하는 최고선은 단순한 것이 아니다. 예를 들어 모든 좋음이 하나하나 비교되어 판단되는경우, 사려(슬기, phronēsis)가 최고선이라고 말하는 사람도 있을 것이다.그러나 최고로 좋은 것은 아마도 그런 방식으로 탐구해서는 안 될 것이다. 왜냐하면 우리는 궁극적인 좋음을 탐구하고 있지만, 사려는 그것 자체로 궁극적(최종적)이지 않기 때문이다. 그러므로 그것은 우리가 탐구하고 있는 최고선이 아니며, 또한 그러한 방식의 최고선을 탐구하고 있는 것도 아니다.(『대도덕학』1184a30~39)

『대도덕학』에서 탐구하는 최고선으로서의 행복은 여러 좋음들로 이루어진 것이며, 완전한 좋음들이다. 행복은 여러 좋음들과 떨어져 있는

---

32 Inwood(2014, p. 36), Kenny(2016, pp. 200~221)는 『대도덕학』은 『니코마코스 윤리학』
    보다는 덕의 완전한 총합을 주장하고 있는 『에우데모스 윤리학』의 노선을 따르고 있
    으며, 내용이나 주제뿐 아니라 목차에서도 『에우데모스 윤리학』에 종속되어 있는 것
    처럼 보인다고 주장한다.

선의 이데아나, 여러 좋음들 중에서 최고의 것으로서 사려라든지, 또는 『니코마코스 윤리학』에서 주장했듯이 관조라고 배제적으로 말할 수 없는데, 이는 이것들로는 완전한 것이 될 수 없기 때문이다. 따라서 앞서 말했듯이 우리가 탐구하는 행복은 인간의 좋음이며 정치학적 탐구의 대상으로서의 좋음으로 완전한 좋음이기 때문에, 여러 좋음들과 떨어진 선의 이데아로도 다른 좋음들을 배제한 사려만으로도 행복이라고 말할 수 없다는 것이다. 이와 같이 『대도덕학』에 와서는 덕 중에 최고의 덕인 관조로서의 행복이라든지, 지적인 덕만으로 충분하다는 배제적 해석으로서의 행복은 더 이상 설 자리가 없게 된다.

아리스토텔레스는 사려를 제1권 마지막 장인 제34장에서 자세히 설명하고 있는데, 특이한 점은 『니코마코스 윤리학』이나 『에우데모스 윤리학』과 다르게 『대도덕학』에서는 지적인 덕을 따로 설정하여 다양한 지적인 앎을 설명하지 않고, 사려를 성격적 덕에 포함시켜 설명했다는 것이다. 이로써 『니코마코스 윤리학』에서 나타나는 성격적 덕과 지적인 덕의 상충은 발생되지 않는다. 또한 지적인 덕의 활동인 관조를 최고선인 행복으로 둠으로써 발생되는 행복의 포괄적 해석과 배제적 해석의 상반된 논쟁도 『대도덕학』에서는 발생하지 않는다.

따라서 사려는, 행위하는 것도 행위하지 않는 것도 우리에게 달려 있는, 실제로 유익함을 지향하는 것들인 한, 선택과 관련된 행위에 관련된 성향의 일종이다. 그런데 사려는 생각될 수 있는 바처럼, 지식이 아니라 덕이다. 그런데 사려 있는 사람들은 칭찬받을 만하지만, 칭찬은 덕에 속한다. 게다가 모든 지식에는 덕이 속하지만, 사려에는 덕이 속하지 않으며,

분명히 그 자신이 어떤 덕이니까.(『대도덕학』 1197a14-20)

그런데 과연 지혜는 덕인가, 그렇지 않은가? 덕이라는 것은 다음과 같은 것들을 통해 사려 그 자신으로부터 밝혀질 것이다. 즉, 만일 사려가 우리가 주장하는 것처럼 이치를 가진 것들 중 [지혜가 속한 것과는] 다른 부분의 덕이고, 사려는 지혜보다 더 못하다면(그것은 더 못한 것에 관련되기 때문이다. 즉, 지혜는 우리의 주장으로는 영원한 것이나 신적인 것에 관련되지만, 사려는 인간에게 유익한 것에 관련되는 것이다), 그러므로 만일 더 못한 것이 덕이라면, 적어도 더 나은 것이 덕이라는 것은 당연한 일이고, 따라서 지혜가 덕이라는 것은 분명하다.(『대도덕학』 1197b3-10)

여기서 아리스토텔레스는 사려를 성격적 덕의 성향으로 규정한다.[33] 그 이유는 우리가 사려를 가진 자를 칭찬하는데, 이는 덕 때문에 칭찬하는 것이다. 또한 사려는 사람들에게 유익이 되는 것을 다루는 덕이라고 설명한다. 물론 사려를 성향이라고 규정한 것은 『니코마코스 윤리학』 제6권 제8장에도 나온다. 하지만 지혜(sophia)란 각 기예에 정통한 사람들에게 해당되며, 지성(nous)과 학적 지식(epistēmē)이 합쳐진 것으로서 확실히 지적인 덕으로 설명해야 하는데, 사려가 덕이라면 지혜 역시 그냥 덕이라고 말하고 끝나 버린다. 왜냐하면 『니코마코스 윤리학』과 달리 『대도덕학』에서 아리스토텔레스는 덕을 지적인 덕과 성격적 덕으로 구분하지 않고, 하나의 덕, 즉 성격적 덕만을 설명했기 때문이다. 왜 지

---

33 『니코마코스 윤리학』 1140b20-21에서도 비슷한 주장이 따라 나온다. "필연적으로, 사려는 인간적인 좋음에 대한 행위와 관련된 이성을 동반한 진정한 성향일 것이다."

적인 덕의 개념을 생략하였을까라고 우리는 물을 수 있겠지만, '공동체를 위한 정치적 좋음'이『대도덕학』의 주제이며, 이 작품의 독자가 대중들이기에 일부러 이를 생략했다고 볼 수도 있지 않을까? 우리는 이와 관련해서 추측밖에 할 수 없지만, 어쨌든『대도덕학』에서 행복론은 포괄론적인 해석으로만 가능하다는 것은 분명하다.

그리고 다음 장인 제1권 제3장에 가서, 아리스토텔레스는 다섯 번째로 좋음을 구분하는데, 이 구분은 좋음이 어디에 있는지에 관련된 것으로 우리 안에 있는지, 밖에 있는지에 관한 것이며, 우리 안에 있는 것은 다시 혼 안에 있는 것과 몸 안에 있는 깃들로 구분된다.

그러면 그다음으로 여러 좋음을 분류하는 또 다른 방식이 있다. 즉, 여러 좋음 가운데 어떤 것은, 예를 들어 덕과 같이 혼 안에 있거나, 또는 어떤 것은, 예를 들어 건강, 아름다움과 같이 신체 안에 있고, 외적인 좋음으로 부, 지배, 명예 혹은 그 밖의 그러한 것이 있다면 그것이다. 이것들 중에서 혼 안에 있는 것들이 가장 좋다. 혼 속에 있는 좋음은 사려(슬기), 덕, 쾌락 등 세 가지로 분류된다.(『대도덕학』1184b1-6)

우리 안에 있는 것들 중 혼 안에 있는 좋음들은 덕과 같은 것들이고, 몸 안에 있는 좋음들은 건강이나 아름다운 외모와 같은 것들이며, 우리 밖에 있는 좋음들은 부, 명예 등과 같은 외적 좋음들이다. 그리고 다섯 번째 좋음의 구분에서 가장 좋은 좋음들은 혼 안에 있는 것으로, 다시 혼 안의 좋음들은 세 가지로 구분된다. 여기서 우리가 흔히 말하는 외적 좋음들은 몸의 좋음과 우리 밖에 있는 좋음, 이렇게 두 가지로 나뉘어 설명되는데, 아리스토텔레스에 따르면 외적 좋음이란 결국 혼 밖에 있는 모든 좋음을 가리키는 말이다.

그리고 계속해서 아리스토텔레스는 행복을 최고선으로 정의한다.

그래서 이제 우리는 이미 그것 다음에 있는 것, 여러 가지 좋은 것의 목적이기도 하고 가장 최종적(완결적)이기도 하다고 우리 모두가 말하기도 하고 생각하기도 하는 것, 그것은 행복이며, 그것은 또한 잘 행위하는 것이나 잘 사는 것과 같다고 우리는 주장한다. 그런데 '목적'(끝)은 한 가지가 아니라 두 가지이다. 한편, 어떤 것의 목적은 현실 활동 그 자체이고 사용인데, 예를 들어 시각의 경우에서처럼 그렇다. 그리고 사용은 소유보다 더 선택될 만하다. 왜냐하면 사용이 목적이기 때문이다. 즉, 보지 않고 눈을 감고 있을 생각이라면, 누구도 시각을 소유하고 싶어 하지 않을 것이기 때문에, 청각이나 그와 유사한 경우에도 마찬가지이다. 그러므로 그것에 사용도 소유도 속해 있는 것에 대해서는, 항상 사용이 소유보다 더 낫고 더 선택할 만하다. 왜냐하면 사용과 현실 활동이 목적(끝)이고, 소유는 사용을 위해 있기 때문이다.(『대도덕학』 1184b7-18)

여기서 등장하는 행복의 정의는 좋음들 가운데 가장 완전한 것이며, 이는 '잘 행위하고' '잘 사는 것'이다. 행복은 어떤 것의 소유나 어떤 상태가 아니라 활동과 사용인데, 이는 활동과 사용이 목적이기 때문이다. 계속해서 제1권 제4장에서도 행복과 덕스럽게 사는 것이 무엇인지에 대한 설명이 이어지는데, 잘 살고 잘 행위하는 것이야말로 행복이며, 이는 덕에 따라 사는 것으로 규정된다.

그런데 잘 사는 것과 잘 행위하는 것은 행복한 것 외에는 아무것도 아니라고 우리는 말한다. 그러므로 행복한 것이나 행복은 잘 사는 데 있지만, 잘 사는 것은 여러 가지 덕에 맞게 사는 데 있다. 그러므로 그것[여러 가지 덕에 근거해서 사는 것]이 목적이며, 행복이며, 최고선인 것이다. 그래서 어떤 사용과 현실 활동에 행복은 존재할 것이다. 왜냐하면 소유와 사용이 그것에 속하는 것에 대해서는, 그 사용과 현실 활동이 목적이기 때문이다. 혼에 대해서는 그 덕이 소유다. 그런데 혼에는 여러 덕의 현실 활동과 사용이 속해 있다. 따라서 혼의 현실 활동과 사용이 목적일 것이다. 그러므로 행복은 여러 가지 덕에 따라 사는 데에 있을 것이다. 그래서 최고의 좋음은 행복이고, 행복은 목적이며, 궁극적인 목적은 현실 활동에 있는 것이기 때문에, 여러 덕에 따라서 살고 있는 경우에 우리는 행복하며, 최고의 좋음을 갖게 될 것이다.(『대도덕학』 1184b28-39)

결론적으로 행복이란 전 생애에 걸친 완전한 덕에 따르는 삶이기 때문에 어린아이들에게서 발견될 수 없고, 완전함이란 전 생애에 걸쳐 있으므로 잠만 자고 있는 인생이 아니라 덕의 활동을 통해서만 행복을 얻을 수 있다. 혼의 영양을 담당하는 부분도 영양 섭취 활동을 하고 있지만 도덕적 활동을 하지 못하기 때문에 행복과는 관련이 없고(『대도덕학』 1185a13-35), 또한 혼의 지성적인 부분은 그것들의 활동으로 인해 칭찬받는 것이 아니기 때문에 행복과 관련이 없다.[34] 여기서 말하는 덕이란

---

34 지성을 포함하는 부분에는, 사려(phronēsis), 예민함(archinoia), 지혜(sophia), 이해력(eumatheia), 기억력(mnēmē), 그리고 이와 유사한 것들이 생겨난다(『대도덕학』 1185b6-7).

지성의 부분을 포함하지 않는 부분의 덕이며, 이런 덕들은 지나치거나 모자람에 의해 파괴된다(『대도덕학』 1185b1-13).

다른 작품들과 마찬가지로 아리스토텔레스는 『대도덕학』도 덕을 중간임(중용)으로 설명하지만, 『니코마코스 윤리학』에서 자세히 설명된 '우리와의 관계에서의 중용'(『니코마코스 윤리학』 1106a36, 『에우데모스 윤리학』 1220b24, 1222a10)의 개념이라든지, '밀론과 초보자'의 사례라든지(『니코마코스 윤리학』 1106b1-8), '마땅히 그래야 할 때, 또 마땅히 그래야 할 일에 대해, 마땅히 그래야 할 사람들에 대해, 마땅히 그래야 할 목적을 위해서, 또 마땅히 그래야 할 방식으로'(『니코마코스 윤리학』 1106b21-23) 중간이자 최선으로서의 중간임에 대해서는 어떤 설명도 제시하지 않고 있다. 이런 점으로 미루어 볼 때, 『대도덕학』은 『니코마코스 윤리학』이 저술되기 전에 쓰였거나, 아니면 대중들을 위해 복잡한 설명은 생략해서 저술된 것으로 볼 수 있을 것이다.

4. 『대도덕학』이 남겨 준 윤리적 유산

아리스토텔레스 윤리학의 주제인 행복은 잘 살고 잘 행동하는 것이며, 이는 덕에 의해 결정되는 것임엔 틀림이 없다. 소크라테스에게서 덕은 지적인 덕에만 한정되어 있지만, 아리스토텔레스는 『니코마코스 윤리학』에서 덕을 지적인 덕과 성격적 덕으로 나눠서 설명하면서, 지적인 덕을 성격적 덕의 활동보다 더 높게 평가하고 있다. 『에우데모스 윤리학』에서는 지적인 덕과 성격적 덕의 활동이 모두 결합할 때 행복이라고 설명한다.[35]

---

35 『에우데모스 윤리학』 1219a35-39, 1249a18-21 참조.

그리고 『대도덕학』에서는 지적인 덕에 관한 설명을 성격적 덕의 설명에 포함시켜 하나의 덕, 즉 성격적 덕의 활동만 강조하고 있다. 따라서 『니코마코스 윤리학』에는 행복에 대한 배제적 해석이 깔려 있으며, 『에우데모스 윤리학』에서는 포괄적 해석이, 그리고 『대도덕학』에서는 하나의 덕, 즉 성격적 덕만 설명되었기에 행복에 대한 포괄적 해석이 더욱 분명해진다.

또한 이 책의 주제가 인간적인 좋음을 다루고 공동체를 위한 정치학적 좋음을 탐구하는 것이기에, 행복에 대한 논의에서 영원하고 신적인 좋음은 배제되고, 인간의 좋음인 덕의 활동과 사용이 중요하게 다뤄지고 있다. 이런 맥락에서 외적 좋음 역시 덕의 좋은 활동을 위한 가능성으로서의 좋음으로 설명된다. 『니코마코스 윤리학』에서는 외적 좋음과 행복을 구분하기 위해 여러 다양한 논쟁이 계속되고 있지만, 『대도덕학』에서는 외적 좋음의 가능성으로서의 능력에 초점을 맞추고 있다. 또한 『니코마코스 윤리학』 제10권에서는 쾌락과 행복을 구분하기 위해 애썼다면, 『에우데모스 윤리학』과 『대도덕학』에서는 행복이 최고의 아름다운 쾌락과 동일한 것으로 묘사된다. 이는 『대도덕학』이 『에우데모스 윤리학』과 노선을 같이하고 있다는 것을 보여 주며, 특별히 지적인 덕을 생략했다는 점은 공동체를 위한 대중들에게 행복을 설명하기 위해 계산된 것이라고 볼 수 있을 것이다. 더 나아가 이런 점이야말로 오히려 플라톤의 색깔을 지우고 아리스토텔레스 자신만의 색깔을 드러내는 것으로 이해될 수 있을 것이다.[36]

36 19세기에 독일 문헌학자 Schleiermarcher(1817)는 오히려 『대도덕학』을 아리스토텔레스 작품으로 인정하며, 오히려 『에우데모스 윤리학』을 위작으로 간주했다. 그에 따르

『대도덕학』의 저자는 다음과 같이 말한다. "그러므로 우리는 아무래도 좋음에 대하여 이야기해야 하는 것이고, 더구나 그것은 무조건적인 좋음이 아니라 우리에게서의 좋음이다. 신들의 좋음에 대해서는 아니니까"(『대도덕학』 1182b3-4). 관조와 같은 지적인 덕으로서의 행복, 그리고 행복을 지적인 덕만으로 이해하는 것은 신의 좋음에 관해 말하는 것이며, 경험 세계에 있는 우리 대중들에게 어쩌면 무리한 요구인지도 모른다.[37] 또한 공동체를 위한 우리 모두의 목표는 덕에 맞게 행하는 활동이므로, 덕의 활동을 도울 수 있는 능력으로서의 외적 좋음이 필수적이라는 사실은 어쩌면 당연한지도 모른다.

따라서 아리스토텔레스는 『대도덕학』에서 좋음에 관한 여러 분석들을 통해 최고의 좋음인 행복이 있고, 그 행복은 여러 좋음들의 구성들 이외의 다른 것이 아니며, 덕의 활동에 가능성으로서 필요한 외적 좋음을 상식선에서, 그리고 우리 경험에 바탕을 두고 설명하고 있다. 결국 아리스토텔레스 행복론의 핵심은 혼의 좋음(덕)과, 신체의 좋음(건강, 외모 등), 그리고 외적 좋음인 재물이나 권력, 가문 등을 모두 포함한 것으로, 이는 인간적인 좋음인 동시에 경제적 필요를 충족하기 위한, 즉 '좋은 삶'을 위해 국가 공동체가 추구해야 할 목표이기도 하다.

면, 『대도덕학』은 다른 작품들과 다르게 덕을 지적인 덕과 성격적 덕으로 구분하지 않고 오직 하나의 덕만을 이야기하고 있는데, 지적인 덕은 플라톤의 관점이며, 성격적 덕만을 이야기하는 게 오히려 아리스토텔레스답다는 것이다.

37 아리스토텔레스의 윤리학은 테오프라스토스의 뒤를 이은 페리파토스학파의 수장인 람프사코스의 스트라톤(Stratōn, 기원전 335~269년)에 이르러서는 경험적인 인간의 좋음만을 말하게 된다. 스트라톤은 한 가지 문제에만 집중하는데, 이는 '어떻게 우리가 덕이 있는 사람이 될 수 있는가'이며, 따라서 도덕 교육으로 귀결된다. 아리스토텔레스 이후의 윤리학에 대해서는 Inwood(2014), 제2~3장 참조.

제1권

I. 좋음의 규정

제1장 덕에 관한 선행 철학자들의 견해, 검토, 정치학과 좋음의 규정

우리는 성격(에토스)[1]에 대해[2] 이야기하는 것을 선택하고 있으므로, 우
선 성격이 어떤 부분인지를 살펴봐야 할 것이다.[3] 그래서 개략적으로 말
하자면, 그것은 정치적인 지식 이외의 다른 지식의 부분이 아니라고 생

---

1 ēthikōn(성격에 관계된 것들) 대신에 여러 사본에 따라 ēthōn(성격들, 인격)으로 읽는
   다(1181b26, 1197b28 참조).

2 이 책의 문체상 특징 중 하나가 전치사 peri 대신에 huper를 주로 사용한다는 점이다.
   논의의 내용이나 주제에 관해, '~에 대해 말하다[논하다]', '~에 대해 고찰하다'라고
   말하는 경우에 전치사 peri(속격)라는 형태가 종종 이용되는데, 이 책에서는 그 대신
   '~ 위에' 또는 '~를 위해서'를 의미하는 전치사 huper(속격)라는 표현이 주로 사용되
   고 있다. 연구에 따르면, 『아리스토텔레스 전집』(Corpus Aristotelicum)에서 대략 peri는
   2355번, huper는 123번의 예가 찾아진다고 한다(위서僞書인 『알렉산드로스를 위한 수
   사학』 제외). 이 책에서는 peri의 용례가 12번인 데 반해, huper의 용례는 92번이나 나
   온다. 『아리스토텔레스 전집』에서의 두 전치사의 사용 빈도에 비해 이 책에서는 huper
   사용 빈도수는 압도적이라 할 수 있다. 이 책의 이러한 문체의 특징도 이 책을 아리스
   토텔레스 이후에 쓰인 것으로 판정하는 하나의 기준이 되고 있다.

3 에토스가 어떤 지식의 부분인가를 묻는 것으로 이해하면, 1181a25의 ēthos는 '성격
   에 관한 고찰'('윤리학')이라는 정도의 의미로 해석할 수 있다. 그렇다면 여기 ēthos를
   ēthikōn으로 읽는 셈이 된다.

각할 수 있다. 왜냐하면 폴리스에 관련된 [정치적인]⁴ 여러 사항에서는 어떤 종류의 방식⁵을 취하고 있지 않고서는 어느 것 하나 행위할 수 없기

때문이다. 내가 말하는 것은 곧 훌륭한⁶ 사람의 방식이다. 그런데 훌륭하다는 것은 여러 가지 덕(德)⁷을 가지고 있다는 것이다. 그러므로 누군가가 폴리스에 관련된 여러 가지 일에서 활동적이고자 한다면, 그는 성

격에서 훌륭해야만 한다.⁸ 그렇기에 아무래도 성격에 대한 고찰은 폴리스적 지식[정치학]의 부분이고, 또 그 단초(시작)⁹인 것 같고, 일반적으로 그 고찰이 그 명칭이라는 점에서 성격과 관련되는 이름이 아니라 폴리스와 관련된 명칭을 가지고 있을 것이라는 점도 나에게는 올바르나고 생각된다.¹⁰

그래서 아무래도 첫째로 덕에 대해 그것이 무엇인지, 무엇으로부터 생겨나는지를 말해야 할 것 같다. 왜냐하면 아마도 덕에 대해서는 알고 있지만, 그것이 어떤 방식으로 무엇으로부터 존재하게 되는지는 이해하

---

4   원어로는 politikē(폴리스와 관련이 있는 것).

5   poion tina로 읽는다. 『니코마코스 윤리학』 제1권 제9장 1099b31, 『에우데모스 윤리학』 제8권 제2장 1247a8 참조.

6   원어는 spoudaios로 '뛰어나다', '훌륭한'을 의미한다.

7   원어는 aretē로 기본적으로는 어떤 '탁월성'을 의미한다. 칼의 '아레테'는 '잘 자르는' 기능적 측면에서의 탁월성을 말한다. 인간의 '아레테'가 논의의 대상이라면 '덕'으로 옮기는 것이 여러 경우에 효과적이다.

8   『니코마코스 윤리학』 제7권 제10장 1152a8, 『정치학』 제3권 제15장 1286b3, 『대도덕학』 제2권 제12장 1212a12 참조.

9   원어는 archē로 '시작', '시원', '단초'를 의미한다. 나아가 사물의 원리, 근본원리를 의미하기도 한다. 『형이상학』 제5권 제1장의 '아르케'에 관한 논의 참조.

10 『니코마코스 윤리학』 제1권 제2장 1094a24-b11 참조.

지 못하는 것은 아무런 이득이 없을 것이기 때문이다. 왜냐하면 덕이 무엇인지를 우리가 알기 위해 고찰해야 할 뿐만 아니라, 그것이 무엇으로부터 있게 될지를 알기 위해서도 살펴봐야 하기 때문이다. 즉, 우리는 아는 것과 동시에 우리 자신이 그렇게 할 수 있게 되기를 바라지만, 이 일은 우리가 그것이 무엇으로부터, 또 어떻게 존재하게 되는지도 모른다면, 우리는 할 수 없을 것이기 때문이다.[11]

그래서 덕이 무엇인지를 아는 것은 필연적이다(왜냐하면 마치 여러 지식의 경우와 마찬가지로, 그것이 무엇인지 알지 못하면서, 무엇으로부터 존재하게 되는지,[12] 어떻게 존재하게 되는지 알기란 쉽지 않기 때문이다).

한편, 몇몇 사람들이 [우리]보다 앞서서 그것들을 놓고 말해 왔다면, 그것도 그대로 지나쳐서는 안 된다. 그래서 우선 첫 번째 사람으로서 퓌타고라스가 덕에 대해서 말하려고 시도했지만 옳은 방식은 아니었다. 그것은 여러 덕을 여러 수(數)와 연관시킴으로써 그 고찰을 덕에 어울리지 않게 만들었기 때문이다. 예를 들어 정의는 같은 수의 제곱[제곱수][13]

---

11 『에우데모스 윤리학』 제1권 제5장 1216b20-25, 『니코마코스 윤리학』 제2권 제2장 1103b26-30 참조. 윤리학에서 아는 것이 목표가 아니라는 것에 대해서는 『니코마코스 윤리학』 제2권 제2장 1103b27-29("우리는 덕이 무엇인지 알기 위해서 탐구하는 것이 아니라, 좋은 사람이 되기 위해서 탐구하는 것이며, 그렇지 않다면 아무짝에도 쓸모가 없을 테니까"), 제1권 제3장 1095a4-6, 제10권 제9장 1179a35-b2, 『에우데모스 윤리학』 제1권 제5장 1216b11-25 참조.

12 앞의 estai를 삭제한다(1182a9).

13 만물의 아르케(시원)를 '수'로 생각하는 퓌타고라스의 기본적 사고방식에서 동등함에 동등함으로 보답한다는 '정의'의 함의를 제곱수(2×2=4, 3×3=9, …)로 표현한 것을 말한다. 퓌타고라스주의자들은 4를 '정의'라고 말한다.

이 아니기 때문이다.[14]

15 이 사람 뒤에 소크라테스가 나타나 그 일들을 놓고 더 낮고 광범위하
게 이야기했지만, 이 사람 또한 옳은 방식이 아니었다. 그는 덕을 지식으
로 삼았다. 하지만 이 일은 불가능한 노릇이다. 왜냐하면 지식은 모두 이
성(이치)을 따르지만, 이성은 혼의 사고와 관련된[15] 부분 안에서 생기기
때문이다. 그래서 그를 따르면, 모든 덕은 혼의 헤아리는 부분[16] 안에서
20 생기게 된다. 그래서 그에게는 여러 덕을 지식으로 삼음으로써, 혼의 이
성에 어긋나는 부분이 없게 만드는 일이 생기는데, 그렇게 함으로써 감
정(pathos)[17]도 성격도 없게 만들어 버렸기 때문이다. 그렇기 때문에 그
런 식으로 여러 가지 덕을 언급했지만 옳은 식은 아니었던 것이다.

25 그런데 이들 뒤에 플라톤이 혼을 이성을 가진 것과 이성이 없는 것으
로 올바르게 나누고 각각에게 합당한 덕을 할당했다. 그렇기에 여기까
지는 멋지게 그렇게 했다. 그럼에도 그 뒤로는 더 이상 옳지 않았다. 왜
냐하면 덕을 좋음에 대한 고찰로 혼합했기 때문이다.[18] 그래서 옳지 않
았던 것이다. 그건 적절하지 않으니까. 왜냐하면 제각각 존재하는 것과
진리를 놓고 이야기를 나누면서, 덕에 대해서는 이야기하지 말았어야
했기 때문이다. 왜냐하면 덕과 그 자체[존재하는 것이나 진리]에 공통되

14 『니코마코스 윤리학』 제5권 제5장 1132b21-30 참조.

15 원어는 dianoētikos로 '지성과 관련된', '지성적인'을 의미한다.

16 원어는 logistikos. 기본적으로는 '로고스에 관련된'이란 의미다. '추론적', '이성적' 등
으로 옮길 수 있다.

17 뭔가를 당하는 '겪음'으로 수동적 성격을 갖는다.

18 플라톤, 『국가』 제5~6권 474C-509B 참조. [kai sunezeuxen]을 삭제하고, tagathou 뒤에
서 마침표를 찍었다.

는 것은 아무것도 없기 때문이다.

그래서 그러한 사람들은 그만큼의 범위에서 그와 같은 방식으로 [덕을] 언급한 것이다. 그러나 그것들 다음으로 뒤를 잇는 것은, 그러한 일들을 둘러싸고 우리 자신이 무엇을 이야기해야 하는지를 탐구하는 것일 것이다. 그래서 우선 첫째로, 모든 지식과 능력[19]에는 어떤 목적[20]이 속하며, 게다가 그것이 좋음이라는 것을 알아야 한다. 지식도 능력도 그 무엇 하나 나쁜 것 때문에 존재하는 것이 아니기 때문이다.[21] 그래서 만일 모든 능력에 대해 그 궁극목적이 좋음이라면, 최선의 능력에는 최선의 궁극목적이 속할 것임도 분명하다. 그런데 폴리스에 관련된 지식[정치학]이 최선의 능력이고, 따라서 그것의 목적이 〈최선의〉[22] 좋음일 것이다.[23] 그러므로 우리는 아무래도 좋음에 대하여 이야기해야 하는 것이고, 더구나 그것은 무조건적인 좋음이 아니라 우리에게서의 좋음이다.[24] 신들

30

35

1182b

19 원어 dunamis는 '가능 상태', '가능성'[논리적], '잠재성', '능력', '힘', '권력', '세력', '권능' 등의 넓은 의미를 가진다. energeia(현실 활동)와 대조되는 전문 용어로 아리스토텔레스 철학의 기본 개념 중 하나이다.

20 원어로는 telos로 행위하는 사람이 지향하는 최종 '목적'을 의미함과 동시에 행위가 거기에 이르러 종결되는 궁극적인 '끝'(end)을 의미한다.

21 『니코마코스 윤리학』 제1권 제1장 1094a1-2 참조.

22 이 부분에 원문의 탈루가 있어 보인다. to ariston은 보니츠의 보충이다. 이곳의 논의는 다음과 같이 정식화될 수 있다. 대전제: '최선의 능력의 목적이 최선이다'(1182b1-2). 소전제: '정치학은 최선의 능력이다'(1182b1). 결론: '그러므로 정치학의 목적은 최선이다'(1182b1-2).

23 『에우데모스 윤리학』 제1권 제8장 1218b10-14, 『니코마코스 윤리학』 제1권 제2장 1094a26-28 참조.

24 디를마이어에 의하면, "이 최초의 이분법은 이 형식에서는 『대도덕학』에 특유한 것이며, 그 대립은 논리학적 저작(예를 들면 『분석론 후서』 제1권 제2장 72a1, 『토피카』 제

의 좋음에 대해서는 아니니까.²⁵ 아니, 그것을 둘러싸고는 다른 논의가

있으며, 그 고찰도 다른 이질적인 것이다. 그러므로 우리는 폴리스에 관

련된 좋음²⁶을 놓고 이야기해야 한다.

　그런데 이것 또한 다시 분할해야 한다.²⁷ 어떤 의미로 이야기된 좋음

을 말하고 있는가? 그 이유는 [좋음은] 일의적이지 않기 때문이다. 즉,

좋음이란 각각의 존재하는 것에서 최고의 좋음이다. 그것은 각각의 것

그 자체의 자연 본성²⁸ 때문에 선택될 수 있는 것이거나, 아니면 다른 것

이 그것에 참여함으로써 좋은 것이 되는 것, 즉 그것은 좋음의 이데아이

거나, 이 둘 중 하나이기 때문이다.²⁹

　그렇다면 좋음의 이데아에 대해 이야기해야 하는가, 아니면 그렇지

않고 모든 것에서 성립하는 공통된 것으로서의 좋음을 이야기해야 하는

가? 그것[후자]은 이데아와는 다르다고 생각될 것이기 때문이다. 왜냐

하면 이데아는 떨어져 있으며 그 자체적인 것이지만, 그와 달리 공통적

<hr/>

　6권 제4장 141b4-5)에서 유래한 것으로 '단적인 좋음'과 '우리에게서의 좋음'의 통상
　적인 구별과 혼동되어서는 안 된다".

25　『에우데모스 윤리학』 제1권 제7장 1217a22-24 참조.

26　『정치학』 제3권 제12장 1282b17 참조.

27　『에우데모스 윤리학』 제2권 제10장 1227a20-22('목적은 좋은 것, 무조건적으로 가장
　좋은 것'), 『형이상학』 제1권 제2장 982b4-10, 『동물의 부분들에 대하여』 제1권 제5장
　645a25("사물이 그것을 위해서 구성되거나 생겨났던 곳의 그 목적이 아름다운 것이라
　는 지위를 차지하고 있다") 참조. 또한 플라톤 『국가』 제2권 357B4-9, 『정의집』 413A3,
　『수사학』 제1권 제6장 1362a21-23, 『에우데모스 윤리학』 제1권 제8장 1218b10, 『니코
　마코스 윤리학』 제1권 제7장 1097a30-34 참조.

28　원어는 phusis이다. 아리스토텔레스 철학에서의 기본 용어들 중 하나로, 자연, 자연물,
　자연 본성, 본성, 타고난(본성), 타고난 방식, 소질, 원질(原質) 등을 의미한다.

29　좋음의 이데아에 대한 비판을 논의하는 『니코마코스 윤리학』 제1권 제6장 참조.

인 것은 모든 것에서 성립하는 것이기에,[30] 따라서 떨어져 있는 것과는 같지 않은 것이기 때문이다. 왜냐하면 자연 본성상 그 자체적으로 존립하는 것[31]은 결코 모든 것에 성립할 수 없을 것이기 때문이다.

그렇다면 과연 모든 것에 있는 것인 이 좋음을 놓고 이야기해야 하나, 아니면 그렇지 않은가? [그렇지 않다.][32] 왜 그런가? 그 이유는 그러한 좋음은 정의나 귀납[33]과 같이 공통된 것이다. 그러나 정의는 각각의 본질적 실체(우시아)를, 혹은 좋음은 무엇인지, 혹은 나쁨은 무엇인지 또는 그 이외의 것이든, 그것이 무엇인지를 이야기하려고 한다. (그런데 말의 정의가 말하는 바에서는, 일반적으로 그 자체가 자신을 위해 선택의 대상이 될 수 있는 그러한 것이 좋음이다. 그런데 모든 것 안에 있는 것으로서의 좋음은 이 말의 정의와 유사하다.)

그런데 말의 정의는 [이러한 것이] 좋다라고 말하지만, 한편 지식은 그 어느 것도, 또 그 어떤 능력도 그 자신에게 속하는 목적에 대해 '그것은 좋다'고 말하는 일이 없고, 그것을 고찰하는 것은 다른 능력에 속한

---

30 1182b14의 huparchei 다음에 마침표를 놓고 읽을 수도 있다.

31 원어로는 to pephukos auto kath' hauto einai(그 자체에 입각해 있는 것).

32 '아니면, 그렇지 않은가'(hē ou;)라는 표현은 이 책에서 20회 정도 사용된다. '그것은 왜 인가. 그것은 ~이니까'(dia ti; hoti…)라는 표현도 10회 정도 사용되는 것을 보면 대화적 요소를 가진 작품으로 보인다.

33 정의(horismos)는 그것에 의해 정의되는 것에 '공통'이며, 귀납(epagōgē)은 개별 사례에서 귀납되는 사물에 공통이라는 뜻이다. 정의에 대해서는 예를 들어, 『분석론 후서』 제2권 제3장 90b30, 『형이상학』 제7권 제12장 1037b25-26, 『동물의 부분들에 대하여』 제4권 제5장 678a34 참조. 귀납에 대해서는, 예를 들어 『토피카』 제1권 제12장 105a13-14 참조.

다³⁴(왜냐하면 의사나 목수도 건강은 좋다라고 말하는 일이 없으며, 또한 집이 좋다라고 말하지도 않지만, 한쪽은 건강을 만들고 또 어떻게 그렇게 만드는지를, 다른 쪽은 집을 만들고 [또 어떻게 그렇게 하는지를] 이야기 하기 때문이다³⁵). 그래서 폴리스와 관련된 기술[정치학]도 공통인 좋음 에 대하여 이야기해서는 안 된다는 것은 분명하다. 그것³⁶은 또한 나머 지 지식들 중 하나이다. 그런데 그것[공통인 좋음]을 목적으로서 말하는 것은 능력이든 지식이든 그 어떤 것에도 속하지 않는다.³⁷ 그러므로 폴 리스와 관련된 기술에도, 정의에 입각한 공통의 좋음에 대해 이야기하 는 것은 속하지 않기 때문이다.

그런데 귀납에 따른 공통의 좋음에도 [폴리스와 관련된 기술은] 관여 하지 않는다. 왜인가? 그 이유는 개별적인 좋음들 중 어느 것을 나타내 기를 원하는 경우에는, (1) 정의에 의해서 좋음과 그것이 좋다는 것을 우리가 나타내고 싶은 것이 있으면, 그 자체 모두에 동일한 설명이 적합 하다는 것을 우리가 나타내거나, 혹은 (2) 귀납에 의해서, 예를 들면 원 대한 마음(고매)은 좋다는 것을 우리가 보여 주고 싶다면, 정의는 좋고, 용기도, 단적으로 말해서 여러 덕은 좋으며, 더구나 원대한 마음은 덕이

---

34 이 '다른 능력'이란 무엇인가? 원리나 원인을 탐구하는 제일철학 내지는 형이상학일 까? 그 능력은 공통의 좋음을 말하는 기능의 존재를 함축하는가. 『형이상학』 제1권 제 2장 982b4-10('좋음과 목적은 원인들 가운데 하나이다.') 참조.

35 『에우데모스 윤리학』 제1권 제8장 1218b22-24, 제2권 10장 1227a7-18, 제2권 10장 1227b25-33, 『니코마코스 윤리학』 제3권 제3장 1112b11-16 참조.

36 1182b28은 '그 자신'(autē)이 아니라 hautē(그것이)로 읽는다.

37 제1권 제1장 1182b22-24 참조.

므로, 따라서 원대한 마음 또한 좋다는 것을[38] 우리가 주장하든지 그 둘 중 하나이기 때문이다. 그러므로 귀납에 의한 공통의 좋음에 대해서도 폴리스와 관련된 기술은 말하지 말아야 한다. 그것은 그러한 좋음과 정의에 입각한 공통의 좋음과는 동일한 불가능한 일들이 생길 것이기 때문이다. 그것이 좋다는 것을 여기서도 말하게 될 테니까.

그렇다면 최고의 좋음,[39] 게다가 우리에게 최고인 좋음에 대해 이야기해야 할 것은 분명하다. 그러나 일반적으로 모든 좋음을 둘러싸고 고찰하는 것은 하나의 지식이나 능력에도 속하지 않는다는 것을 사람들은 알 수 있을 것이다. 그것은 왜인가? 좋음은 모든 범주(카테고리아)[40] 안에 있기 때문이다. 즉, '무엇인가'[본질적 실체] 안에도, '어떻게인가'[성질] 안에도, 또 '얼마나인가'[양], '언제인가'[시간], '무엇에 대해서인가'[관계] 안에도, 그리고 단적으로 말하면 모든 카테고리아 안에도 존재하기 때문이다. 그런데 시간[언제]과 관련된 좋음은, 의술에서는 의사가, 항해술에 있어서는 조타수가 알고, 각각의 지식에 있어서는 각각의 [기술을 가진] 사람이 알고 있다. 예를 들어 언제 절개해야 하는지는 의사가 알고 있으며, 언제 배를 띄워야 하는지는 조타수가 알고 있다. 즉, 각각의 기술지(技術知)에서 시간에 관련된 좋음은 각각의 [해당하는 기술을 가진] 사람이 각자 자신과 관련된 것을 알고 있을 것이다. 의사는

5

10

15

---

38 귀납에 의한 정의의 사례로 '원대한 마음'(고매, megalopsuchia)의 덕을 사용하는 예는 『분석론 후서』 제2권 제13장 97b15-25에도 나온다.

39 『에우데모스 윤리학』 제1권 제8장 1218b10 참조.

40 『범주론』 제4장, 『토피카』 제1권 제9장, 『형이상학』 제5권 제7장, 『니코마코스 윤리학』 제1권 제6장 1096a23-29, 『에우데모스 윤리학』 제1권 제8장 1217b25-33 참조.

항해술에서 언제가 좋은지를 모를 것이고, 조타수는 의술에서 그것을 모를 것이기 때문이다. 그러므로 이런 식으로 공통된 좋음을 놓고 이야기해서는 안 된다. 언제[가 좋은지]는 모든 지식에 공통이니까.

마찬가지로 관계에 관한 좋음도, 그 밖의 다른 카테고리에 따른 좋음도 모든 [지식에] 공통이지만, 각각의 카테고리아 안에 있는 좋음에 대해 말하는 것은 능력이든 지식이든 그 어느 하나에도 속하지 않으며, 또한 폴리스와 관련된 기술에도 공통의 좋음을 둘러싸고 이야기하는 것은 속하지 않는다. 그러므로 좋음에 대해서, 심지어 최고의 좋음을 놓고, 게다가 우리에게 최고의 좋음을 두고 이야기해야 하는 것이다.[41]

그런데 아마도 무엇인가를 증명하기[나타내기]를 원하는 경우 명료하지 않은 것을 예증으로서 사용해서는 안 되며, 불명료한 것을 위해서는 명료한 것을 사용해야 하고,[42] 또 사유될 수 있는 대상에 대해서는 감각될 수 있는 것을 사용해야 한다. 후자가 가장 명료하기 때문이다. 그래서 누군가가 좋음을 놓고 이야기하려고 시도한다면, 이데아에 대해 이야기해서는 안 된다. 그럼에도 좋음을 두고 이야기할 경우에는 이데아를 놓고 이야기해야만 한다고 실제로 생각하는 사람들이 있다. 왜냐하면 그들이 주장하기 위해서는 최대한 좋은 것을 놓고 이야기해야 하지만, 각각의 것은 그 자체일 때[43] 최대한 그런 것이고, 따라서 그들이 생각

---

41 『에우데모스 윤리학』 제1권 제8장 1217b25-1218a1, 『니코마코스 윤리학』 제1권 제6장 1096 a23-34 참조.

42 제1권 제5장 1185b15, 『니코마코스 윤리학』 제2권 제2장 1104a13("분명하지 않은 것들에 대해서는 분명한 증거들을 사용해야만 하니까") 참조.

43 '그 자체'(auto)란 표현('인간 자체')을 둘러싼 논란을 설명하는 『니코마코스 윤리학』 제1권 제6장 1096a35 아래 참조.

하는 바로는 이데아가 최대한 좋은 것이기 때문이다.

이렇게 해서 아마도 이러한 논의는 어느 면에서는 참일 수 있을 것이다. 그러나 지금 논의가 그것을 둘러싸고 있는 폴리스와 관련된 지식 혹은 능력은 그러한 좋음에 대해 고찰하고 있는 것이 아니라, 우리에게서의 좋은 것을 놓고 고찰하고 있는 것이다. 왜냐하면 어떠한 지식도 능력도 목적에 대해서 '그것은 좋다'라고 이야기하는 일은 없을 것이며, 따라서 폴리스에 관련된 지식 또한 그렇게 말하지 않을 것이기 때문이다.[44] 그러므로 [그 지식은] 이데아에 근거한 좋음을 놓고는 논의를 하지 않는다.

그러나 아마도 [반론을 제기하는 자는] 주장할 것이다. '나는 그 좋음을 시원(원리)으로 사용하고, 그로부터 앞으로 나아가 개별적인 좋음들에 대해 말할 것이다'라고 말이다. 하지만 그런 방법도 옳지 않다. 왜냐하면 시원은 적합한 것을 채택해야 하기 때문이다.[45] 만일 어떤 사람이 삼각형은 직각과 같은 각을 가진다는 것을 증명하려고 하고, 시원(원리)으로 '혼은 불사다'를 채택한다면, 그것은 터무니없는 일일 것이다. 왜냐하면 시원(원리)은 적합하지 않지만, 그 시원은 상응하는 밀접한 관계가 있어야 하기 때문이다. 그러나 지금의 경우는 '혼이 불사인 것'이 없이도 삼각형이 직각과 같은 각을 가지고 있음을 증명할 수 있을 것이다.

44 『에우데모스 윤리학』제1권 제8장 1218b22-24 참조. 1183a35-36은 1182b22-30과 동일 내용을 담고 있으므로 삭제하자는 윌슨(과 주제밀)의 제안에 따라 삭제하는 경우도 있지만, 행수의 차이에서 볼 수 있듯이 여기에서는 요약적으로 기술되어 있는 것으로 볼 수 있다.

45 『분석론 후서』제1권 제2장 71b19-23, 72a6, 『소피스트적 논박에 대하여』제2장 165b1, 『동물의 발생에 대하여』제2권 제8장 748a8-9 참조.

마찬가지로 또한 여러 좋음의 경우에도 이데아에 근거한 좋음이 없이 그 밖의 다른 여러 좋은 것을 고찰할 수 있으며, 따라서 적절한 시원(원리)은 그 좋음에 속할 수 없는 것이다.

그런데 소크라테스는 덕을 지식으로 삼았지만, 그것 또한 옳지 않았다. 그는 아무것도 헛되이 존재해서는 안 된다고 생각했지만, 그에게 있어서는 덕이 지식인 것으로부터 덕이 헛되이 있는 것으로 따라 나오고 있었기 때문이다. 왜 그런가? 그 이유는 모든 지식의 경우 지식이 무엇인지 아는 것과 지식이 있는 사람이 되는 것은 동시에 일어나기 때문이다. (예를 들어 의술에 대해 누군가가 그것이 무엇인지 안다면, 그 사람은 즉시 의사이기도 하고, 다른 지식에 대해서도 마찬가지이다.) 그러나 덕의 경우에는 그런 일이 일어나지 않기 때문이다. 왜냐하면 만일 누군가가 정의에 대해 그것이 무엇인지 안다면, 즉시 정의로운 사람이 아니며, 또 다른 덕의 경우에도 마찬가지일 것이기 때문이다. 그래서 [소크라테스의 생각으로 보자면] 여러 덕은 헛되게 존재할 수도 있고, 또 그것은 지식이 아니라는 것이다.[46]

제2장 좋음의 구분 (1) — 최고선과 행복

이제, 이러한 것들이 규정되었으므로, 우리는 좋음이 여러 가지 의미로 이야기될 수 있는지를 이야기하도록 시도해 보자.

즉, 여러 좋음 중에 어떤 것은 존중되어야 하는 것, 혹은 칭찬받아야

---

[46] 『에우데모스 윤리학』 제1권 제5장 1216b3-25 참조.

할 것,[47] 또는 가능성이다. 이제 존중받아야 한다고 내가 말하는 것은 다음과 같다. 즉, 신적인 것,[48] 혼과 지성과 같이 더 나은 것, 더 원초적인 것, 시원, 이런 종류의 것이다. 왜냐하면 그 위에 명예가 놓여져 있는 것이 존중되어야 하는 것이지만, 지금 든 것과 같은 모든 것에는 명예가 따르기 때문이다. 그래서 덕 또한 적어도 한 사람이 그것으로부터 훌륭한 것이 되는 한 존중받아야 한다. 왜냐하면 그 사람은 이미 덕의 특징적인 형태와 기본 형태(schēma)에 이르고 있기 때문이다. 칭찬받아야 할 것은, 예를 들어 여러 가지 덕이다. 왜냐하면 그것들을 따르는 행위로부터 칭찬이 생기기 때문이다.[49] 그런데 가능성이란 지배, 부, 강건함, 아름다움과 같은 그런 것이다. 왜냐하면 그것들은 훌륭한 사람이 잘 사용할 수도 있고, 못된 사람이 나쁘게 사용할 수도 있을 것이기 때문이다.[50]

그래서 그러한 좋음은 가능성이라고 불린다. 확실히 그것들은 한편

25

30

---

47 칭찬(epaineta, epainos)에 대해서는 『니코마코스 윤리학』 제1권 제12장 1101b15-18, 『에우데모스 윤리학』 제2권 제1장 1219b11-18 참조. 『대도덕학』에서는 『니코마코스 윤리학』, 『에우데모스 윤리학』에서 볼 수 있는 engkōmion(찬양)은 보이지 않는다. 축복(eudaimonismos)과 칭찬(epainos), 그리고 찬양(engkōmion)의 다름에 관해서는 『에우데모스 윤리학』 제2권 제1장 1219b12-16 참조.

48 천체들을 말하는 것으로 생각된다. 『천계에 대하여』 제2권 제12장 292b32, 『형이상학』 제8권 제8장 1074a30, 『혼에 대하여』 제1권 제2장 405a32, 『니코마코스 윤리학』 제6권 제7장 1141b1 등 참조.

49 『니코마코스 윤리학』 제1권 제12장 1101b10-1102a4("엥코미온[찬양]은 … 실제로 수행된 성과에 대한 것이다"), 『에우데모스 윤리학』 제2권 제1장 1219b8-16("덕의 칭찬은 에르가[덕이 드러낸 성과]에 따르고, 찬양은 그 드러낸 결과[성과]를 대상으로 한다"), 1220a6-7 참조. 처음 부분과 마지막 부분에서는 덕과 그에 따른 행위 간의 위상의 차이가 칭찬과 찬양의 구별로 나타나고 있다.

50 1183b29의 dunētai를 dunaito로 읽는다(Spengel).

으로 좋은 것이다(그것들은 각각 훌륭한 사람의 사용에 의해 시험 평가 되는 것이지, 못된 사람의 사용에 의해서 시험 평가되는 것은 아니기 때문이다). 하지만 동일한 그러한 좋은 것들에는, 운이 그러한 것들의 생성의 원인이라는 것도 속성으로서 있게 된다. 운으로부터 부와 지배, 그리고 가능성의 대열에 합류하는 모든 것이 생기기 때문이다. 이제 남은 네 번째 좋음은 좋음을 지키고 만들어 내는 것이며, 예를 들어 운동 연습은 건강을 지키고 낳는 것이며, 그 밖에도 뭔가 그런 것이 있으면 그것 또한 그런 것이다.[51]

그러나 좋은 것 또한 다른 분류를 가지고 있다. 예를 들어, 여러 가지 좋은 것 중 어떤 것은 모든 경우에 모든 방식으로 선택될 수 있지만 어떤 것은 그렇지 않다. 예를 들어 정의나 다른 덕은 어떤 측면에서든 모든 방식으로 선택될 수 있지만 이와 달리 건장함이나 부나 능력, 다른 그런 것들은 어떤 측면에서든 모든 방식으로 선택될 만한 것이 아니다.

또 다른 분류 방식도 있다. 즉, 여러 가지 좋은 것 중 어떤 것은 목적이지만 어떤 것은 목적이 아니다. 예를 들어 건강은 목적이지만 다른 쪽 건강을 위한 것들은 목적이 아니다. 그리고 그러한 방식을 취하는 것들에서, 그것들 가운데 그 목적이 항상 나은 것이다. 예를 들어 건강은 건강을 위해 좋은 것보다 더 낫고, 또 단적으로 말해서 그 밖의 모든 것들 또한 그것을 위해 있는 것들이 항상 보편적으로 더 나은 것이다.

---

51 『니코마코스 윤리학』 제1권 제6장 1096b11-13, 『수사학』 제1권 제6장 1362a27-28, b15-28『토피카』 제6권 제12장 149b33-34("무언가를 만들어 낼 수 있는 것 혹은 유지할 수 있는 것은 다른 것 때문에 선택된 것들에 속하는 것이니까"), 제7권 제3장 153b38("'건강적인' 것이 '건강을 만들어 낼 수 있는' 것이라면") 참조.

또 목적 그 자체 중에서는, 궁극적인(최종적인, 완결적인) 것이 궁극적이지 않은 것보다 항상 더 낫다. 궁극적[완결적]이란 그것이 거기에 있으면, 우리는 거기에 더해서 아무것도 필요로 하지 않는 것이고,[52] 궁극적[완결적]이지 않다는 것은 그것이 거기에 있어도 우리가 거기에 더해서 무엇인가를 필요로 하는 것인데, 예를 들어 정의가 거기에 있더라도 우리는 그 밖에도 더 많은 것을 필요로 하는 반면, 행복[53]이 거기에 있다면 우리는 그 무엇도 거기에 더해 더 필요로 할 것이 없다. 따라서 그것이 우리가 탐구하고 있는 우리에게서의 최고선('가장 좋은 것', to ariston)이며, 궁극적인[최종적인] 목적이다. 그런데 바로 궁극적인[최종인] 목적이야말로 좋음이요, 여러 좋음의 목적인 것이다.[54]

그렇다면 그것들 다음에는 어떻게 최고선을 고찰해야 하는가? 과연 그것 또한 [다른 것들과] 함께 꼽을 수 있는 것으로서 그런 식의 [고찰해야 할] 것인가? 아니, 그건 이치에 맞지 않는다. 왜냐하면 최고선은 궁극적 목적이지만, 궁극적 목적은 무조건적으로 말하자면 행복(에우다이모니아) 이외의 아무것도 아닌 것으로 보일 것이며, 그 행복을 우리는 많은 좋은 것들로 구성하기 때문에, 거기서 가장 좋은 것을 고찰할 때, 만일 네가 그것을 다른 좋음들과 함께 헤아린다면, 그것은 그 자신보다 더

10

15

20

---

52 『니코마코스 윤리학』 제1권 제7장 1097b14-15, 『토피카』 제3권 제1장 116b22-26("예를 들어 행복을 위해 기여하는 것이 슬기(프로네시스)에 기여하는 것보다 더 선택될 만하다") 참조.

53 원어는 eudaimonia로, 아리스토텔레스 윤리학의 중심 개념 중 하나인 이 단어가 이 책에서 처음으로 나타나며, 이제까지는 '행복'이 아니라 '좋음'의 개념에 대한 분석 고찰이었다.

54 『니코마코스 윤리학』 제1권 제6장 1096b13-15, 제7장 1097a15-b16 참조.

좋다는 [이상한] 일이 될 것이기 때문이다. 즉, 그것이 최선일 것이기 때문이다. 예를 들어 건강을 위해 좋은 것과 건강을 놓고, 그 모든 것 중에서 무엇이 최선인지 살펴보라. 건강이 최선이다. 그러므로 그것이 그 모든 것 중에서 최선이라면, 그것은 그 자신보다 나을 수도[55] 있다. 그래서 어처구니없는 일이 일어난다. 그러므로 아마도 적어도 그런 식으로 가장 좋은 것[최고의 좋음]을 고찰해서는 안 될 것이다.[56]

그러나 과연 무언가 그것만을 떼어 놓은 듯한 그런 방식으로 고찰해야 하는 것인가? 아니면, 그것도 이치에 맞지 않는 일인가? 행복은 여러 가지 어떤 좋은 것들로 이루어져 있다. 그런데 그것이 그것들로 이루어진 좋은 것들에 비해, 그것이 가장 좋은지 어떤지를 고찰하는 것은, 이치에 맞지 않는다. 왜냐하면 행복은 이러한 좋음들로 이루어진 것으로부터 떨어져 있는 다른 어떤 것이 아니라, 이러한 좋음들이기 때문이다.

과연[57] 무언가 그런 식으로 최고선을 비교 판별하면서 올바르게 고찰할 수 있을 것인가? 예를 들어 그러한 좋은 것들로 이루어진 행복 그 자체를, 그것[행복] 안에 내재하지 않는 다른 좋음들과 비교해 판단함으로써, 그러한 방식으로 최고선을 고찰한다면 올바르게 고찰할 수 있을 것인가? [할 수 없다.] 그렇지 않으면 지금 우리가 탐구하는 최고선은 단순한 것이 아니다. 예를 들어 모든 좋음이 하나하나 비교되어 판단되는

---

55 1184a24의 beltiston(최상급) 대신에 beltion(비교급)으로 읽는다(Spengel).

56 『니코마코스 윤리학』 제1권 제7장 1097b16-20 참조. 플라톤, 『필레보스』 60B1-61A2, 『니코마코스 윤리학』 제10권 제2장 1172b28-32, 『토피카』 제3권 제2장 117a16-24 참조.

57 alla(그러나)를 삭제한다.

경우, 사려(슬기, phronēsis)가 최고선이라고 말하는 사람도 있을 것이다. 그러나 최고로 좋은 것은 아마도 그런 방식으로 탐구해서는 안 된다. 왜냐하면 우리는 궁극적인 좋음을 탐구하고 있지만, 사려는 그것 자체로 궁극적(최종적)이지 않기 때문이다. 그러므로 그것은 우리가 탐구하고 있는 최고선이 아니며, 또한 그러한 방식의 최고선을 탐구하고 있는 것도 아니다.

제3장   좋음의 구분 (2) ─ 최고선과 행복

그러면 그다음으로 여러 좋음을 분류하는 또 다른 방식이 있다. 즉, 여러 좋음 가운데 어떤 것은, 예를 들어 덕과 같이 혼 안에 있거나, 또는 어떤 것은, 예를 들어 건강, 아름다움과 같이 신체 안에 있고, 외적인 좋음으로 부, 지배, 명예 혹은 그 밖의 그러한 것이 있다면 그것이다. 이것들 중에서 혼 안에 있는 것들이 가장 좋다. 혼 속에 있는 좋음은 사려(슬기), 덕, 쾌락 등 세 가지로 분류된다.[58]

그래서 이제 우리는 이미 그것 다음에 있는 것, 여러 가지 좋은 것의 목적이기도 하고 가장 최종적(완결적)이기도 하다고 우리 모두가 말하기도 하고 생각하기도 하는 것, 그것은 행복이며, 그것은 또한 잘 행위하는 것이나 잘 사는 것과 같다고[59] 우리는 주장한다. 그런데 '목적'(끝)

1184b

5

10

---

58   플라톤, 『에우튀데모스』 279A-B, 『필레보스』 48E, 『법률』 제5권 743E, 『니코마코스 윤리학』 제1권 제8장 1098b12-15, 『에우데모스 윤리학』 제2권 제1장 1218b 32 아래, 『정치학』 제7권 제1장 1323a22 아래 참조.

59   『에우데모스 윤리학』 제2권 제1장 1219b1("'잘 지낸다'와 '잘 산다'라는 것은 '행복하다'와 같은 말인데"), 『니코마코스 윤리학』 제1권 제4장 1095a19-20 참조.

은 한 가지가 아니라 두 가지이다.[60] 한편, 어떤 것의 목적은 현실 활동 그 자체이고 사용인데, 예를 들어 시각의 경우에서처럼 그렇다.[61] 그리고 사용은 소유[62]보다 더 선택될 만하다. 왜냐하면 사용이 목적이기 때문이다. 즉, 보지 않고 눈을 감고 있을 생각이라면 누구도 시각을 소유하고 싶어 하지 않을 것이기 때문에, 청각이나 그와 유사한 경우에도 마찬가지이다. 그러므로 그것에 사용도 소유도 속해 있는 것에 대해서는, 항상 사용이 소유보다 더 낫고 더 선택할 만하다. 왜냐하면 사용과 현실 활동[63]이 목적(끝)이고, 소유는 사용을 위해 있기 때문이다.[64]

그렇다면 그것 나음에, 만일 누군가가 이러한 것을 모든 지식의 경우에 관련해서 고찰하게 된다면, 어떤 지식은 집을 만들고, 다른 지식은 뛰어난(훌륭한) 집을 짓는다는 것이 아니라, 건축술[이라는 동일한 하나의 지식]이 그것임을 알게 될 것이다. 그리고 건축가가 만드는 그것[집]에 대해서, 그 사람의 덕은 바로 그 같은 것[집]을 [잘][65] 만드는 것이다. 다

---

60 하나는 아래에서 언급되는 '현실 활동'(에네르게이아) 그리고 또 다른 하나는 그러한 활동과는 별도로 있는 '성과, 소산'(에르곤)인데, 이에 대해서는 여기서 언급되지 않았다(『니코마코스 윤리학』 제1권 제1장 1094a4-5 참조).

61 esti hē orasis를 삭제하지 않고 읽는 경우. "시각에 대해서는 시각이 보는 것이 그것이다."

62 원어는 hexis인데, 동사 echein의 용법에 따라 '소유'의 의미와 '상태, 성향'의 의미를 가진다. 덕은 '좋은 성향'이기 때문에 헥시스는 '상태나 성향'으로 번역되는 경우가 많다. 따라서 맥락에 따라 '소유'의 의미를 구별해 내야 한다. '소유'와 '사용'의 대비는 '상태, 성향'과 그 '현실 활동'의 대비를 갖는다.

63 원어는 energeia인데, '활동', '현실 활동'으로 옮겨진다.

64 『니코마코스 윤리학』 제1권 제1장 1094a3-16, 『에우데모스 윤리학』 제2권 제1장 1219a9-18 참조.

65 1184b21의 eu(잘)는 읽지 않는다(1184b23-24 참조).

른 모든 것의 경우에도 마찬가지이다.[66]

---

66 『에우데모스 윤리학』 제2권 제1장 1219a18-23, 『니코마코스 윤리학』 제1권 제7장
   1098a8-12 참조.

II. 행복과 덕

제4장 행복과 덕 있는 삶 — 혼의 여러 부분 (1)

그러면 그다음으로, 우리가 보기에 혼 이외의 어떤 것으로도 우리는 살지 못한다. 그러나 혼 속에는 덕이 존재한다. 우리의 주장에서는 어쨌든 혼과 혼의 덕은 동일한 것을 만들어 낸다. 그러나 덕은 각각의 것에 있어서 그것이 덕인 것을 좋은 상태로 만들지만,[1] 이와 달리 혼은 다른 것들도 만들어 내고, 또 우리가 살고 있는 것은 혼에 의해서이다. 그러므로 우리가 잘 살게 되는 것은 혼의 덕을 통해서이다.[2] 그런데 잘 사는 것과 잘 행위하는 것은 행복한 것 외에는 아무것도 아니라고 우리는 말한다. 그러므로 행복한 것이나 행복은 잘 사는 데 있지만, 잘 사는 것은 여러 가지 덕에 맞게 사는 데 있다. 그러므로 그것[여러 가지 덕에 근거해서 사는 것]이 목적이며, 행복이며, 최고선인 것이다.

---

1 제3장 1184b25의 〈eu〉 poiei로 읽는다.

2 『에우데모스 윤리학』 제2권 제1장 1219a23-35("혼과 그것의 덕이 동일한 일을 가지는 것이 필연적이므로, 그 덕의 일은 훌륭한 삶일 것이다. […] 덕이 가장 좋은 성향이므로 혼의 덕을 실현하는 활동이야말로 가장 좋은 것이다"), 『니코마코스 윤리학』 제1권 제7장 1098a5-17 참조. 플라톤, 『국가』 제1권 352D2-354A11 참조.

그래서 어떤 사용과 현실 활동에 행복은 존재할 것이다.[3] 왜냐하면 소유와 사용이 그것에 속하는 것에 대해서는, 그 사용과 현실 활동이 목적이기 때문이다.[4] 혼에 대해서는 그 덕이 소유다. 그런데 혼에는 여러 덕의 현실 활동과 사용이 속해 있다.[5] 따라서 혼의 현실 활동과 사용이 목 35적일 것이다. 그러므로 행복은 여러 가지 덕에 따라 사는 데에 있을 것이다. 그래서 최고의 좋음은 행복이고, 행복은 목적이며, 궁극적인 목적은 현실 활동에 있는 것이기 때문에, 여러 덕에 따라서 살고 있는 경우에[6] 우리는 행복하며, 최고의 좋음을 갖게 될 것이다.[7] 1185a

그런데 행복은 궁극적인 좋음이자 목적이기 때문에, 그것이 궁극적인 것 안에 있을 것이라는 점도 간과해서는 안 된다. 행복은 아이들 안에 있는 것이 아니라(아이는 행복하지 않으니까), 어른들 안에 있을 것이기 때문이다. 어른이 궁극적이기(완전하기) 때문이다.[8] 그것은 또한 궁극적 5이지(완전하지) 않은 시간 안에 있는 것이 아니라, 궁극적인 시간 안에

---

3 『정치학』 제7권 제13장 1332a8-9("행복은 덕의 완전한 활동과 사용[발현]이며"), 제8장 1328a37-38("최선의 것은 행복이니까. 또 이것은 덕의 활동이며, 덕의 완전한 실현이다") 참조.

4 제3장 1184b14-16 참조.

5 텍스트는 암스트롱(G. C. Armstrong)의 Loeb판에 따른다.

6 분사 zōntes('살고 있는', b38)는 앞의 energeai('현실 활동에')에 해당한다. 단순히 사는 것(zēn)이 아니다.

7 『에우데모스 윤리학』 제2권 제1장 1219a23-35, 『니코마코스 윤리학』 제1권 제7장 1098a5-17 참조.

8 『에우데모스 윤리학』 제2권 제1장 1219b4-6("사람이 단 하루만 행복할 수도 없고, 어린이로서 행복한 것도 아니며, 어느 연령층에 속한다고 행복한 것도 아니다"), 『니코마코스 윤리학』 제1권 제9장 1100a1-5 참조.

있는 것이다. 궁극적인 것은 인간이 살아 있는 한에서의 시간이 그러할 것이다. 왜냐하면 실제로 사람들 사이에서 행복한 사람은 최대한의 삶의 시간 내에서 판단해야 한다는 말이 올바르므로,[9] 그렇게 말하는 것은 궁극적인(완전한) 것이 궁극적인 시간 안에도 또 인간 안에도 있어야만 한다고 생각하기 때문이다.[10]

그런데 [행복이] 현실 활동임은 다음과 같은 일에서도 볼 수 있을 것이다. 즉, 잠 속에서는, 예를 들어 우리는 한 사람이 평생 동안 잠을 자고 있다면 그런 사람을 행복하다고 말하는 것을 전혀 원하지 않기 때문이다.[11] 왜냐하면 한 사람이 사는 것은 그에게 속하지만, 덕에 맞게 사는 것은 현실 활동에 따른 것이기 때문이다.[12]

이 다음에 이야기될 것은, 이 문제들[지금의 논의되는 주제]에 크게 고유한 것도 아니고, 또한 멀리 떨어져 있는 것도 아니라고 생각된다. 예를 들어 아무래도 혼에는 우리가 그것에 의해서 영양 섭취하는 어떤 부분, 우리가 '영양 섭취적'이라고 부르는 부분이 존재하고 있기 때문이다 (그것이 있다는 것은 이치에 맞으니까. 어쨌든 돌이 영양 섭취하는 것이

9   헤로도토스, 『역사』 제1권 제32절에는 이런 종류의 말이 솔론에게 돌려지고 있지만, 그것은 옛 속담이라고도 한다. 『니코마코스 윤리학』 제1권 제10장 1100a10-11, 『에우데모스 윤리학』 제2권 제1장 1219b6-7 참조.

10   『에우데모스 윤리학』 제2권 제1장 1219b6-8, 『니코마코스 윤리학』 제1권 제7장 1098a18-20 참조.

11   『에우데모스 윤리학』 제2권 제1장 1219a25, 『니코마코스 윤리학』 제1권 제8장 1098b31-1099a2, 제5장 1095b32-33, 제13장 1102b5-11 참조. 또 『혼에 대하여』 제2권 제1장 412a22-26도 참조.

12   1184b31-36 참조. 헬라스어 bios와 zēn에 관련해서, 전자는 '삶의 방식', 후자는 단순히 '사는 것'을 의미한다.

불가능하다는 것을 우리는 보았고, 따라서 영양 섭취하는 것은 혼을 가진 것에 속한다는 것이 분명하다. 하지만 만일 혼을 가진 것에 속한다면 혼이 원인일 것이다. 그런데 혼에 속하는 그 부분들, 예를 들어 이론적으로 따지는 부분이나 격정적 부분 내지 욕망적 부분[13]은 모두 영양 섭취를 하는 원인은 아니겠지만, 그것들 이외의 뭔가 다른 것이 그것인데, 거기에는 '영양 섭취하는 부분'이라기보다 더 적절한 이름을 우리는 부여할 수 없다). 그래서 도대체 무엇 때문이냐고 누군가가 말할 것이다. 과연 혼의 그 부분에도 덕은 속하는가? 만일 속한다면, 그것[그 덕]에 의해서도 현실 활동을 해야 하는 것은 분명하기 때문이다. 왜냐하면 궁극적 덕의 현실 활동이 행복이기 때문이다.

한편, 그 부분에 덕이 존재하는지, 아니면 존재하지 않는지에는 다른 논의가 있다.[14] 그러므로 만일 있다면, 그 덕에는 현실 활동은 속하지 않는다. 왜냐하면 거기에 충동의 움직임[15]이 속하지 않는 것이 있다면, 그 것들에는 현실 활동 또한 속해 있지 않을 것이기 때문이다. 그런데 그 부분 안에 충동의 움직임이 있을 것 같지 않고, 불과 비슷해 보인다.[16] 그렇다는 것은, 그 자체[불][17]에 당신이 무엇을 집어던져도 [불은] 그것을 집

20

25

30

---

13 혼을 세 가지 부분으로 나누는 것에 대해서는 플라톤, 『국가』 제4권 436-441, 『파이드로스』 246 아래, 『티마이오스』 69-70 참조.
14 『니코마코스 윤리학』 제1권 제13장 1102a32 아래, 『에우데모스 윤리학』 제2권 제1장 1219b38 참조.
15 '충동의 움직임'으로 번역된 헬라스어는 hormē이다. 맥락에 따라, 이 말은 '동기 부여'로 해석할 수도 있다.
16 『혼에 대하여』 제2권 제4장 416a9-18 참조.
17 ekeino 대신에 ekeinō로 읽는다.

어삼킬 것이고, 또 던지지 않으면 포착하기 위한 충동의 움직임을 가질 일도 없기 때문이다. 혼의 그 부분도 그런 모습을 하고 있다. 만약 당신이 양식을 던져 넣는다면 그것을 섭취하지만, 그와 달리 양식을 던지지 않는다면 섭취를 위한 충동의 움직임은 없기 때문이다. 그러므로 충동의 움직임이 전혀 속하지 않는 것에는 현실 활동도 없다. 따라서 그 부분은 행복에 기여하는 일조차 없는 것이다.[18]

그러면 그것들 다음에는, 덕의 현실 활동이 행복이기 때문에, 덕이 무엇인지 말해야 할 것이다. 그래서 무조건적으로 말하자면, 덕은 최선의 성향이다.[19] 그러나 그렇게 무소선석으로 말하는 것은 아마도 충분하지 않고, 더 명료하게 규정해야만 한다.

제5장 덕의 정의 ─ 혼의 여러 부분 (2)

그래서 우선 첫째로 덕이 그 안에 생기는 혼에 대해 말해야만 하는데 혼이 무엇인지가 아니라(그것을 둘러싸고는 다른 논의가[20] 있기 때문에) 대략적으로 분류해야 한다. 그런데 우리의 주장에 따르면,[21] 혼은 두 부분, 즉 이성(이치)을 가진 부분과 이성이 없는 부분으로 나뉜다. 한편으

---

18 혼의 영양 섭취 부분에 대해서는 『혼에 대하여』 제2권 제4장 416a9-18 및 제3권 제9장 432a29-30 참조. 『에우데모스 윤리학』 제2권 제1장 1219b20-26, b36-39, 『니코마코스 윤리학』 제1권 제7장 1097b34-1098a1, 제13장 1102a32-b12 참조.

19 『에우데모스 윤리학』 제2권 제1장 1218b38, 1220a22, 『니코마코스 윤리학』 제2권 제5장 1106a12, 제6장 1106a22-24 참조.

20 『혼에 대하여』 참조.

21 제1장 1182a23-26 참조.

로 이성을 가진 부분 안에는 사려(슬기), 예민함, 지혜, 이해력, 기억력[22] 및 그와 유사한 것이 발생하고,[23] 다른 한편으로 이성을 갖지 않는 부분 중에는 덕이라고 불리는 것, 즉 절제, 정의, 용기 및 그 밖의 성격이 속하며 칭찬할 만하다고 생각할 수 있는 모든 것이 생긴다. 이것들에 따라서 우리는 칭찬받을 만하다고 말한다. 그러나 이성을 가진 부분 [덕][24]에 따라서는 아무도 칭찬받지 못한다. 왜냐하면 누구도 지혜가 있기 때문에 칭찬받지도 않으며, 사려가 있기 때문에 칭찬받지도 않고,[25] 또 일반적으로 그런 종류의 것에 속하는 무언가에 근거해서 칭찬받는 것도 아니

10

---

22 원어는 mnēmē로 단지 기억의 기능과 능력의 측면도 포함되어 있다고 생각된다. 『니코마코스 윤리학』 제9권 제4장 1166a25, 제7장 1168a14-17, 제10권 제3장 1173b18 참조.

23 여기에 언급된 다섯 가지 덕 중 실제로 이 책에서 고찰되는 것은 사려와 지혜뿐이며 나머지 예민함과 이해력, 기억력 등은 다시는 등장하지 않는다. 예민함('빠르게 생각함', anchinoia)은 『니코마코스 윤리학』 제6권 제9장 1142b5에서 '잘 숙고함'(euboulia)과 다른 것으로 언급되고 있다. 그 밖에 『덕과 악덕에 대하여』 제4장 2절, 『수사학』 제1권 제6장 1362b24 참조. 이 밖에도 플라톤의 『메논』 88A8, 『국가』 제6권 487A4, 503C2, 『테아이테토스』 144A7, 『법률』 제5권 747B5, 『정의집』 413D6, 414A8, 412E4 참조.

24 혼의 이성을 가진 부분과 관련된 덕은 다른 윤리학 저서에서는 '지성에 관계되는 (dianoētikē) 덕'이라고 하는데, 이 책에서는 '지성에 관계된다'(dianoētikos)라는 표현은 유일하게 그것도 소크라테스의 입장을 말하는 혼의 사고와 관련된 부분에 대하여 (제1장 1182a18) 언급할 때 사용되고 있다.

25 지혜와 슬기(사려, phronimos)는 숙련된 기술자의 지혜와 나쁜 사람의 '슬기'(즉 영리함[deinotēs])를 포괄하는 의미를 가질 수 있으나(『니코마코스 윤리학』 제6권 제12장 1144a24-28) '영리함'의 목표가 고귀한 것이 아니라면 칭찬받지 못한다. 목표가 나쁘다면 그것은 교활함(panougia)일 뿐이다. 그래서 사람들은 프로네시스를 가진 사람('실천적 지혜를 가진 사람')과 교활한 사람을 모두 '영리한 사람'이라고 하는 것이다.

기 때문이다.[26] 그러므로 이성을 갖지 않는 부분[27]도, 만일 그것이 이성을 가진 부분에 봉사할 수 있으며, 실제로 봉사하는 것이 아닌 한,[28] 칭찬받지 못하는 것이다.[29]

이제 성격과 관련된 덕은 모자람과 지나침에 의해 파괴된다. 그런데 모자람과 지나침이 그것을 파괴한다는 것, 그것은 성격에 관련된 사안 밖에서 볼 수 있다.[30] (그런데 불분명한 것을 위해서는 명료한 사안을 증거로 사용해야만 한다.) 즉, 운동과 관련된 사안에서 즉시 볼 수 있는 것이다. 왜냐하면 운동이 많아지면 건장함은 파괴되며, 줄어들어도 마찬가지이기 때문이다. 음료와 음식의 경우에도 마찬가지다. 왜냐하면 그것들이 많아지면 건강은 파괴되고 적어져도 마찬가지이지만, 이와 달리

15

20

---

26 제1권 제34장 1197a17에서는 '사려 있는 사람'은 칭찬받을 만하다는 것이 나와 있어서 이 부분과의 정합성 문제가 일찍부터 지적된 바 있다. 또, 『에우데모스 윤리학』 제2권 제1장 1220a5나 『니코마코스 윤리학』 제1권 제13장 1103a8에서도 성격에 관련된 덕 뿐만 아니라, '지성에 관련된 덕'도 칭찬의 대상이 되고 있다.

27 tō ⟨ton⟩ logon echonti로 읽는다.

28 이 대목은 여러 논란이 일어나는 대목이다. 주제밀의 텍스트 ei mē hē[i]…식으로 읽으면 구문을 이해하기가 어렵다. 그래서 hē[i]를 삭제할 것인가?(Brandis) 일단 본문에서는 hē[i]를 삭제하고 읽는다. 이 경우에는 이성을 갖지 않은 부분과 이성을 가진 부분 사이의 관련이 무엇인지를 이야기하는 것으로 해석된다. 주제밀의 텍스트 "ei mē hē[i]…"(Bonitz[1844] 추정을 받아들임)에서 "ei mē"를 삭제하고 벡커가 채택한 hē[i] hupēretikon einai…라고 읽은 방식에 따라 "그러므로 이성을 갖지 않는 부분도 그것이 이성을 가진 부분에 봉사할 수 있으며, 실제로 봉사하는 한, 칭찬받지 않는다"로 번역하면, 앞의 해석과 반대로 두 부분이 서로 간의 독립성을 말하는 해석이 될 것이다.

29 이성을 갖지 않는 부분은 이성에 봉사하는 한에서는 칭찬받지 못하고, 그것이 덕을 갖고 있는 한에서만 칭찬을 받는다. 『에우데모스 윤리학』 제2권 제1장 1219b26-31, 1220a4-13, 『니코마코스 윤리학』 제1권 제13장 1102a18-19, a25-28, 1103a3-10 참조.

30 ek 대신에 exō tōn ēthikōn으로 읽는다.

적도(適度)가 될 때에는 건장함과 건강이 지켜지기 때문이다. 절제의 경우든 용기나 다른 덕의 경우든, 그 결과는 그것과 같은 것이 된다. 왜냐하면 당신이 누군가를 전혀 두려워하지 않고, 그래서 신들조차 두려워하지 않게 한다면, 그 사람은 용기가 있는 것이 아니라 미친 것이다. 그러나 다른 모든 것을 두려워한다면, 그 사람은 겁이 많은 것이다. 그러므로 모든 것을 두려워하는 자나 아무런 두려움이 없는 자가 용기 있는 것은 아닐 것이다. 그러므로 같은 것이 덕을 증대시키기도 하고 파괴하기도 하는 것이다. 왜냐하면 모든 것[31]에 대한 지나친 두려움은 [용기의 덕을] 파괴하고 또 어떤 것에 대해서도 두려움이 없는 것도 마찬가지다. 하지만 적당한 공포가 용기를 키우듯 용기는 두려움과 관련이 있다. 그러므로 같은 것에 의해 용기는 증대되기도 하고 파괴되기도 하는 것이다. 왜냐하면 사람들은 두려움에 의해 그 감정의 상태(겪음)가 되기 때문이다. 다른 덕의 경우에도 마찬가지다.[32]

31 pantes 대신에 pantos로 읽는다(Spengel, Armstrong).
32 『니코마코스 윤리학』제2권 제2장 1104a11-27("그래서 우리가 통찰해야 할 첫 번째 사실은 지금 논의되고 있는 것들이 모자람이나 지나침으로 말미암아 파괴되게끔 되어 있다는 것이다. [분명하지 않은 것들에 대해서는 분명한 증거들을 사용해야만 하니까.] 체력이나 건강의 경우에서 우리가 관찰하는 것처럼 말이다. 지나친 운동이나 운동 부족은 모두 체력을 파괴하고, 마찬가지로 너무 많이 먹고 마시는 것이나 너무 적게 먹고 마시는 것 모두 건강을 해친다. 반면 적당한 양은 건강을 산출해 내고 증진시키며 보존한다. 따라서 절제와 용기, 그리고 다른 탁월성의 경우에도 사정은 마찬가지다. 무슨 일이든 회피하고 두려워하며 어떤 자리도 지켜 내지 못하는 사람은 비겁한 사람이 되는 것이며, 이와는 반대로 무슨 일이든 결코 두려워하지 않으면서 모든 일에 뛰어드는 사람은 무모한 사람이 되는 것이다. 마찬가지로 모든 즐거움에 탐닉하면서 어떤 것도 삼가지 않는 사람은 무절제한 사람이 되는 것이며, 이와 반대로 즐거움이라면 전부 회피하는 사람은 촌뜨기들처럼 일종의 목석 같은 사람이 되는 것이다. 그러므로 절제와 용기는 지나침과 모자람에 의해 파괴되고 중용mesotēs에 의해 보존된다") 참조.

제6장   성격에 관련된 덕과 쾌락, 습관화

게다가 사람은 그러한 것들로 덕을 규정할 뿐만 아니라, 고통과 쾌락으로도 규정할 수 있다. 왜냐하면 우리는 쾌락 때문에 못된 일을 행하고, 고통 때문에 아름다운 것들로부터 멀어지기 때문이다. 일반적으로 고통과 쾌락 없이 덕과 악덕을 얻는 일은 있을 수 없다. 그래서 덕은 쾌락과 고통에 관련된다.[33]

그래서 만일 그 문자적 의미로 말하면서 그 진실이 얼마나 있는지를 고찰해야 한다면(아마 그래야 할 것이다), 성격과 관련된 덕은 다음과 같은 점에서 그 명칭을 가지고 있다. 즉, 성격(ēthos)은 습관(ethos)에서 그 명칭을 얻었다. 왜냐하면 습관화(ethizesthai) 때문에 '성격과 관련된 것'(ēthikē, '윤리학')이라고 불리기 때문이다. 이로써 이성이 없는 부분에 속하는 여러 덕 중 어느 것도 자연 본성에 의해 우리 안에 생겨나지 않을 것임은 분명하다. 왜냐하면 자연 본성에 의해 존재하는 것들은 무엇 하나 습관에 의해 [자연 본성과는] 다른 방식이 될 수 없기 때문이다. 예를 들어 돌이라든가 대체로 무거운 것은 자연 본성상 아래쪽으로 움직이게 되어 있다. 그래서 만일 누군가가 몇 번이고 위쪽으로 던지고 위쪽으로 움직이도록 습관화하려고 한다면, 그것은 그럼에도 결코 위쪽으로 움직이지 않고, 항상 아래쪽으로 움직일 것이다. 그러한 종류의 다른 것들의 경우에도 마찬가지다.[34]

---

33 『니코마코스 윤리학』 제2권 제3장 1104b3-11, 『에우데모스 윤리학』 제2권 제1장 1220a34-39 참조.

34 『니코마코스 윤리학』 제2권 제1장 1103a17-23, 『에우데모스 윤리학』 제2권 제2장 1220a39-1220b5 참조.

제7장 성향, 감정, 능력, 성향과 중간임(중용)

그러면 그다음에 덕이 무엇인가를 말하고 싶다면, 혼 속에 생기는 것들은 무엇인지를 알아야 한다. 거기서 생기는 것은 다음의 것들, 즉 감정, 능력, 성향이다. 따라서 덕은 그것들 가운데 하나임이 분명하다.

그래서 감정이란 분노, 두려움, 미움, 동경, 질투, 연민, 고통과 쾌락이 그것에 수반되는 것이 상례(常例)가 되는, 그와 같은 종류의 것이다. 또한 능력이란 이러한 것들을 우리가 그것에 의해서 겪는다고 말하는 것으로, 예를 들면 그것에 따라서 우리가 분노, 고통, 연민 등의 그러한 일을 겪게 될 수 있는 것들이다. 또한 성향(hexis)이란 그것에 따라서 그러한 것들[감정]과의 관계에서 우리가 좋거나 나쁨(eu ē kakōs)을 갖는 것[35]이며, 예를 들어 화내는 것과의 관계에서 너무 화를 낸다면 분노와의 관계에서 우리는 나쁘고, 다른 한편으로 우리가 화를 내야 할 일에 화를 내는 일이 전적으로 없다면, 그런 방식으로도 우리는 분노와의 관계에서 나쁜 것이다. 그러므로 중간의 상태(자세)는 지나치지도 않고, 전혀 고통을 느끼지도 않는 것이다. 그래서 우리가 이러한 자세를 취하고 있을 때, 우리는 좋은 자세를 하고 있는 것이다.[36] 그와 유사한 다른 것들과의 관련에서도 마찬가지이다.[37] 왜냐하면 온후(溫厚)와 온화는 분노와 분노에 관한 무감각의 중간 안에 있는 것이기 때문이다. 허풍과 자기비하

---

35 hexis(성향)에서 어원상 '가짐'이라는 의미를 보전해야 한다. 즉, '마음을 먹는 것'.

36 『니코마코스 윤리학』 제2권 제5장 1105b19-28, 『에우데모스 윤리학』 제2권 제2장 1220b10-20 참조.

37 kai를 삭제하지 않는다. 이 문장을 괄호로 처리하는 학자도 있다.

25 (自己卑下)의 경우에도 마찬가지다.[38] 왜냐하면 실제로 있는 것보다 더 많이 가진 것으로 보이게 하는 것이 허풍에 속하며, 다른 쪽보다 적게 보이게 하는 것이 자기폄하에 속하기 때문이다.[39] 그러므로 그것들의 중간임(mesotēs)이 진실이다.[40]

제8장 감정과 중간임

다른 모든 것의 경우에서도 마찬가지이다. 왜냐하면 그것은, 즉 그러한 것들[감정]과의 관계가 좋거나 나쁘다는 것은 성향에 속하지만, 그것들과의 관계에서 좋다는 것은 지나침(초과)을 향하는 자세도 모자람(부족)으로 향하는 자세도 하고 있지 않다는 것이다. 그러므로 좋은 것의 성향은 그것과의 관계에서 우리가 칭찬할 만하다고 말하는 그런 것[감정]들의 중간임으로 향하고, 나쁜 것의 성향은 지나침과 모자람으로 향한다. 그래서 덕은 그 감정들의 중간임(중용)이고, 감정이란 고통이거나 쾌락이거나, 혹은 고통이나 쾌락이 없는 것이 아니기 때문에, 그러므로 덕은 고통과 쾌락에 관계되는 것이며,[41] 그것은 이상의 고려로부터도 분명하다.[42]

---

38 앞의 kai는 삭제한다.

39 허풍과 '자기비하'(自己卑下)에 대해서는 『니코마코스 윤리학』 제4권 제7장의 논의를 참조. eirōneia('가식을 부림')의 성격을 지닌 사람에 대한 논의에 대해서는 테오프라스토스, 『성격의 유형들』, 72~78쪽(김재홍 옮김, 쌤앤파커스, 2019) 참조.

40 『니코마코스 윤리학』 제4권 제7장 1127a23-25 참조.

41 동일한 주장은 이미 제6장 1185b33-37에서 논의되었다.

42 『니코마코스 윤리학』 제2권 제3장 1104b13-16, 『에우데모스 윤리학』 제2권 제4장 1221b37-39 참조.

그런데 어떤 사람에게는 그렇게 생각되듯이 다른 감정, 즉 그것들에서는 그 악덕이 예를 들어 간통[43]과 간통한 자처럼 어떤 지나침과 모자람 속에 있지 않은 그런 다른 감정도 있다. 그자[간통한 자]는 자유인 여성들을 [있어야 할 것보다] 더 많이 타락시키는 것을 의미하지 않는다. 그렇지 않고 그 감정도, 또 만일 무엇인가 그 밖에도 그런 방종하고 쾌락에 포섭되는 것이 있다면, 그것 또한 모자람 속에 있는 것이나 지나침 속에 있는 것 못지않게 비난을 받는다.[44]

제9장   모자람과 지나침, 덕은 우리에게 달려 있는가?

그래서 이것 다음으로 무엇이 중간임과 대립하는지, 과연 지나침이 그러한지 아니면 모자람이 그러한지가 아마도 반드시 이야기되어야 한다. 즉, 몇몇의 중간임에는 모자람이 반대이고, 다른 몇몇의 것에는 지나침이 반대이다. 예를 들어 용기에는 지나침인, 즉 무모함이 아니라 모자라는 겁쟁이가 반대이지만, 방종과 쾌락에 대한 무감각과의 중간임인 정도에는 모자라는 무감각이 반대하는 것이 아니라, 지나침인 방종이 반

---

43 moicheia 앞에 hē를 삽입한다.

44 1186b2 문장을 디를마이어의 제안에 따라 kat' akolasian, (ouden hētton) hē kai ho…로 읽는다. 『니코마코스 윤리학』 제2권 제6장 1107a8-17, 『에우데모스 윤리학』 제2권 제3장 1221b18-26 참조. 못됨이 그 지나침과 모자람 속에 있는 것이 아니라, 행위 그 자체가 못된 것의 예로 『니코마코스 윤리학』과 『에우데모스 윤리학』에서는 감정의 경우와 함께 행위한 경우를 들 수 있다. 여기서는 감정의 예만을 들고 있다. 『니코마코스 윤리학』 제2권 제6장 1107a8, 11("애초부터 나쁨과 묶여져서 이름을 받은 것 […] 심술, 파렴치, 시기와 같은 감정들, 그러한 행위의 경우는 간통, 절도, 살인과 같은 것들이 그렇다"), 『에우데모스 윤리학』 제2권 제3장 1221b23("간통 그 자체가 이미 일종의 못됨이다. 사실 그 감정을 가리키는 말이 그가 그러함[못됨]을 함축한다") 참조.

대인 것처럼 보이기 때문이다.[45]

그런데 양쪽, 지나침과 모자람 둘 다가 중간임에 대해 반대이다. 왜냐하면 중간임은 지나침보다는 더 모자라고, 모자람보다는 지나치기 때문이다.[46] 그러므로 낭비하는 자들은 자유인다운 사람들을 인색하다고 말하지만, 인색한 사람들은 자유인다운 사람들을 낭비하는 사람이라고 주장하며, 또 다른 한편으로 무모하고 성급한 사람들은 용기 있는 사람들을 겁쟁이라고 부르지만, 반면 겁쟁이들은 용기 있는 사람들을 성급하고 미쳤다고 부르는 것이다.[47]

그러므로 우리는 두 가지 원인으로 인해 중간임에 지나침과 모자람을 대립시킨다고 생각할 수 있다. 즉, 하나는 사람들은 사물 자체로부터, 과연 중간에 더 가까운지 아니면 더 먼지를 고찰한다. 예를 들어 자유인다움에는 낭비와 인색함 중 어느 쪽이 더 먼지를 고찰한다. 즉, 자유인다움은 인색함보다 오히려 낭비처럼 보일 것이다.[48] 그래서 인색함이 더 먼 것이다. 그런데 중간에서 더 멀리 떨어져 있는 것이 더 반대라고 생각할 수 있다. 그러므로 한편으로는 그 사물 자체로부터 모자람이 더 반대로 나타난다.[49] 그러나 이와는 다른 [고찰] 방식도 있다. 예를 들어 우리가 그것으로 한층 더 자연적으로 기울어지는 그것들이 더욱 중간에 반

45 『니코마코스 윤리학』 제2권 제8장 1108b35-1109a5 참조.
46 『니코마코스 윤리학』 제2권 제8장 1108b13-19 참조.
47 『니코마코스 윤리학』 제2권 제8장 1108b24-26 참조.
48 1186b22에서 관사 hē를 모두 삭제.
49 1. 인색함은 모자란 것이다. 2. 인색함이 중간에서 더 멀리 있다. 3. 중간에서 멀리 떨어져 있는 것이 더 반대이다. 4. [더 멀리 있는 것과 멀리 떨어져 있는 것은 같은 말이다.] 5. 그러므로 모자란 것이 (중간에 대해) 더 반대이다.

대된다. 예를 들어 우리는 절도 있기[50]보다는 방종한 것으로 자연적으로 더 기울어지고 있다. 그래서 그 진행은 우리가 그것으로 자연적으로 타고난 쪽으로 더욱 일어난다. 그런데 우리가 그쪽으로 더욱 향하는 것, 그것들이 더욱 반대인 것이다. 따라서 우리는 절도 있는 쪽보다는 더 방종한 쪽으로 향한다. 그러므로 중간임을 넘어서는 지나침이 더 반대일 것이다. 방종은 절제를 넘어서는 지나침이니까.[51]

이렇게 해서 덕이 무엇인지는 고찰되었다.[52] 즉, 그것은 감정(겪음)의 일종인 중간임이라고 생각되며, 따라서 성격에 따라 평판을 얻고자 하는 사람은 각각의 감정의 중간임을 확고히 유지해야 할 것이다. 그러므로 훌륭하다는 것은 힘든 일이기도 하다. 왜냐하면 각각의 일에서 중간을 잡는 것은 힘든 일이기 때문이다. 예를 들어, 원을 그리는 것은 누구에게나 속해 있지만, 그것 중의 중간[중심]을 잡는 것은 어렵다. 마찬가지로 한편으로 화내는 것도 쉽고, 또 그와 반대되는 것도 그렇지만, 중간의 상태를 갖기는 어렵다. 단적으로 말해서, 각각의 감정에서 중간을 둘러싸는 것은 쉽지만, 이와 달리 그것에 따라서 우리가 칭찬받는 것의 그 중간이 어렵다는 것을 알 수 있다. 그러므로 훌륭한 것은 드물기도 하다.[53]

30

35

1187a

---

50 원어로는 kosmios(절도 있는, 질서 있는, 예절 바른)이다. 의역하면 '우리는 금욕적이기 보다는 방탕해지는 본성을 갖고 태어난다'.

51 『니코마코스 윤리학』 제2권 제8장 1109a5-19, 『에우데모스 윤리학』 제2권 5장 1222a36-41, 제3권 7장 1234b10 참조.

52 1186b33의 epeskeptai 다음에 마침표를 찍고, 1186b33-1187a4는 괄호를 삭제하고 읽었다.

53 『니코마코스 윤리학』 제2권 제9장 1109a20-30 참조.

그런데 덕에 대해서[54] 언급되었으므로, 그다음으로 과연 그것이 우리 곁에서 생겨나는 것이 가능한지, 아니면 그렇지 않고, 소크라테스가 주장한 것처럼[55] 훌륭한지 아니면 못된 것인지가 우리에게 달려 있지는 않은지를 고찰해야 할 것이다. 이렇다고 하는 것은, 그가 주장하는 바에 따르면, 만일 상대방이 누구든 과연 정의롭기를 원하는지, 아니면 부정의하기를 원하는지를 사람들이 묻는다면, 누구 한 사람 부정의한 성향을 택하지는 않을 것이기 때문이다. 마찬가지로 용기와 비겁함, 또 다른 덕의 경우도 항상 동일한 것 같다. 하지만 만일 어떤 사람들이 못됐다면, 그들이 자발적으로는 못되지 않을 것임은 분명하다. 따라서 자발적으로 훌륭한 것도 아님이 분명하다.[56]

그런데 그러한 논의는 진실이 아니다. 왜냐하면 입법자들은 왜 못된 짓을 하도록 허락하지 않고, 아름답고 훌륭한 일을 하도록 명령하는가? 또 무엇 때문에 못된 일의 경우에는 만일 그 짓을 한다면 벌을 내리고,

---

54 어떤 편집자들은 탈문(lacuna)이 있다고 보고, ti esti(Ramsauer)를 삽입해서 "이렇게 덕의 본질을 설명했으므로"로 읽으려 한다. 주제밀은 touto를 제안하나, 디를마이어는 여기에 아무런 탈문이 없다고 본다. 디를마이어의 견해에 따라 역자는 1187a5의 탈문 표시(**)를 삭제하고 읽는다.

55 소크라테스의 말의 전거로서 제시될 수 있는 것은 『메논』 78A, 『국가』 제9권 589C, 『소피스테스』 228C, 『티마이오스』 86D-E, 『법률』 제5권 731C, 제9권 860D-E, 『프로타고라스』 345D-E, 『고르기아스』 509E 등과 같은 것이다. 이 밖에도 『소크라테스의 회상』 제3권 제9장 제5절 참조. '악덕은 무지가 원인'이며, '무지는 자발적으로 비롯된 것이 아니다'라는 주장이 소크라테스의 것이었다고 하더라도, 거기서 '훌륭한 사람이 되는 것도 우리에게 달려 있지 않다'라고 소크라테스가 주장했는지의 여부에 대해서는 의문의 여지가 있다. 아리스토텔레스 역시 이 부분에서 "훌륭한지, 아니면 못된 것인지가 우리에게 달려 있지는 않은지를 고찰해야 할 것이다"라고 말하고 있는데, 그런 것이 우리에게 달려 있으며, 자발적인 행위라는 결론을 이끌어 내고 있다.

56 『니코마코스 윤리학』 제3권 제5장 1113b14-16 참조.

다른 한편 아름다운 일의 경우에는 만일 그것을 하지 않는다면 벌을 내릴 것인가? 그럼에도 그것을 하는 것이 우리에게 달려 있지 않은 것들에 대해 입법한다면, 그자는 어리석을 것이다. 그러나 훌륭하게 되고 못되게 되는 것은 아무래도 우리에게 달려 있을 성싶다.

게다가 칭찬과 비난이 생길 때, 그것들도 증거가 된다. 덕에는 칭찬이, 악덕에는 비난이 있다. 그런데 칭찬과 비난은 비자발적인 것에 주어지지 않는다.[57] 따라서 여러 가지 훌륭한 일을 하는 것도 못된 일을 하는 것도 마찬가지로 나에게 달려 있다는 것은 분명하다.[58] 그러나 [그런 행위가] 자발적이지 않다는 것을 보여 주기 위해 그들은 뭔가 다음과 같은 비유를 들어 말하고 있다. 즉, 그들이 주장하는 바로는, 우리가 아프거나 부끄러울 때, 그런 사람들을 아무도 비난하지 않는 이유는 무엇인가? 하지만 이것은 진실이 아니다. 왜냐하면 그들 자신이 아프거나 몸을 나쁜 상태로 가지고 있는 것의 원인이라고 우리가 생각하는 경우에는 그러한 경우에도 자발적인 것이 있다고 생각하기 때문에, 우리는 그런 사람들을 비난하기 때문이다. 그래서 덕과 악덕에 따른 것 중에는 자발적인 것이 존재하고 있는 듯하다.[59]

---

57 ouk를 삭제하고 akousiois 대신에 hekousiois로 읽기도 한다(Johnstone). 즉, '자발적인 것에 주어진다'. 의미는 마찬가지다.

58 『에우데모스 윤리학』 제2권 제6장 1223a9-16("덕도 악덕도 그리고 그로부터 연유하는 일도 일부는 칭찬의 대상이고 일부는 비난의 대상이므로 […] 우리 자신을 원인으로 하는 것이 비난받고 칭찬받으니까. […] 덕도 악덕도 사람 자신을 원인이자 원리로 하는 그러한 행동과 관련됨이 분명하다. 그러므로 어떤 종류의 행동들과 관련해서 사람 자신이 원인이자 원리인지를 파악해야만 한다"), 『니코마코스 윤리학』 제3권 제1장 1109b31("자발적인 경우에는 칭찬과 비난이 가해지지만") 참조.

59 『니코마코스 윤리학』 제3권 제5장 1114a21-31 참조.

III. 행위를 둘러싼 여러 요소

제10장　시원(원리), 덕은 자발적인가?

30 더욱이 이 점은 다음과 같은 사실에서도 보다 명료하게 볼 수 있을 것이다. 즉, 모든 자연(본성)은 그것이 지닌 성질을 가진 실체(존재자)를 낳는 힘을 가지고 있다. 예를 들어 식물과 동물이 그렇다. 둘 다 낳는 힘을 가지니까. 그런데 그것들은 그 시원(원리)[1]으로부터 낳는다. 예를 들어 나무는 씨앗으로부터 낳는다. 후자는 어떤 시원이니까. 그러나 시원

35 보다 뒤의 것은 다음과 같은 방식을 하고 있다. 즉, 시원이 가지고 있는 방식이 있으면 그 본래의 방식을, 또 그 시원으로부터 온 것들도 가지고 있다.

　이것은 기하학에 따른 사항에서 보다 명료하게 파악할 수 있다. 그것은 거기에서도, 어떤 시원이 일단 설정되면, 그 시원이 그렇듯, 시원보다

1　『에우데모스 윤리학』제2권 제6장 1222b15-18("모든 본질적 실체는 모두 본성적으로 어떤 원리이고, 그러므로 각 실체는 각각 자신과 비슷한 것을 많이 낳을 수 있다. 예를 들어 인간은 인간들을 낳고, 일반적으로 동물은 [같은 종의] 동물들을, 식물은 식물들을 낳듯이 말이다. 여기에 더해 적어도 인간은 동물 중 유일하게 어떤 종류의 행위 원리이기도 하다") 참조.

뒤의 것도 그런 식으로 있는 것이다. 예를 들어[2] 삼각형이 두 직각과 같은 각을 갖고, 다른 한편 사각형은 네 직각과 같은 각을 갖는다면, 삼각형이 변화하는 경우가 있다면, 바로 그 변화의 방식에 따른 방식으로 사각형도 함께 변화할 것이고, 또 만일 사각형이 네 직각과 같은 각을 갖지 않는다면, 삼각형도 두 직각과 같은 각을 갖지 않을 것이다(대우관계對偶關係에 있기 때문에).[3]

1187b

제11장 행위의 시원

그래서 이런 방식은 인간의 경우에서도 마찬가지다. 인간은 실체(존재자)를 낳는 힘을 가지고 있으므로, 인간이 행하는 모든 행위에 대해서도[4] 어떤 시원으로부터 그것들을 낳는 힘을 가지기 때문이다. 다른 무엇[이 낳을 수 있는 힘을 가진 것]일 수 있는가? 우리는 혼이 없는 것이든 혼을 가진 사람 이외의 것이든, 그것이 행위를 한다고 말하지 않기 때문이다.[5] 그래서 인간이 행위를 만들어 내는 힘을 갖는다는 것은 분명하다.

5

10

그런데 우리는 우리의 행위가 변화하는 것을 보며, 또 우리가 결코 같은 일을 행하는 법이 없으며, 게다가 행위는 어떠한 시원으로부터 발생

---

2 『에우데모스 윤리학』 제2권 제6장 1222b31-34("삼각형이 두 직각을 가질 때 사각형이 네 직각을 가지는 것이 필연적이라면, 후자의 원인은 삼각형이 두 직각을 가지는 것임이 분명하다") 참조.

3 암스트롱의 제안에 따라 1187b2의 (antistrephei gar)를 1187b4 맨 뒤로 옮겨서 읽는다. 그 의미는 명제 간의 '대우관계'로 이해한다.

4 1187b6의 tōn은 삭제한다.

5 플라톤, 『파이드로스』 245E4-6('자신 안에서 자신으로부터 움직임이 주어지는 것은 혼의 본성') 참조.

하고 있으므로, 다음과 같은 일은 분명하다. 즉, 기하학에서의 여러 사항의 경우와 비교하면서 우리가 주장했던 것처럼, 행위는 변화하므로, 그로부터 행위가 있는 곳의 행위의 시원 또한 변화하는 것이다. 어쨌든 훌륭한 것이나 못된 것이나, 여러 행위의 시원은 선택과 소망 및 이성에 의한 모든 것이다. 그래서 그것들 또한 변화할 것이 분명하다. 그런데 우리도 우리의 행위의 경우에서 자발적으로 변화한다. 따라서 시원인 선택 또한 자발적으로 변화한다. 그 결과로 훌륭하게 될 수도 못되게 될 수 있는 것도 우리에게 달려 있을 것이라는 점은 분명하다.[6]

그래서 아마도 정의롭고 훌륭하다는 것이 내 안에[7] 있는 이상, 내가 원한다면 나는 모든 것 중에서 가장 훌륭할 것이라고 누군가가 말할 것이다. 그것은 물론 가능하지 않다. 왜 그런가? 신체의 경우에도 그런 일이 일어나지 않으니까. 왜냐하면 누군가가 신체를 배려하고자 원한다면, 그로부터 즉시 신체를 무엇보다도 좋은 상태로 유지하게 되는 것은 아니기 때문이다. 왜냐하면 배려가 있어야 할 뿐만 아니라, 몸도 자연 본성에 의해 아름답고 좋은 상태가 되어야 하기 때문이다. 그렇다면 몸이 더 나은 상태가 될 것이다. 그럼에도 무엇보다 모든 신체 중에서 최선의 상태가 되는 것은 아니지만 말이다. 혼의 경우도 마찬가지로 파악해야 한다. 가장 훌륭하게 되기를 선택하는 사람이 자연 본성 또한 거기에 없

---

6 『에우데모스 윤리학』 제2권 제6장 1223a4-9('인간이 자신에게 달려 있는 것들의 원리이자 주인'), 16-20("자신이 원인이자 원리"), 『니코마코스 윤리학』 제3권 제5장 1113b16-19 참조.

7 1187b21의 ep는 en으로 읽는다. 『니코마코스 윤리학』 제3권 제1장 1110a17, 제5장 1113b20 참조.

다면, 그럼에도 [그렇게 선택하지 않는 경우보다는] 더 낫긴 하겠지만 말이다.

제12장 자발성에 대하여 (1) — 자발성의 본질, 욕망과 자발성

그래서 훌륭하다는 것은 명확히 우리에게 달려 있기 때문에, 그다음으로 자발적인 것을 둘러싸고 자발성이 무엇인지를 말하는 것은 필연적이다. 왜냐하면 그것, 즉 자발적인 것은 덕에 대해서 가장 지배력이 강하기 때문이다. 그런데 자발성이란, 단적으로는 우리가 강제받지 않고 행위하는 것이라는 그런 식으로 말할 수 있다. 그러나 아마도 그것에 대해서는 보다 명료하게 말해야 한다.

그래서 그것에 따라서 우리가 행위하는 것으로서 욕구가 있다. 그런데 욕구에는 세 가지 종류로 욕망, 기개, 소망(바람)[8]이 있다. 그래서 먼저 욕망에 따른 행위는 과연 자발적인지, 아니면 비자발적인지를 고찰해야 한다. 거기서 그것은 자발적이라고 생각되지 않을 것이다. 왜 그런가, 그리고 어째서인가? 그 이유는 우리가 자발적으로 행위하는 것이 아닌 모든 것은 우리가 강제로 행하는 것이지만, 강제로부터 행해지는 모든 것에는 고통이 따르는 반면, 욕망 때문에 행해지는 것에는 쾌락이 수반되는 것이며, 그 결과 적어도 이러한 방식으로 욕망 때문에 행해지는 것들은 비자발적인 것이 아니라 자발적인 것일 수 있기 때문이다.

그러나 다시, 이러한 논의에는 반대되는 다른 논의, 즉 자제력 없음에 관한 논의가 있다. 그 논의가 주장하기에는, 누구도 나쁜 것을, 그것들이

35

1188a

5

---

8 『수사학』 제1권 제10장 1369a2, 『혼에 대하여』 제3권 제9장 432b5, 『동물의 운동에 대하여』 제6장 700b22 참조.

나쁘다는 것을 알면서도 자발적으로 행하는 사람은 없다는 것이다. 그
런데 그 논의는 적어도 자제력 없는 사람은 그 사람이 그것들이 못됐다
는 것을 알면서도, 그럼에도 행위하는 것이고, 게다가 욕망에 따라서 행
위한다는 것이다. 그래서 자발적인 것이 아니다. 그러므로 강제된 것이
다. 여기서 다시 한번 동일한 논의를 맞닥뜨리게 될 것이다. 왜냐하면 욕
망에 따라 그것을 행한다면 강요에서 비롯된 것이 아니며, 욕망에는 쾌
락이 따르지만, 쾌락 때문에 하는 일은 강제적인 것이 아니기 때문이다.

　이것, 즉 자제력 없는 사람이 자발적으로 행위한다는 것은 다른 방법
으로도 밝혀질 것이다. 왜냐하면 부정의를 저지르는 사람들은 사발적으
로 부정의를 저지르지만, 자제력 없는 사람들은 부정의하고 부정의를
저지르기 때문이다. 따라서 자제력 없는 사람은 자제력 없음에 따르는
행위를 자발적으로 저지르는 것일 것이다.[9]

제13장　자발성에 대하여 (2) ― 바람, 자발성과 비자발성

그러나 다시, 자발적이지 않다고 주장하는 또 다른 반대 논의가 있다. 즉
자제력 있는 사람은 자제력에 따르는 것을 자발적으로 행위한다. 왜냐
하면 그는 칭찬을 받는데, 사람들은 자발적인 것에 대해서 칭찬을 받기
때문이다. 그런데 만일 욕망에 따르는 것이 자발적이라면 욕망에 어긋
난 것은 비자발적이다. 그러나 자제력 있는 사람은 욕망에 반하여 행위

9　자발적인 것(hekousion)과 비자발적인 것(akousion)에 대한 논의는 『에우데모스 윤리
　학』 제2권 제7장, 제8장 및 『니코마코스 윤리학』 제3권 제1장 참조. '자제력 없음'과
　'자제력 없는 사람'(akrasia, akratēs)에 대해서는 『니코마코스 윤리학』 제7권 제2~10장
　논의 참조. '자제력 있는 사람'은 e[n]gkatēs(엥크라테스)라고 한다.

한다. 따라서 자제력 있는 사람은 자발적으로 자제력 있는 사람이 아닐 것이다. 그러나 그렇게 생각되지 않는다. 그러므로 욕망에 따르는 것도[10] 자발적이지 않다.

다시, 기개(thumos)에 따르는 것도 마찬가지다. 욕망에 대해서도 정확히 동일한 논의가 적용되고, 따라서 난제(아포리아)를 만들어 낼 것이기 때문이다. 왜냐하면 분노에 대해 자제력 없음과 자제력 있음이 속하기 때문이다.

게다가, 자발적인지 아닌지를 고찰함에 있어, 우리가 분류했던 욕구 가운데 소망(바람)이 남아 있다.[11] 그런데 적어도 자제력이 없는 사람들은 그들이 그것에 동기 부여[12]를 갖게 되기를 그동안에 바라고 있다. 그러므로 자제력 없는 사람들은 못된 것들을 바라면서 행위하고 있는 셈이다. 그러나 나쁜 것을, 그것이 나쁜 것을 알면서도 자발적으로 행위하는 사람은 아무도 없다. 그런데 자제력 없는 사람은 나쁜 것을, 나쁘다는 것을 알면서도 바라면서 행위하고 있다. 그러므로 그 사람은 자발적으로 행위하는 것이 아니며, 따라서 [그 경우에] 소망(바람) 또한 자발적이지 않다. 그러나 그 논의는 자제력 없음과 자제력 없는 사람을 파괴하는 것이다. 왜냐하면 그 사람이 자발적으로 행위하는 것이 아니라면, 비난을 받을 만하지 않기 때문이다. 그러나 자제력 없는 사람은 비난받을 만하다. 그러니 그는 자발적으로 행위하는 것이다. 그러므로 소망(바람)은

25

30

35

---

10 1188a22-23의 to kat' epithumian를 to kat' tēn epithumia로 읽는다.

11 1187b37-38.

12 hormōsi(hormē, 동기 부여)는 '…쪽으로 움직이는 충동'을 말한다. '그동안에 그들의 충동이 향하는 것들을 바라는 것이다.'

자발적이다.

그래서 몇몇 논의가 반대하는 것처럼 보이므로, 자발적인 것을 두고 좀 더 명료하게 말해야만 한다.[13]

제14장 자발성에 대하여 (3) ─ 힘에 의한 강요와 강제에 대하여 (1)

1188b 그래서 그보다 앞서, 힘[14]과 강제를 놓고 이야기해야 할 것이다. 즉, 힘은 혼이 없는 것들 중에도 있다. 혼이 없는 것들 각각에는 고유한(적절한) 장소가 할당되어, 불에는 위쪽이, 흙에는 아래쪽이 할당되어 있다.[15] 그

5 럼에도 돌도 힘으로[억지로] 위쪽으로 옮겨질 수 있고, 불도 억지로 아래쪽으로 옮겨지기 때문이다.

생물 또한 힘으로 강요당하는 대상이 될 수 있다. 예를 들어 말이 똑바로 달리고 있을 때 반대로 되돌아가는 방향으로 바꾸는 경우이다. 그래서 자연 본성에 반하여 혹은 원하는 것에 반하여 무엇인가를 하는 것의 원인이 밖에 있는 한, 우리는 그것들이 할 일을 힘으로 강요당한다고 말할 것이다. 한편, 원인이 그 자신 안에 있는 여러 가지의 경우에는, 더 이상 그러한 것들은 힘으로 강요당하고 있다고 우리는 말하지 않을 것

10 이다. 그렇지 않으면,[16] 자제력 없는 사람은 [자신이] 못됐다는 것을 부

---

13 『에우데모스 윤리학』 제2권 제7장 1223a21─b38 참조.

14 원어는 bia(힘)이다. 이 말에서 나온 biasasthai란 말은 '힘으로 움직이는' 혹은 '[어쩔 수 없이] 억지로 힘에 의해 강요당해서 움직이는'이란 말로 옮겨질 수 있다.

15 『천계에 대하여』 제4권 제2장 308b13, 제3장 310b16, 그 밖에도 제1권 제2장 269a26 참조.

16 무엇을 의미하는가? 그 원인이 밖에 있느냐, 안에 있느냐에 따라 '힘으로'인지 아닌지를 구별하지 않으면, 내면에 있는 욕망에 의해 '힘으로'라고 말할 수 있다는 것이다.

정하면서 반박할 것이다. 즉, 그는 욕망에 의해 힘으로 강요당하고 못된 일을 저지르는 것이라고 주장할 것이다.

제15장 자발성에 대하여 (4) — 힘에 의한 강요와 강제에 대하여 (2)

그래서 그것에 의해 힘으로 행위하도록 강요받고 있으며, 그 원인이 밖에 있는 것이라고 하는 것을, '힘으로 강요된다'라는 것에 대한 우리의 정의로 삼기로 하자(그러나 그 원인이 내부에 있으며, 자신 안에 있는 것에는 힘이 없다[17]). 이제, 강제와 강제적인 것(강제성)[18]을 놓고 얘기해야 한다. 강제적인 것은 모든 방식으로 이야기되어서는 안 되며, 모든 것에서 이야기되어서도 안 된다. 예를 들어 쾌락을 위해 우리가 행위하는 모든 것을 그렇게 말해서는 안 된다. 왜냐하면 누군가가 '친구의 부인을 유혹하도록 쾌락에 의해 강요되었다'라고 말한다면, 그 말은 터무니없을 것이기 때문이다. 즉, 강제적인 것은 모든 것에서가 아니라, 이제는 이미 외적인 것에 있다. 예를 들어 여러 사정에 의해 강제되어 뭔가 더 큰 다른 것을 대가로 손해를 입을 수 있는 사람의 경우이다. 예를 들어 내가 더 부지런히 밭에 나가도록 강제받는 경우이다. 그렇지 않으면, 밭에 있는 모든 것들이 완전히 망가져 버린 것을 찾게 될 테니까. 그러므로 강제

15

20

17　『에우데모스 윤리학』 제2권 제8장 1224a9-30, 『니코마코스 윤리학』 제3권 제1장 1110a2-4("강제적이라 하는 것은 그것의 단초[아르케]가 행위자 바깥에 있는 것으로, 행위를 하는 자나 행위를 당하는 사람이 이 단초에 전혀 관여하지 못하는 성질의 것이다"), b1-3("그 원인이 행위자 바깥에 있고, 행위자가 아무것도 관여하지 않기만 하면, 단적으로 강제적인 것인가?") 참조.

18　원어로는 ana[n]gkē kai ana[n]gkaion이다.

적인 것은 그러한 종류의 것들 가운데 있다.[19]

제16장 자발성에 대하여 (5) ─ 자발성과 사고

자발적인 것은 어떠한 동기 부여[20] 속에도 없기 때문에,[21] 나머지는 사고로부터 비롯되었을 것이다. 왜냐하며 비자발적인 것은 강제에 의해서 생기는 것이고, 힘으로 생기는 것이며, 그리고 세 번째로 사고를 수반하지 않고 생기는 것이기 때문이다. 이는 발생하고 있는 여러 가지 일로부터 명백하다. 즉, 누군가가 미리 아무런 생각 없이 어떤 사람을 때리거나, 죽이거나 혹은 그와 같은 어떤 일을 했을 때, 우리는 그 사람이 비자발적으로 그렇게 했다고 주장하는데, 그것은 자발적인 것이 생각하는 데에 있다고 생각하기 때문이다.

예를 들어 사람들이 말하길, 한때 어떤 여자가 어떤 사람에게 사랑의 미약(媚藥)을 먹도록 주었지만, 그 후 그 남자는 미약에 의해 죽었고,[22]

---

19 『에우데모스 윤리학』 제2권 제8장 1225a2-33, 『니코마코스 윤리학』 제3권 제1장 1110a4-b17('부모나 자식을 볼모로 해서 협박하고 나쁜 일을 시키는 경우', '폭풍우 속에서 화물을 바다에 던지는 경우') 참조.

20 충동의 움직임(hormē).

21 『에우데모스 윤리학』 제2권 제7장 1223b36-38, 제9장 1225a37-1225b1("자발적인 것이 욕구로도 선택으로도 정의되지 않기 때문에, 남아 있는 것은 사고에 따르는 것으로 정의하는 것이다") 참조.

22 한 남자가 여자가 준 사랑의 미약에 의해서(hupo tou philtron) 죽었다는 것이다. 약을 과잉 복용했기 때문이었을까? 부작용 때문이었을까? 어쨌거나 여자가 사랑의 미약으로 잘못 알고 독약을 주고, 그 독약으로 죽은 것은 아니다. 후자와 같은 예는 『에우데모스 윤리학』 제2권 제9장 1225b4-5에 나온다. 사랑의 미약이나 포도주로 알고 주었으나 실은 극약이었다는 것이다. 이것은 무지 때문에 하는 행위는 비자발적이라는 것을 보여 주는 예이다. 행위의 자발성과 비자발성에 관련된 예들을 들고 있는 『니코마코스

그 여자는 아레이오스 파고스에서 무죄 방면되었다. 그 자리에 출석한 여성을 [재판관들은] 석방했는데, 그것은 [그녀가 그 결과를] 미리 생각해서 그 일을 행한 것이 아니었다는 것말고 다른 이유가 없기 때문이다. 왜냐하면 그녀는 애정으로 주었지만 그것에 실패했기 때문이다. 그래서 자발적이지 않다고 생각되었던 것이다. 그것은 그녀가 그 남자가 죽는다는 생각과 함께 그 사랑의 미약을 주려고 한 것이 아니기 때문이다. 그러므로 여기서는, 자발적인 것이 생각을 수반하는 것으로 귀착된다.[23]

제17장 선택에 대하여

나아가 선택에 대해, 그것이 욕구인지 그렇지 않은지를 고찰하는 일이 남아 있다. 즉, 욕구는 다른 동물들 속에서도 생기지만, 선택은 그렇지 않다. 왜냐하면 선택은 이성(원리, 이치)을 따르지만, 이성은 다른 동물들 중 어느 것에도 없기 때문이다. 그러므로 욕구는 아닐 것이다.[24] 그러면 바람인가?[25] 아니면 그것도 아닌가? [그것도 아니다.] 왜냐하면 바람

윤리학』제3권 제1장, 특히 1110b18-1111a2 참조.

23 『에우데모스 윤리학』제2권 제8-9장 1225a33-b16(특히 1225a39-1225b1, "자발적인 것이란 지금까지의 논의에서 (1) 욕구에 의해서도, (2) 선택(prohairesis)에 의해서도 정의할 수 없었으므로, (3) 남는 것은 '사고 작용에 근거해서' 정의할 수밖에 없다") 참조.

24 『에우데모스 윤리학』제2권 제1장 1225b17-1227a18, 『니코마코스 윤리학』제3권 제2~3장 1111b4-1113a12 참조.

25 1187b36-37에서는 바람(boulēsis)은 욕망(epithumia), 기개(thumos)와 더불어 욕구(orexis)의 일부로 이야기되었다(『에우데모스 윤리학』제2권 제10장 1225b22-24["선택이 믿음(doxa)이나 욕구 이 둘 중의 하나라고 주장하는데, … 양쪽 다 선택을 수반하기 때문이다"], 『혼에 대하여』제2권 제3장 414b2 참조). 1189a4-5에서는 욕구와는 다른 것으로 이야기되는 것처럼 보인다.

은 불가능한 일에 대해서도 관련되는데, 예를 들어 우리는 불사하기를 원하지만 선택하지는 않기 때문이다. 게다가 선택은 목적에 관련된 것이 아니라 목적을 향한 것들과 관련이 있다. 예를 들어 아무도 건강한 것을 선택하지 않고, 걷거나 달리는 것과 같은 건강을 향한 것들[26]을 선택한다. 한편, 우리는 건강하기를 바라기 때문에 목적을 원한다. 따라서 이러한 방식으로도 바람과 선택은 동일하지 않음이 분명하다.[27] 오히려 선택[28]은 그것의 이름도 그런 형태를 하고 있는 것 같다. 예를 들어 우리는 저것 대신 이것을, 예를 들어 더 나쁜 것 대신 가장 좋은 것[29]을 선택한다.[30] 그래서 우리가 선택 안에 있는 더 나쁜 것 대신에 가장 좋은 것[31]으로 대체할 때, 선택한다는 것은 그러한 경우에 적합하다고 생각된다.[32]

선택은 그러한 것들 [욕구와 바람] 중 어느 것도 아니기 때문에, '사고(능력)에 따라서'라고 하는 것이 선택에 있는가, 아니면 그렇지 않은가? 우리는 많은 것을 사고하고, 사고(능력)에 따라서 생각하기 때문이

---

26 to를 ta(복수형)로 읽는다.

27 『에우데모스 윤리학』 제2권 제1장 1225b32-36, 『니코마코스 윤리학』 제3권 제2장 1111b19-30 참조.

28 선택을 의미하는 prohairesis는 문자적으로 '앞서'(pro) '취한다'라는 것이다. 즉 어떤 것 대신에 하나의 것을 취한다.

29 여러 사본에 따라 beltiston(최상급)으로 읽는다.

30 여기서는 'A 대신(anti) B'라는 표현이 사용되고 있는데, 『니코마코스 윤리학』 제3권 제2~3장 1112a16 아래나, 『에우데모스 윤리학』 제2권 제10장 1226b5 아래에서는 'A 에 앞서(pro) B'를 이라는 말을 사용하고 있다.

31 여러 사본에 따라 beltiston(최상급)으로 읽는다.

32 『에우데모스 윤리학』 제2권 제1장 1226b5-8, 『니코마코스 윤리학』 제3권 제2장 1112a16-17 참조.

다. 그렇다면 우리는 우리가 사고하는 것들을 선택하기도 하는가, 아니
면 그렇지 않은가? [그렇지 않다.] 왜냐하면 우리는 종종 인도인들 사이
의 일을 놓고 생각하지만, 선택마저 할 수 있는 것은 아무것도 없기 때문
이다. 그러므로 선택은 생각도 아니다.

그래서 선택은 어떤 점에서도 이상의 것들 각각에 따르는 것이 아니
며, 그러나 혼 속에 생기는 것들은 그것들이기 때문에 그것들 중 몇 가
지가 서로 연결되어 선택이 성립하는 것은 필연적이다.[33] 그러므로 앞
서 말했듯이[34] 선택은 목적을 향한 좋음과 관련되어 있고, 목적에 관계
없이, 또 우리에게 있어서 가능한 것들에 관여하고, 나아가 과연 이것이
더 선택할 가치가 있는가,[35] 아니면 저것이[더 선택할 가치가 있는가]라
는 논의를 제공하는 것과 관련되기 때문에 다음과 같은 것은 분명하다,
즉, 그러한 것들에 대하여 미리 사고하고 숙고해야 하는 것이고, 다음
으로 사고한 끝에 더 우월하다고 우리에게 나타나는 경우, 이런 식으로
행위하는 데 대한 어떠한 충동(동기 부여, hormē)이 있으며, 그리고 바
로 그것[더 우월한 것]을 행위할 때 우리는 선택에 의해 행위한다고 생
각된다.[36]

그래서 선택이 사고를 수반한 숙고에 기초한 어떠한 욕구라면, 자발
적인 것은 선택될 수 있는 것이 아니다. 왜냐하면 우리는 많은 것을 사고

---

33 『에우데모스 윤리학』 제2권 제10장 1227a3-5 참조.

34 1189a7-10 참조.

35 비교급 hairetōteron으로 읽는다.

36 『에우데모스 윤리학』 제2권 제10장 1226a18-b30, 『니코마코스 윤리학』 제3권 제
2~3장 1112a13-1113a12 참조.

하고 숙고하는 것보다 먼저 자발적으로 많은 것을 행동한다. 예를 들어 35 앉거나 일어서거나, 그 밖에 많은 그런 종류의 것들을 우리는 자발적으로 사고하지 않고 하는 데 반해, 선택에 따르는 것은 모두 사고를 수반하 1189b 기 때문이다.[37] 따라서 자발적인 것은 선택될 수 있는 것은 아니지만, 선택될 수 있는 것은 자발적인 것이다. 왜냐하면 우리는 숙고한 다음에 우리가 행동하는 것을 선택한다면,[38] 우리는 자발적으로 행위하는 것이기 때문이다. 그런데 소수의 몇몇 입법가들도 형벌로서 선택에 따르는 것 5 보다 자발적인 것에 더 작은 것을 부과함으로써 자발적인 것과 선택으로부터 행해진 것은 다르다고 규정하고 있는 것으로 생각된다.[39]

그래서 선택은 여러 가지 행위할 수 있는 것, 즉 행위하는 것도 행위하지 않는 것도, 또 그렇게 행위할 것인가, 아니면 그렇지 않게 행위할 것인가가 우리에게 달려 있는 것, 나아가 '왜 그런지'를 파악할 수 있는 10 것들 안에 있다. 그런데 '왜 그런지'라는 것은 단순한 것이 아니다. 왜냐하면 기하학에서 사각형은 네 직각를 갖는다고 주장하고, 왜 그런지를 묻는 경우, 그것은 사람들이 주장하는 바로는 삼각형은 두 직각과 같은 각을 가지기 때문이다. 그래서 이러한 종류의 것들에서는, 그들은 '왜 그런가'라고 하는 것을 이미 정의된 시원(원리)으로부터 파악했다.

그러나 선택이 그 안에 있는 행위가 될 수 있는 것들에서는, 그렇지 15 않고(어떤 시원도 정의되어 있지 않기 때문에), '왜 당신은 그것을 행위

---

37   1189a24-32 참조.

38   ha gar prohairoumetha로 읽는다.

39   『에우데모스 윤리학』 제2권 제10장 1226b30-1127a2, 『니코마코스 윤리학』 제3권 제 2장 1111b6-10 참조.

했는가'를 누군가 요구한다면, 그것은 다른 방식으로는 할 수 없었기 때문이라든가, 그 편이 더 낫기 때문이라는 것이다. 일어나는 것들 그 자체로 무엇이든 더 낫다고 생각되는 것,[40] 그것들이 선택되는 것이며, 그것은 그 때문이다.[41] 그래서 바로 그 때문에 이러한 종류의 것들에서 어떻게 해야만 하는지를 숙고하는 것은, 그 지식에서는 아니다. 예를 들어 아무도 아르키클레스라는 이름을 어떻게 써야 할지를 숙고하지 않는다. 20 그것은 아르키클레스라는 이름을 어떻게 써야 하는지는 규정되어 있기 때문이다. 그래서 그 잘못은 사고 속에서 일어나는 것이 아니라, 쓰는 현실 활동 속에서 일어나는 것이다.[42] 왜냐하면 잘못[43]이 사고 안에 없는 것들에서는, 그것들을 놓고 숙고할 일도 없기 때문이다. 그런데 어떻게 해야 할지가 아직 불확정적인 것, 거기에는 잘못이 있다.[44] 25

그런데, 행위될 수 있는 것들에는 불확정적인 것이 있고, 그것들에서는 잘못은 이중적이다. 그래서 행위될 수 있는 것에서와 덕에 의한 것들에서, 우리는 같은 방식으로 잘못을 범한다. 왜냐하면 덕을 과녁으로 삼

---

40 1189b16-17에서 b16의 ex를 삭제한다. 17행은 hopoion [⋯] beltion으로 읽는다. 접속법의 painētai는 직설법의 painetai로 읽고, 복수형의 tauta를 단수형의 touto로 수정한다.

41 더 좋다고 나타나거나 다른 방법으로는 할 수 없다는 것.

42 두 종류의 오류─사고에서의 잘못과 현실 활동에서의 잘못─에 대해서는 『에우데모스 윤리학』 제2권 제10장 1226a33-b2 참조. 의사는 자신이 알고 있는 대상에 대해 숙고하지만, 글을 읽고 쓰는 사람은 숙고하지 않는가? 잘못은 두 가지 방식이다. 우리는 생각하면서 잘못을 범하거나 실행하면서 감각의 측면에서 잘못을 범한다. 의술에서는 두 가지 방식으로 잘못하는 것이 가능하지만, 글을 읽고 쓰는 기술(문법술)에서는 감각과 실행의 측면에서만 잘못이 가능하다.

43 정관사 hē를 삭제한다.

44 『에우데모스 윤리학』 제2권 제10장 1226a33-b2, 『니코마코스 윤리학』 제3권 제3장 1112a30-b9 참조.

을 때, 우리는 자연 본성에서 어떤 길로 잘못 가기 때문이다.[45] 즉, 모자 람 속에서도 지나침 속에서도 잘못이 있고, 그중 어느 방향으로든 우리 는 쾌락과 고통 때문에 운반되는 것이다. 우리는 한편으로는 쾌락 때문 에 못된 행위를 하고, 다른 한편으로는 고통 때문에 아름다운 것들을 피 하기 때문이다.[46]

제18장 덕의 목적, 선택과 덕, 중간임과 목적

심지어 사고는 지각과 같지 않다. 예를 들어 시각에 의해서는 보는 것 외 에 다른 무엇도 할 수 없을 것이고, 청각에 의해서는 듣는 것 외의 다른 무엇도 할 수 없을 것이다. 마찬가지로 우리는 청각에 의해 들어야 할지,

아니면 봐야 할지를 숙고조차 하지 않는다. 한편, 사고는 그런 것이 아 니며, 이것이나 저것, 다른 것도 할 수 있다. 이 때문에 이제 숙고한다는 것[47]은 여기에 속하는 것이다.[48]

그래서 여러 가지 좋은 것의 선택에서, 잘못은 목적들에 대해서가 아 니라(그것들에 대해서는, 예를 들면 건강에 대해서 그것이 좋다는 것은, 모든 사람들이 동의하고 있기 때문이다), 이미 목적을 향하는 것들에[49]

대해서이며, 예를 들어 이것을 먹는 것이 건강에 좋은 것인가 아닌가 하

---

45 『니코마코스 윤리학』 제2권 제8장 1109a11-19 참조.

46 『에우데모스 윤리학』 제2권 제1장 1227a31-b2, 『니코마코스 윤리학』 제2권 제3장 1104b9-11, 제3권 제4장 1113a33-b2 참조.

47 정관사를 더해서 to bouleuesthai로 읽는다(Ellebodius).

48 『에우데모스 윤리학』 제2권 제10장 1227a22-28 참조.

49 kata 대신에 pros로 읽는다.

는 것이다. 쾌락과 고통은 그러한 것들에서 가장 큰 실책을 만들어 낸다. 왜냐하면 우리는 한쪽은 피하고, 다른 쪽은 이것을 선택하기 때문이다.[50]

그래서 잘못은 무엇에 있어서인가[영역] 및 어떻게인가라는 점에서 나누었으므로, 남아 있는 것은 덕은 무엇을 과녁으로 삼는가, 목적인가, 목적으로 향하는 것들인가? 예를 들어 아름다움인가,[51] 아름다움으로 향하는 것들인가이다.[52] 그러면 지식은 어떤가? 건축술에는 목적을 제대로(훌륭하게) 세우는 것이 속하는가, 아니면 목적을 향하는 것들을 찾아보는 것이 속하는가? 그 이유는, 만일 그것을, 예를 들어 아름다운 집을 짓는 것을,[53] 훌륭하게 세운다면, 그것으로 향하는 것들을 찾거나 공급하는 것도 건축가 이외의 다른 사람이 할 일은 없을 것이기 때문이다. 또 다른 모든 지식의 경우도 마찬가지다.[54]

그러므로 덕의 경우도 마찬가지로 생각될 것이다. 즉, 그것의 목표는

---

50 『에우데모스 윤리학』 제2권 제10장 1226a8-13, b9-13, 1227a5-18 참조.

51 도덕적 의미에서의 아름다움.

52 『에우데모스 윤리학』 제2권 제1장 1227b12-1228a2 참조.

53 이 부분과 제1장 1182b22-27의 '어떠한 지식도 기술도 그 목적이 좋다고 할 수 없다'라는 주장이 어떻게 일관적일 수 있느냐는 물음을 Armstrong(1935, p. 508, note a)이 제기하고 있다. "말의 정의는 [이러한 것이] 좋다라고 말하지만, 한편 지식은 그 어느 것도, 또 그 어떤 능력도 그 자체에 속하는 목적에 대해 '그것은 좋다'고 말하는 일이 없고, 그것을 고찰하는 것은 다른 능력에 속한다(왜냐하면 의사나 목수도 건강은 좋다고 말하는 일이 없으며, 또한 집이 좋다고 말하지도 않지만, 한쪽은 건강을 만들고 또 어떻게 그렇게 만드는지를, 다른 쪽은 집을 만들고 [또 어떻게 그렇게 하는지]를 이야기하기 때문이다)"(14절).

54 『동물의 부분들에 대하여』 제1권 제1장 639b16-19("의사는 건강을, 건축가는 집을 사고와 감각에 의해 확정하여, 각각 자신들이 만들어 내는 것의 설명과 원인을, 즉 무엇을 위해 그런 방식으로 만들어 내야만 하는지를 보여 주는 것이다") 참조.

목적을 향하는 것들이기보다 오히려 목적이며, 이것은 올바르게 세워져야 한다고 말이다. 게다가 그것[목적]이 그것으로부터 성립하게 될 것들을 공급할 자는 [덕을 가진 자 이외의] 다른 누구도 아니며, 그것[목적]을 위해 찾아야 할 것들을 찾을 자도 [덕을 가진 자 이외의] 다른 누구도 아닌 것이다. 또 최선의 것의 시원(원리)이 존재하는 영역에서는, 덕이 목적을 세우는 것임은 이치에 맞다. 왜냐하면 각각의 것은 [목적을]세우기만 하면 만들어 내기도 하기 때문이다.[55] 그래서 무엇 하나 덕보다 좋은 것은 없으며(그 밖의 것들도 덕을 위해서 있는 것이니까), 또 덕으로 향하는 시원(원리)도 존재하는 것이며, 그것을 향한 것들은 오히려그것을 위해서 존재하는 것이다. 그런데 목적은 일종의 시원(원리)과 유사하며, 각각의 것은 목적을 위해서 있다.[56] 그러나 목적은 있어야 될 방식대로 존재할 것이다.[57] 그러므로 덕의 경우도 그것이 최선의 원인이므로,[58] 그것은 목적을 향하는 것들보다 오히려 목적을 목표로 한다는 것이 분명하다.

55 1190a20에서 aretēn 다음에 마침표로 바꾼다. gar를 삭제하고, 1190a21의 estin 뒤에 쉼표는 콜론으로 바꾼다. 1190a21의 hekaston을 hekaston gar로 읽는다.

56 『니코마코스 윤리학』 제3권 제7장 1115b12-13 참조.

57 이 대목은 파손된 구절이다(alla kata tropon touto estai로 읽는다).

58 『토피카』 제3권 제1장 116b2-3 참조.

제19장 목적

어쨌든 덕의 목적은 아름다움이다.[59] 그러므로 덕은 아름다움이 그것으로부터 성립하는 것보다 오히려 아름다움을 과녁으로 삼는다. 하지만 30 그러한 것들 또한 덕에 속한다. 이 점이 덕 전체로 넓혀진다면[60] 우습게 보일 것이다. 아마도 어떤 사람들은 그림에서 좋은 모방자일 수 있지만, 그럼에도 최선의 것들을 모방하는 것을 목표로 세우지 않는다면 칭찬받을 수 없을 것이기 때문이다. 그러므로 그것, 즉 아름다움을 세우는 것은 전적으로 덕에 속한다.[61]

그래서 누군가가 말할 것인데, 우리가 이전에는[62] 현실 활동이 성향 35 그 자체[63]보다 더 낫다고 말했는데, 지금은 그것으로부터[64] 현실 활동이 일어나는 곳의 그것을 더 아름다운(훌륭한) 것으로서 덕에 할당하지 않고, 그 안에 현실 활동이 없는 것을 할당하는 것은 무엇 때문인가라고 말이다. 맞는 말이지만, 우리는 지금도 마찬가지로 그것, 즉 현실 활동이 1190b 성향보다 더 낫다고 주장한다. 왜냐하면 [당사자 이외의] 다른 인간들은 각자가 가지고 있는 선택을 밝힐 수 없기 때문에, 훌륭한 사람을 보고

---

59 『니코마코스 윤리학』 제3권 제7장 1115b12-13 참조.

60 '목적이 그것으로부터 존재할 것'만이 '덕'에 속한다고 생각한다면. 1190a30에서 holōs te dē로 읽는다.

61 『에우데모스 윤리학』 제2권 제1장 1227b12-1228a2, 『정치학』 제7권 제13장 1331b26-38 참조. '아름다움을 목적으로 세운다'라는 것은 그 전체가 덕에 속하지만, 덕에 속하는 것의 전체가 아름다움을 세우는 데 있는 것은 아니라는 의미이다.

62 제3장 1184b11-17, 제4장 1184b32-36 참조.

63 뒤에 나오는 tēn을 삭제.

64 1190a35에서 hou 대신에 hōn으로 읽는다.

[그 사람이] 행위한다는 것으로부터 판단하기 때문이다. 무엇보다 아름다움을 향해 각자의 판단이 어떠한지를 알 수 있다면, 행위하는 것 없이도 그가 훌륭하다고 생각될 수 있을 것이다.[65]

[그러나 우리는 감정들의 중간임을 몇 가지로 세어 보았기 때문에, 그것들의 중간임이 어떤 종류의 감정에 관한 것인지를 이야기해야 할 것이다.][66]

---

65 『에우데모스 윤리학』 제2권 제1장 1228a2-19 참조.

66 이 문장(epei de…[ ])을 삭제하라고 되어 있는데, 텍스트(다음 부분 첫머리)의 공백을 메우기 위해 삽입된 것이며(Ramsauer, Susemihl), 『에우데모스 윤리학』 제2권 제3장과 같은 '덕의 일람표'(ēthikai aretai)가 있었다(Ramsauer)고 주석하고 있다(Armstrong, 1935 p. 510 note d 참조). 『에우데모스 윤리학』 제3권 제1장 1228a23-26("그러므로 덕들의 영역에 중간임이 있다는 것과…"), 『니코마코스 윤리학』 제3권 제5장 1114b26-1115a5("이렇게 해서 우리는 일반적인 동의에 따라 덕에 대하여 개략적으로 말했다. …") 참조.

IV. 성격과 관련된 여러 가지 덕

제20장 용기에 대하여

**¹ 그래서 용기²는 대담함과 두려움과 관련이 있기 때문에, 어떤 두려움   10
과 대담함에 관련이 있는지 살펴봐야 할 것이다. 그러므로 어떤 사람이
재산을 잃을까 봐³ 두려워한다면 그 사람은 겁이 많은 것이고, 다른 사
람은 그러한 것들에 대해 대담함을 유지한다면 용기가 있는 것인가? 아
니면, 그렇지 않은가? [그렇지 않다.] 또한 마찬가지로 어떤 사람이 병을
두려워하거나 대담해한다면, 두려워하는 사람은 겁이 많다고 하거나 두
려워하지 않는 사람은 용기가 있다고도 주장해서는 안 된다. 그러므로   15
그러한 두려움과 대담함 속에는 용기가 없는 것이다. 그러나 다음과 같
은 사항 중에서도 그것들은 존재하지 않는다. 예를 들어 어떤 사람이 천
둥이나 번개 혹은 인간을 뛰어넘는 무서운 일에 속하는 그 밖의 것을 두
려워하지 않는다면, 그 사람은 용기가 있는 것이 아니라 일종의 미친 것

---

1   처음 부분에 탈문이 있는 것으로 보인다.

2   『니코마코스 윤리학』 제3권 제6~9장에서의 '용기'(andreia)에 대한 논의 참조.

3   1190b11에서 사본에 따라 apoballē(현재 접속법)를 apobalē(aorist[부정과거] 접속법)로
     읽는다.

이다. 그러므로 용기 있는 사람은 인간다운 공포와 대담함 속에 있는 것

이다. 내가 말하는 바는, 많은 사람들이 두려워하거나 모든 사람들이[4] 두려워하는 것을 의미하고, 그러한 일들에 대해 대담한 사람,[5] 그 사람은 용기가 있다.[6]

이렇게 해서 이와 같은 것이 규정되어 버린 이상, 용기 있는 사람들은 많은 방식에 따라서 그렇기 때문에, 어떤 사람이 용기가 있는지를 고찰해야 할 것이다. 경험으로 용감한 사람들도 있기 때문이다. 예를 들면 병

사들이 그렇다. 그들은 이러한 장소에서는, 혹은 이러한 경우에는, 혹은 그러한 상태에 있는 사람에게는, 어떠한 피해를 입는 일은 있을 수 없다는 것을 경험을 통해서 알고 있기 때문이다. 그러나 그것들을 알고 있고 그것들 때문에 적들을 견디는 사람은 용기 있는 사람이 아니며, 그것들 중 그 어떤 것도 이루어지지 않는다면 견딜 수 없기 때문이다. 그러므로 경험 때문에 견디는 사람들이 용기를 가지고 있음을 부정해야 한다. 그런데 소크라테스 또한[7] 용기는 지식이라고 주장한 점에서[8] 올바르게 말

---

4 1190b20에서 ē ha pantes로 읽는다.

5 ho en toutois ōn으로 읽는다.

6 『에우데모스 윤리학』 제3권 제1장 1228a26-1230a36, 『니코마코스 윤리학』 제3권 제6~9장 1115a6-1117b22 참조.

7 1190b28에서 귀결절 dē를 de로 읽는다.

8 플라톤, 『라케스』 195D 참조. 소크라테스의 대화 상대자 중 한 사람인 니키아스가 말한, '두려워할 것과 그렇지 않은 것에 대해 지식을 가진 자'라는 용기 있는 자의 정의가 나온다. 마찬가지로 플라톤, 『프로타고라스』 360D에서는 소크라테스가 "무서운 것들과 무섭지 않은 것들에 대한 지혜야말로" 용기라고 말한다. 또 350A-B에서는 프로타고라스가 '지식이 있는 사람은 지식이 없는 사람보다 무서워하지 않고, 또 각각의 것을 배움으로써 배우기 전의 앞서 자신과 비교하면, 그 일을 두려워하지 않게 된다'라고 한다. 그 밖에도 크세노폰, 『회상』 제3권 제9장 1~2("누구의 자연 본성이든 용기와 관련

하지 않았다. 지식은 습관으로부터 경험을 얻고, 지식이 된다. 그런데 경 30
험 때문에 견디는 사람들이 용기가 있다는 것을 우리는 부정하고 있고,
사람들도 용기가 있다고 말하지 않을 것이기 때문이다.⁹ 그러므로 용기
는 지식이 아닐 것이다.

반대로, 또 사람들이 경험에 반대하는 것으로부터 용기가 있게 되는
일도 없다.¹⁰ 앞으로 일어날 것에 대한 경험이 없는 사람들이 두려움을
갖지 않는 것은 경험이 없기 때문이다. 그러므로 그 사람들도 용기가 있 35
다고 주장해서는 안 된다.

또, 감정 때문에 용기가 있다고 생각하는 사람들도 있다. 예를 들어
사랑하는 자들이나 신적인 것에 도취된 사람들이다. 그러므로 그 사람
들도 용기가 있다고 말해서는 안 된다. 왜냐하면 그들에게서 감정이 사 1191a
라지면, 그들은 더 이상 용기가 없지만, 용기 있는 사람들은 항상 용감해
야만 하기 때문이다. 그러므로 예를 들어 멧돼지와 같은 짐승들이 맞아
서 고통받을 때 스스로를 보호하기 위해 싸우는 것에 대해 용기가 있다
고 사람들은 말하지도 않을 것이고, 용기 있는 사람들도 감정 때문에 용
감해져서는 안 된다.

이번에는 폴리스와 관련이 있다고 생각되는 또 다른 용기가 있다. 예 5
를 들어 시민들에 대한 수치심 때문에 여러 위험을 감수한다면 그들도
용기가 있을 거라고 생각된다. 이 점의 증거는 다음과 같다. 즉, 호메로

해서 배움과 연습으로 성장한다") 참조.

9   1190b32에서 autous를 삭제.

10 1190b32-33의 palin de au에서 au('다시') 대신 부정사 ouk라고 읽는 수정안을 받아들
     인다.

스 또한 헥토르에게 다음과 같이 말하게 하고 있다.

"포우뤼다마스가 나에게 가장 먼저 비난을 퍼부을 것이다."[11]

그러므로 싸워야 한다고 그는 생각한다. 그래서 그런 것들이 용기라는 것도 부정해야 한다. 왜냐하면 그러한 경우 각각에 동일한 규정이 적용되기 때문이다. 즉, 그 사람으로부터 [공포를 견딜 동기가 되는 것이] 제거된다면 그 용기가 존속하지 않을 것 같은 사람은 더 이상 용기가 없을 것이다. 그래서 그의 용기가 있었던 수치심을 내가 벗겨 낸다면, 이제 더 이상 그 사람은 용기 있는 것이 아닐 것이다.

게다가 좋음에 대한 기대와 예상 때문에 사람들은 또 다른 방식으로 용기가 있다고 생각한다. 그러므로 그 사람들도 용기가 있다고 해서는 안 된다. 그러한 성질로 그러한 상황 속에 있는 사람들을 용기가 있다는 것은 터무니없다고 생각되기 때문이다. 그래서 그런 사람들 중 누구도 용기가 있다고 해서는 안 된다. 그래서 어떤 사람이[12] 용기가 있어야 하는지, 용기가 있는 사람이 누구인지 살펴봐야 한다.[13] 무조건적으로 말하자면, 앞서 말한 것들[14] 중 어느 것 때문이 아니라, 그것을 아름답다고

---

11 호메로스, 『일리아스』 제22권 100행.

12 ton [ho] poion oun을 ton hopoion oun andreion으로 읽는다.

13 『에우데모스 윤리학』 제3권 제1장 1229a11-31, 1229b25-1130a26, 『니코마코스 윤리학』 제3권 제8장 1116a16-1117a27 참조.

14 1190b21-1191a16 참조.

간주하기 때문이고, 게다가 누군가 곁에 있든 없든,[15] 그것을 하는 사람이 용기가 있는 것이다.

그래서 또 전혀 감정과 동기 부여 없이는 용기가 생겨나지 않는다. 그런데 그 동기 부여는 이치로부터 나온 아름다움 때문에 생기는 것이어야 한다. 그러므로 아름다움을 위해 이치 때문에 위험을 무릅쓰도록 동기를 부여받는 사람은 그것들을 둘러싸고 두려움이 없다면, 그 사람은 용기가 있고 용기는 그것들과 관련이 있는 것이다.[16] 그러나 두려움을 모르는 것은 전적으로 두려움을 느끼지 않는 것이 용기 있는 사람에게 종종 발생하는 경우가 아니다. 반면, 그 사람에게서는 전혀 두렵지 않은 것은 용기 있는 것이 아니기 때문이다. 왜냐하면 그런 식이라면 돌이나 혼 없는 다른 것들도 용기 있는 것이 아니기 때문이다. 그렇지 않고 한편으로는 두려워해야 하지만, 다른 한편으로는 견뎌야 한다. 그 말인즉 이번에는, 두려움 없이 견뎌 낸다면 용기 있는 것이 아닐 테니까.

또한 위에서 우리가 구분한 것처럼,[17] [진정한] 용기는 모든 두려움과 위험에 관계되는 것이 아니라 존재[18]를 파괴할 수 있는 두려움과 위험에 관계되는 것이다. 심지어 임의의 모든 경우에 대해서도 아니고 공포와 위험이 가까이 있는 경우에 말이다. 왜냐하면 만일 어떤 사람이 10년 앞의 위험을 두려워하지 않는다면, 아직 용기가 있는 것이 아니기 때문

25

30

---

15 1191a21에서 parē를 삭제한다. 『수사학』제1권 제7장 1365b1 아래 참조.

16 『에우데모스 윤리학』제3권 제1장 1230a27-33, 『니코마코스 윤리학』제3권 제7장 1115b17-24 참조.

17 1190b9-20 참조.

18 원어인 ousia는 재산, 생명, 이 둘 다를 의미한다.

이다. 어떤 사람들은 [두려움과 위험으로부터] 멀리 떨어져 있기 때문에 태연하지만, [그것들이] 가까이 있게 되면 두려움에 의해 죽게 되기 때문이다.[19]

제21장[20]   절제에 대하여

이렇게 해서 용기와 용기 있는 사람은 그러한 것이다. 한편, 절제[21]는 방종과 쾌락에 관한 무감각의 중간임(mesotēs)이다. 절제와 또 일반적으로 덕 전체는 최선의 성향이지만, 최선의 성향은 최선의 것에 속하고, 최선은 지나침과 모자람의 중간이기 때문이다. 사실상 사람들은 양쪽 모두에 따라서 즉각적인 비난을 받으니까. 따라서 중간이 최선이라면, 절제는 방종과 무감각의 중간임의 일종일 것이다.

그래서 그것은 그러한 것들 사이의 중간임일 것이다. 한편, 절제는 쾌락과 고통에 관련되지만, 모든 쾌락과 고통에 관련된 것도 아니며, 또 모든 일에 관련된 쾌락과 고통에 관련된 것도 아니다. 왜냐하면 만일 누군가가 그림이나 조각상이나, 그런 종류의 다른 것을 보고 쾌락을 느낀다면, 거기에서 바로 그 사람은 방종하다는 것이 아니며, 또 청각에 대해서도 마찬가지로 방종하지 않기 때문이다. 그것이 아니라, [절제는] 촉각과 미각에 관한 쾌락 속에 있는 것이다.

거기서 또 그러한 쾌락을 둘러싸고서도, 그러한 쾌락의 어느 것에 의

---

19 『에우데모스 윤리학』 제3권 제1장 1229a39-b1, 1229b10-12, 『니코마코스 윤리학』 제3권 제9장 1117b7-9, 제6장 1115a33-34, 제8장 1117a18-22 참조.

20 벡커판은 제21장을 잘못 잡아 제22장으로 하고 있다.

21 『니코마코스 윤리학』 제3권 제10~12장 참조.

해서도 무엇 하나 감정을 겪는 일이 없는 듯한 방식을 하고 있는 경우에는, 사람에게는 절제가 있을 수 없으며(반면, 그러한 사람은 무감각하기 때문에), 실제로는 감정을 겪게 되고, 게다가 그것에 이끌려 지나침으로 그러한 쾌락을 즐기며 그 이외의 모든 것을 부차적인 것으로 하는[뒷전으로 미루는] 일이 없는 사람이 절제 있는 것이고, 게다가 실제로 아름다 ₁₅ 움 그 자체를 위해서이며 그 이외의 것을 위해서이지 않게 행위하는 사람, 바로 그 사람을 절제가 있다고 [불러야 한다].[22] 왜냐하면 두려움 때문에, 혹은 그러한 종류의 다른 것들 때문에, 그러한 쾌락의 지나침으로부터 멀어지는 사람은 절제가 있는 것이 아니다. 왜냐하면 우리는 인간 이외의 다른 동물들에게는, 인간들이 그것에 의해 아름다운 것을 판정하고[23] 선택하는 이치가 그들[동물들] 안에 없기 때문에, 절제가 있다고 말하지 않기 때문이다. 모든 덕은 아름다운 것에 속하며, 아름다운 것을 ₂₀ 향한 것이기 때문이다. 따라서 절제는 쾌락과 고통, 게다가 촉각과 미각 속에 생기는 쾌락과 고통에 관련이 있을 것이다.[24]

22 탈문이 있어 의미상 kaloumen('우리는 불러야 한다')을 삽입해 읽었다(Rieckher). 1191b10으로 시작된 문장은 b14의 parerga까지는 b10의 be동사(estai)에 지배되어 주어도 보어도 주격으로 표현되어 있으나, b14의 kai auton ge ton 이후 구문이 바뀌어 목적격형이 등장하는데, b14-16 부분에서는 주동사와 주어가 등장하지 않아 문장이 완결되지 않았다. 그래서 학자들은 1191b16 끝에 탈문이 있는 것으로 추정한다.

23 dokimazontes로 읽는다.

24 『에우데모스 윤리학』 제3권 제2장 1230a37-1231b4, 『니코마코스 윤리학』 제3권 제 10~12장 1117b23-1119b20 참조.

제22장　온화에 대하여

그 뒤를 잇는 것은 온화에 대해서, 그것이 무엇이며 무엇에 놓여 있는지를 이야기하는 것일 것이다. 그래서 온화는 화를 잘 내는 것과 화내는 감정의 부족[25]의 중간에 있다. 그리고 일반적으로 여러 덕은 일종의 중간임으로 생각된다. 그런데 그것들이 중간임이라는 것은 다음과 같은 방식으로도 말하는 사람이 있을 것이다. 즉, 만일 최선의 것은 중간임 안에 있고, 덕은 최선의 성향이며, [중간이 최선이라면][26] 덕은 중간일 것이다. 이는 개별적으로 고찰하면 더욱 분명해질 것이다.

모든 사람에게 너무 많은 화를 내는 사람은 화를 잘 내는 것이고, 그런 사람은 비난을 받을 만하다(왜냐하면 모든 사람에게 화를 내야 하는 것도 아니고, 모든 경우에 화를 내야 하는 것도 아니고, 모든 방법으로 항상 화를 내야 하는 것도 아니며, 또 반대로 어떤 사람에게도 어떤 때에도 화를 내지 말아야 하기 때문이다. 그 사람도 어쨌든 고통에 둔감한 이상 비난을 받으니까). 그래서 지나침에 의한 사람도 부족함에 의한 사람도 비난받을 만하므로, 이것들에 대해 중간적인 태도를 취하는 사람은 온화할 수도 있으며 칭찬을 받을 만할 것이다. 왜냐하면 분노가 부족한 사람이나 지나친 사람은 칭찬받을 만하지 않지만, 그러한 것들에 대해 중간적인 태도를 취하는 사람이 칭찬받을 만하기 때문이다. 그 사람은 온화한 사람이며, 온화함은 그 감정들의 중간임일 것이다.[27]

25　원어는 orgilotētos kai aorgēsia('화를 잘 내는 것'과 '화내는 감정의 부족')이다. 『니코마코스 윤리학』 제2권 제7장 1108a5-9 참조.

26　사본에 따라 삭제한다.

27　제9장 1186b33, 『에우데모스 윤리학』 제3권 제3장 1231b5-26, 『니코마코스 윤리학』

제23장 자유인다움의 후한 마음에 대하여 (1)

그런데 자유인다움은²⁸ 낭비와 인색함의 중간임이다. 그러한 감정은 재
화와 관련된다. 왜냐하면 낭비하는 사람은 그렇게 해서는 안 되는 것에,
그렇게 해야 하는 것 이상으로, 그렇게 해서는 안 되는 때에 지출하는 사
람을 말하며, 다른 인색한 사람은²⁹ 그 사람과 반대로 그렇게 해야만 할
것에, 그렇게 해야만 할 만큼의 것을, 그렇게 해야만 할 때에³⁰ 지출하지
않는 사람을 말한다. 그러나 그 사람들은 모두 비난받을 만하다. 하지만
이들 중 하나는 결핍에 따른 것이고, 다른 하나는 지나침에 따른 것이다.
그러므로 자유인다운 사람은 칭찬을 받을 만하기 때문에, 그 사람들은
중간자의 일종일 것이다. 그러면 그게 누구란 말인가? 그렇게 해야만 할

　　제4권 제5장 1125b26-1126b10 참조.

28　자유인다움(eleutheriotēs)에 대해서는 『니코마코스 윤리학』 제4권 제1장 참조. '후
　　한 마음, 인심이 좋음'(eleutheriotētes)은 '자유인'(eleutheros)의 형용사형 자유인다움
　　(eleutherios)의 명사형이다. 재산을 가지면서 그것에 얽매이지 않는 것이다. 버넷은 플
　　라톤 『국가』 제1권의 등장인물 중 한 명인 아테나이 체류 외국인(metrikos)으로 '진실
　　을 말하고 빌린 것을 갚는다'라는 정의관을 가진 정직하고 견실한 케팔로스를 염두에
　　두고 있다고 생각한다. 헬라스어 eleutherios('자유인처럼 말하거나 혹은 행동하는')는
　　노예에 대해서 자유인이 가지는 '태도'를 말한다. 즉 '자유인다움'을 말한다. 『니코마
　　코스 윤리학』 제4권 제1장에서는 돈과 그 밖의 재산과 관련해 아무런 구애를 받지 않
　　는 여유 만만함을, 즉 '남에게 언제든 기꺼이 넉넉하게 줄 수 있는 후한 마음'을 가리키
　　는 말이다.

29　t' aneleutherios로 읽는다.

30　이것은 행위의 '중간임'(중용)을 말하는 것으로 원어로는 eis ha dei kai hosa dei kai hote
　　dei이다. 『니코마코스 윤리학』에서는 이와 유사하게 to hote dei kai eph' hois kai pros
　　hous hou heneka kai hōs dei("마땅히 그래야 할 때, 마땅히 그래야 할 일에 대해, 마땅히
　　그래야 할 사람에 대해, 마땅히 그래야 할 목적을 위해, 또 마땅히 그래야만 할 방식대
　　로")라는 표현으로 여러 번 사용되고 있다(제2권 제5장 1106b21-22 참조).

것에, 그렇게 해야만 할 만큼의 것을, 그렇게 해야만 할 때에 지출하는 사람이다.³¹

제24장 자유인다움의 후한 마음에 대하여 (2)

그런데 인색함에는 여러 종류가 있는데, 예를 들어 우리는 어떤 사람들을 구두쇠³²라든가 노랑이³³라든가 부끄러운 이익을 탐하는 사람³⁴이라든가 쩨쩨한 사람³⁵이라고 부른다. 그러나 그 모든 사람들은 인색함 아래에 포섭된다. 나쁜 것은 여러 종류지만 좋은 것은 한 종류이기 때문이다. 예를 들어 건강은 단순한 것이지만 질병은 여러 종류이다. 마찬가지로 덕은 단순한 것이지만, 악덕은 여러 종류이다.³⁶ 왜냐하면 그 사람들은 모두 재화에 관련해 비난받을 만하기 때문이다.

그렇다면 자유인다운 [인심이 좋은] 사람에게 재화를 획득하는 것과 재화를 마련하는 것도 그에 속하는 것인가, 아니면 그렇지 않은가? [그렇지 않다.] 그것들은 다른 덕의 어느 하나에도 속하지 않기 때문이다.

---

31 1192a7에서 일부 사본에 ⟨tis oun estin;⟩가 빠져 있다. 그 경우에는, '그러므로 자유인다운 사람은 칭찬받을 만하기 때문에 그 사람들의 중간자의 일종이며, 그렇게 해야만 할 것에, 그렇게 해야만 할 만큼의 것을, 그렇게 해야만 할 때에 지출하는 사람이다'가 된다.

32 원어로는 kimbix.

33 원어로는 kuminopristēs. (짠돌이, 노랑이, 구두쇠 등) 인색함에 관련된 하위 종개념들에 대해서는 『니코마코스 윤리학』 제4권 제1장 1121b22, 『에우데모스 윤리학』 제3권 제4장 1232a12-14 참조.

34 원어는 aischrokerdēs.

35 원어로는 mikrologos.

36 『니코마코스 윤리학』 제2권 제6장 1106b28-34, 플라톤, 『국가』 제4권 445C5-6 참조.

즉, 용기에는 무기를 만드는 것이 속하지 않고, 다른 성향에 속하지만, 용기에는 그러한 무기를 손에 들고 올바르게 사용하는 것이 속해 있으며, 절제의 경우나 다른 덕의 경우도 마찬가지다. 그러므로 [재화를 획득하여 스스로를 대비하는 것은] 자유인다운 인심이 좋음에 속하지 않으며,[37] 실제로 그것은 재화 획득술에 속한다.[38]

제25장 고매(원대한 마음)에 대하여

고매[39]함은 허영[40]과 비굴[41]의 중간임이지만, 명예와 불명예에 관련된, 게다가 많은 사람들의[42] 명예가 아니라 훌륭한 사람들의 명예에 관련된 것이고, 적어도 후자에 관련된 것이어야 한다.[43] 훌륭한 사람들은 알고, 올바르게 판단하면서 명예를 줄 테니까. 그러므로 고매한 사람은 자신이 명예를 받을 자격이 있다는 것을 알고 있는 사람들에 의해 명예를 받기를 원할 것이다. 왜냐하면 그 사람은 모든 명예에 관여하지 않고, 최선의 명예에 관여하기 때문이다. 또한 명예를 받을 가치가 있는 좋은 것으

---

37 oute 대신에 oude로 읽는다.

38 『에우데모스 윤리학』 제3권 제4장 1231b27-1232a18, 『니코마코스 윤리학』 제4권 제1장 1119b22-1122a17 참조.

39 '혼의 마음', 원대한 마음(고매, megalopsuchia). 『에우데모스 윤리학』 제3권 제5장, 『니코마코스 윤리학』 제4권 제3장 참조.

40 원어로는 chaunotēs.

41 '혼의 작음'(mikropsuchia).

42 1193a23에서 tōn을 삭제.

43 kai mallon ge dē(주제밀 참조)로 읽으면 이렇다. "게다가 많은 사람들로부터의 명예가 아니라 훌륭한 사람들로부터의 명예에 관계된다. 혹은 적어도 [전자에 비해] 한층 더 후자에 관계된다."

로 시원(원리)의 위계(taxis)를 갖는 것에도 관여한다.

30 그래서 경멸할 만하고 못됐는데도 스스로는 큰 가치가 있다고 생각하고, 그에 더해 명예가 주어져야만 한다고 생각하는 사람들은 허영에 찬 사람들이다. 반면에, 자신이 자신에게 적합한 것보다 더 작은 가치가 있다고 생각하는 사람들은 비굴하다.[44] 그러므로 그들의 중간에 있는 사람은, 적합한 것보다 더 작은 명예를 받을 자격이 있거나, 적합한 것보다 더 큰 명예를 받을 자격이 있거나, 모든 명예를 받을 자격이 있다고 생각 35 하지 않는 사람이다. 그 사람이 고매한 사람이다. 따라서 고매는 허영과 비굴의 중간임이 분명하다.[45]

제26장 통 큼에 대하여

1192b 그런데 통 큼[46]은 우쭐댐[47]과 통이 작음의 중간임이다. 통 큼은 적절한 상황에서 일어나는 일에 적절한 지출과 관련된다. 그래서 지출해서는 안

---

44 1192a31-32에서 axiousi, prosēkontōn autois meizonōn, mikropsuchoi로 바꿔 읽으면, '그들에게는 더 큰 것이 적합한데도 자신들이 더 작은 것을 받을 자격이 있다고 생각하는 사람들은 비굴하다'.

45 『에우데모스 윤리학』 제3권 제5장 1232a19-1233a30, 『니코마코스 윤리학』 제4권 제3장 1123a34-1125a35 참조.

46 '통 큼'[豪氣]으로 번역한 원어 '메갈로프레페이아'(megaloprepeia)는 어원적으로 '큼'을 의미하는 '메갈로'(mega, megalo)와 '적절함'을 의미하는 '프레페이아'(prepeia)가 결합된 말이다. 그 반대는 미크로프레페이아(mikroprepeia)로 '작은 일에 알맞은 것', 통 작음, 비속함, 야비함을 뜻한다. 아리스토텔레스는 메갈로프레페이아를 어원적으로 '큰 규모에 알맞은 지출'(en megethei prepousa dapanē)을 의미하는 것으로 보고 있다.

47 원어 salakōneia(우쭐댐, 과시)는 '지나침'으로서 dapanēria(흥청댐)한 사람이 갖는 성격이다. 비속한 사람들의 특징이다.

되는 곳에서 [대규모로] 지출하는 사람은 누구나 우쭐대는 사람이다. 예를 들어 누군가가 마치 혼례에서 향응을 베풀듯이 회식 동료에게 향응을 베푼다면, 그러한 사람은 우쭐대는 사람이다(왜냐하면 우쭐대는 사람은 그런 사람으로, 그렇게 해서는 안 될 때 자신의 부유함을 과시하는 사람이기 때문이다). 그러나 통이 작은 사람은 그 사람과는 반대되는 사람으로서, 그렇게 해야 할 곳에서 대규모로 지출하려고 하지 않거나[48] 지출하는 것을 하지 않는 사람, 예를 들면 혼례나 합창무용단[49]을 위해 합당한 방식으로 그것을 하지 않고 부족한 방식으로 하는, 그런 사람은 통이 작은 사람이다.

그런데 통 큼은 그 이름에서도 우리가 말하고 있는 것과 같은 성격의 것임은 분명하다. 사실상 적절한(preponti) 시기에 크게(mega) 있는 것이 당연한 일이므로,[50] '통 큼'이라는 그 이름이 붙여지고 있는 것은 옳은 일이니까. 그러므로 통 큼은 칭찬을 받는 것인 한, 그렇게 해야만 할 경우에 합당한 지출에 관한 모자람과 지나침의 중간임의 일종일 것이다.

그런데 사람들이 생각하는 바로는, 통 큼도 여러 종류가 있는데, 예를 들어 '그리고 통 크게(호기롭게) 그는 걸어갔다'라고 말하는 경우라든가, 또 그 밖에도 그러한 통 큼이 전의된 의미(비유)에 의해서 이야기되지만, 본래의 의미는 아니다. 왜냐하면 그러한 것들 중에 통 큼이 있는

---

48 dapanōn 다음에 쉼표 생략.

49 『수사학』 제2권 제16장, 1391a4-6,『소피스트적 논박에 대하여』 164b21, 해당 주석 39 참조(김재홍, 2020). 혼례가 사적인 성격을 가지는 반면, 합창 무용단(chorēgia)은 큰 지출을 수반하는 공적인 성격의 것이었다. 아테나이에서의 공적 비용의 지출에 관련된 공적 봉사(leitourgia)에 대해서는『정치학』여러 곳에 나온다.

50 dapana[i] 대신에 deon einai로 읽는다.

것이 아니라 우리가 말해 온 것들 중에 있기 때문이다.[51]

제27장 의분에 대하여

의분(義憤)은 시기와 심술[52]의 중간임이다. 왜냐하면 두 사람 모두 비난

20 받아야 하지만, 의분을 느끼는 성향을 가진 사람은 칭찬받아야 하기 때문이다. 그런데 의분은 그럴 만한 자격이 없는 사람에게 일어나는 좋은 일에 관련된 것으로, 일종의 고통이다. 그래서 그런 것에 고통을 느낄 수 있는 사람은 의분을 느끼는 성향이 있다. 더욱이 동일한 그 사람이 이번에는 누군가가 그에 걸맞지 않게 불행한 일을 당하는 것을 볼 때, 고통을 느낄 것이다.

그래서 의분 및 의분을 느끼는 성향에 있는 사람은 아마도 그런 것이

25 지만, 시기심이 많은 사람은 그 사람과 반대이다. 왜냐하면 무조건적으로 말하면, 만일 누군가가 '잘하는 것'[행복한 것]을 받을 자격이 있든 그렇지 않든 [다른 사람의 행복에] 고통을 느낄 것이기 때문이다. 이 사람과 마찬가지로 사람의 불행을 보고 기쁨을 느끼는 성향의 사람은, 사

---

51 『에우데모스 윤리학』 제3권 제6장 1233a31-b15, 『니코마코스 윤리학』 제4권 제2장 1122a18-1123a33 참조.

52 원어는 nemesis이다. 『니코마코스 윤리학』이나 『에우데모스 윤리학』에서 '의분'은 덕으로 간주되지 않는다(Armstrong, 1935, p. 526 note a 참조). "부당한 것에 대한 의분은 시샘(시기, phthoneria)과 심술(남의 불행을 보고 기뻐함, epichairekia) 사이의 중간임 […] 그러나 이런 것들에 관해서는 다른 곳에서 논의하기에 적절한 시간을 갖게 될 것"(『니코마코스 윤리학』 제2권 제7장 1108b1-7)이라고 말하고 있으나 더 이상의 언급이 나오지 않는다. 한편, 『에우데모스 윤리학』에서는 시샘과 심술 사이의 중간이 '의분'이라고 말하면서 "옛사람들이 의분이라고 부른 것은 가치에 어긋나는 잘못 지냄과 잘 지냄을 괴로워하고, 가치에 따르는 것을 기뻐하는 것이다. 그래서 그들은 의분을 '신'이라 생각했다"라고 언급하고 있다(제3권 제7장 1223b20-28).

람이 불행할 때 그럴 자격이 있는 사람이나 그럴 자격이 없는 사람에게
도 즐거움을 느낄 것이다. 반면, 의분을 느끼는 성향이 있는 사람은 그러
한 사람이[53] 아니라, 일종의 그들 사이의 중간임[54]이다.[55]

제28장 존엄에 대하여

존엄은 오만과 굴종[56]의 중간에 있으며, 사회적 교제에 관여한다. 즉, 오   30
만한 사람은 누구와도 사귀지 않고 말 나누는 것조차 하지 않는 그러한
성질의 사람이다(그러나 그 이름은 그 성격에서 비롯된 것으로 보인다).
왜냐하면 오만한 사람(아우타데스)[57]은 자기 자신(아우토스)이 자기 자
신에게 마음에 들고 있는 것으로부터, 일종의 오만을 가진 사람(아우타
데스)[58]이기 때문이다. 다른 한편, 굴종적인 사람은 모든 사람들과 모든   35
방식으로 모든 곳에서 교제하는 그런 사람이다.[59] 그러므로 그들 중 어느

---

53 toioutos를 삭제하지 않고 읽는다.

54 mesos를 mesotēs로 읽는다.

55 『에우데모스 윤리학』제2권 제3장 1221a38-b3, 제3권 제7장 1233b18-26, 『니코마코
스 윤리학』제2권 제7장 1108a35-b5, 『수사학』제2권 제9장 1386b9-1387b20 참조.

56 원어는 각각 semnotēs(존엄), authadeia(오만), areskeia(굴종)이다. 『에우데모스 윤리
학』제2권 제3장 참조.

57 authadēs는 'autos'(자기 자신)와 hēdomai(기뻐하는, 즐거워하는)로부터 유래했다.

58 즉, '자기 자신에게 기뻐하는(hēdomai) 자'.

59 "모든 것에서 남을 고려하고 모든 사람보다 자신을 작게 만드는 자는 굴종적이지
만"(『에우데모스 윤리학』제3권 제7장 1233b36-37). "사람들의 모임이나 공동생활, 또
말이나 행위를 통한 교제에서, '굴종적'이라고 생각되는 사람들이 있는데, 이 사람들
은 상대방을 기분 좋게 하기 위해서라면 어떤 것이든 칭찬하고, 어떤 것에도 반대하지
않고, 만난 사람 누구에게나 고통을 줘서는 안 된다고 믿고 있다"(『니코마코스 윤리학』
제4권 제6장 1126b11-14, 1127a8). 『니코마코스 윤리학』에서는 굴종적인 자들이 상대

누구도 칭찬받을 자격이 없는 반면, 존엄을 갖춘 사람은 그들의 중간에 있어서 칭찬받을 자격이 있다. 왜냐하면 모든 사람들과 관련된 것이 아니라, 그럴 자격이 있는 사람들과 관련이 있으며, 누구와도 관련이 없는 것도 아니고, 이와 동일한 사람들과 관련된 것이기 때문이다.[60]

제29장　궁리에 대하여

신중함은 염치없음과 숫기 없음[61]의 중간임이지만, 행위와 말에 관여한다.[62] 염치없는 사람은 모든 경우에, 모든 사람을 향해, 그때그때의 일을

말하고, 또 행위하는 반면, 이 사람과 반대되는 사람은 숫기 없는 사람이고, 행위를 하든 말을 하든, 모든 일로 모든 사람을[63] 경계하는 사람이다 (그런 사람, 모든 일에 숫기 없는 사람은 행위하지 않는 사람이니까). 한편, 신중함과 신중한 사람은 그들 사이의 중간임[64]이다. 왜냐하면 부끄러움을 모르는 사람처럼, 모든 것을 온갖 방식으로 이야기하고 행위하

방을 기쁘게 한다는 '쾌락의 측면'에서 설명되고 있으나, 여기서는 이 점이 명시적으로 나오고 있지 않다.

60　『에우데모스 윤리학』제3권 제7장 1233b34-38, 『수사학』제2권 제17장 1391a26-29 참조.

61　aidōs(겸손/신중함/부끄러움), anaischuntia(염치없음/부끄러움을 모름/파렴치), kataplēxis(숫기 없음). 『니코마코스 윤리학』에서는 신중함(aidōs)은 덕이 아니라, 감정의 일종으로 여겨진다. "aidōs를 하나의 덕인 것처럼 말하는 것은 적절하지 않다. 그것은 성향이기보다는 감정에 더 가까운 것처럼 보인다"(『니코마코스 윤리학』제4권 제9장 1128b10-11).

62　제31장 1193a21. 『니코마코스 윤리학』제2권 제7장 1108a11, 제4권 제6장 1126b11-12, 제8장 1128b5-6 참조.

63　1193a5에서 pros를 삭제한다.

64　1193a7에서 tis를 생략한다.

는 것도 아니며, 숫기 없는 사람처럼 모든 경우에 온갖 방식으로 경계하

는 것도 아니고, 그렇게 해야만 할 경우에 그렇게 해야만 할 일을 그렇게

해야만 할 때에 행위하고 이야기할 것이기 때문이다.[65]

제30장 재치에 대하여

그런데 재치는 익살꾼과 촌스러움의 중간임이지만 '놀림'(농담)에 관련

된다. 익살꾼은 모든 사람을 온갖 일로 놀려야 한다고 생각하는 사람이

고, 또 촌스러운 사람은 놀리는 것도 놀림받는 것도 원하지 않으며,[66] [놀

림을 받으면] 화내는 사람이다. 한편, 재치 있는 사람은 그들의 중간에

있으며, 모든 사람들을 온갖 방법으로 조롱하는 사람도 아니고, 스스로[67]

촌스럽지도 않은 사람이다. 그런데 재치 있는 사람은 어떤 종류의 두 가

지 방식으로 말할 수 있을 것이다. 조화롭게(멋지게) 놀릴 수 있는 사람

도, 놀림을 참아 낼 수 있는 사람도 재치가 있다고 말해지니까. 또한 재

치[의 덕]도 그런 것이다.[68]

---

65 『에우데모스 윤리학』 제3권 제7장 1233b26-29, 『니코마코스 윤리학』 제2권 제7장
1108a31-35, 제4권 제9장 1128b10-33 참조.

66 1193a14의 Boulomenos dein에서 dein을 삭제하고 읽는다(Bekker, Bussemaker).

67 autos로 읽는다.

68 『에우데모스 윤리학』 제3권 제7장 1234a3-23, 『니코마코스 윤리학』 제2권 제7장
1108a23-26, 제4권 제8장 1127b33-1128b3 참조.

제31장 친애에 대하여

친애는 아첨과 적의[69]의 중간임이지만, 행위와 말에 관계한다. 그것은 아첨하는 사람은 합당한 것보다 더 많은 것을, 즉 실제로 거기에 있는 것보다 더 많은 것을 덧붙이는 사람이며,[70] 다른 한편 증오로 가득 차서, [현재] 성립하고 있는 것들로부터도 떠나가는 사람은 적대적이기 때문이다. 거기서 어느 것도 칭찬해서는 안 되는 것이 옳지만, 친애적인 사람 [친구]은 그 사람들의 중간에 있다. 왜냐하면 그는 성립된 것보다 더 많은 것을 덧붙이지도 않으며, 적합하지 않은 것을 칭찬하지도 않고, 또 반대로 [성립하고 있는 것을] 더 작게 만들지도 않으며, 좋다고 자기 자신이 생각하는 것에 반하여 모든 방식으로 다른 사람에게 반대하지도 않을 것이기 때문이다.[71]

제32장 진실에 대하여

친구는 그런 사람이지만, 반면 진실은 시치미 떼는 것[72]과 허풍 떠는 것 사이에 있다. 그런데 그것은 말과 관련이 있으나 모든 말에는 아니다. 사실상 허풍 떠는 자는 실제로 성립하고 있는 것보다 더 많은 것이 자신에게 있는 척하거나 알지 못하는 것을 아는 척하는 사람이지만, 시치미 떼는 자는 그 사람과 반대로 성립하고 있는 것보다 적은 것이 자기 자신에

---

69 philia(친애), kolakeia(아첨), echthra(적의).

70 ontōn 대신에 prosontōn으로 읽는다.

71 『에우데모스 윤리학』제3권 제7장 1233b29-34("친애는 적의와 아첨의 중간임이다. […] 가장 좋아 보이는 것을 지향하는 자가 친애적인 사람이다"), 『니코마코스 윤리학』제2권 제7장 1108a26-30, 제4권 제6장 1126b11-1127a12 참조.

72 eirōneia(자기 비하).

게 있는 척하고, 알고 있는 것을 말하지 않고, 알고 있다는 것을 숨기는 사람이니까 말이다. 이와 달리 진실한 사람은 그것들 중 어느 것도 하지 않을 것이다. 왜냐하면 성립하고 있는 것보다 더 많거나 더 적은 척하는 것이 아니라 자기 자신에게 성립하고 있는 그것들이 있다는 것도, 또 알 고 있다고도 말할 것이기 때문이다.

그런데 그것들이 덕인지 덕이 아닌지 하는 것은 다른 논의가 있을 것 이다. 그것들이 이상에서 이야기된 것의 중간임이라는 것은 분명하다. 왜냐하면 그것들에 따라서 사는 사람들은 칭찬을 받기 때문이다.[73]

제33장　정의에 대하여

그런데 정의에 대해서, 그것이 무엇이며, 무엇에 있어서, 어떤 것에 관 련되어 있는지를 이야기하는 일이 남아 있다. 그래서 우선 첫째, 정의로 운 것이 무엇인가를 우리가 파악한다면 정의로운 것은 두 가지가 있으 며, 그 한쪽은 법에 근거하고 있다. 왜냐하면 사람들은 법이 명령하는 것 이 옳다고 주장하기 때문이다. 그런데 법은 용기 있는 일이나, 절제 있는 일, 일반적으로 덕에 맞게 말해지는 모든 것을 행위하도록 명령한다. 그 러므로 우리는 정의가 어떤 완전한 덕으로 생각된다고 주장한다. 왜냐 하면 법이 하라고 명령하는 것이 정의롭고, 법은 모든 덕에 근거한 것을 명령한다면, 법에 따라서 정의로운 것에 머무르는 사람은 완전히 훌륭 한 사람이 될 것이고, 따라서 정의로운 사람과 정의는 어떤 완전한[74] 덕

35

1193b

5

10

73　『에우데모스 윤리학』 제3권 제7장 1233b38-1234a3, 『니코마코스 윤리학』 제2권 제 7장 1108a19-23, 제4권 제7장 1127a13-b32 참조.

74　teleōs로 읽는다(Johnstone). "정의가 '완전한 덕'이라고 하는 경우의 '완전한'이라는 것

이 될 것이기 때문이다.

거기서 한편 어떤 하나의 정의로운 것은 그러한 것들 안에 있으며, 그러한 것들에 관련된다. 그러나 우리는 그 정의로운 것을 탐구하는 것도 아니며, 또한 그러한 것들에 관련된 정의를 탐구하는 것도 아니다. 이 정의로운 것들에 근거해서 자기 혼자 있을 때에는 정의로울 수 있기 때문이다. 왜냐하면 절제 있고, 용기 있고, 자제력이 있는 사람[75]은 그 사람 자신이 혼자 있을 때에도 그런 사람이기 때문이다. 그러나 다른 사람과의 관계 속에서의 정의로운 것은 법에 입각하여 말하는 정의로움과는 별개이다. 왜냐하면 다른 사람과의 관계 속에서 정의로운 것들 안에서는 자기 혼자 정의로울 수 없기 때문이다. 그런데 그것이 우리가 탐구하고 있는 정의로움이며, 우리가 탐구하고 있는 것은 그것들과 관련된 정의[76]이다.[77]

은 가장 뛰어나다는 의미이며, 그것은 완전한 덕의 활용이라는 것이다. 즉, 그 덕을 소유한 자가 단지 자기 자신뿐만 아니라, 다른 사람에 대해서도 덕을 활용할 수 있다는 점에서 완전하다"(『니코마코스 윤리학』 제5권 제2장 1129b30-33).

75 세 번 반복된 정관사 ho는 첫 번째만 읽는다. 1193b14-15행의 괄호를 삭제한다.

76 즉 공동체적 정의.

77 『니코마코스 윤리학』 제5권 제1장 1129a31-b1("공평하지 않은 사람(동등하지 않은 사람, anisos)이란 부정의한 사람이라고 생각하고 있으며, 따라서 법을 지키는 사람과 공평한 사람(isos)이 정의로운 사람이 될 것이다. 그러므로 정의로운 것(옳은 것)은 법인 것[=합법]과 공평한 것이고, 부정의한 것이란 법에 어긋나는 것[불법적]과 공평하지 않은 것이다"), 1129b11-21("법을 위배하는 사람은 부정의한 사람이고, 법에 속하는 사람은 정의로운 사람이었으므로, 법에 속하는 모든 것들(ta nomima)은 어떤 의미에서 정의로운 것임이 분명하다. 왜냐하면 입법술에 의해 규정된 것들은 법에 부합하는 것이며, 그것들의 하나하나가 정의롭다고 말하기 때문이다. 실제로 법은 모든 것에 대해 선언하고(agoreuein) 있지만, 그것은 모든 사람에게 공통의 이익을 목표로 하거나, 지배하는 자들에게—그것이 덕에 따라 지배하든, 다른 어떤 형태이든—있어서의 이익을

그렇다면 다른 사람과의 관계에서의 정의로움이란 무조건적으로 말해서 동등함이다. 사실상 부정의는 동등하지 않음이니까. 왜냐하면 사람들은 좋은 것들 중에서는 그보다 더 많은 것을, 나쁜 것들 중에서는 그보다 적은 것을 자기 자신에게 분배한다면, 그것은 동등하지 않고, 또 그런 식으로 부정의를 저지르고 부정의를 당한다고 생각하기 때문이다.[78] 그러므로 부정의는 동등하지 않은 것 안에 있으므로, 정의와 정의로운 것은 계약의 동등함 안에 있다는 것이 분명하다. 따라서 정의는 지나침과 모자람, 많고 또 적음의 중간임의 일종이 될 것은 분명하다. 왜냐하면 부정의한 사람은 부정의를 행함으로써 더 많은 것을 얻지만, 부정의를 당하는 사람은 부정의를 당함으로써 더 적은 것을 얻기 때문이다. 그러나 그것들의 중간이 정의롭다. 그런데 중간은 동등하다. 따라서 더 많은 것과 더 적은 것 사이의 동등함이 정의롭고, 또 같은 것을 얻기를 원하는 사람이 정의로울 것이다. 그런데 그 동등함은 최소한 두 사람 안에서 생긴다. 그러므로 다른 사람과의 관계에서 동등한 것이 정의로운 것이며, 그런 사람이 정의로운 사람이 될 것이다.

그러므로 정의는 정의로움(올바름) 안에, 동등함 안에, 중간임 안에 있으며, 또 정의로운 것은 사람들과 사물들(하나 이상의 것들)[79]에 대해

목표로 하는 것이다. 따라서 어떻게 보면, 폴리스 공동체에서 행복(eudaimonia)과 행복의 부분들을 만들어 내거나 보전하는 것을, 우리는 정의로운 것(dikaia)이라고 부른다") 1130a8, 제2장 1130a32–b5 참조.

78 여기서 말하는 분배는 분배하는 사람 자신과 다른 사람 사이의 분배이지 제3자 간의 분배가 아니다(Dirlmeier 참조).

79 원어로는 tisi('복수複數의 것들', '하나 이상의 것들'). 1193b34의 첫 번째 en은 삭제하지 않는다.

옳다고 말하고, 동등한 것은 그것들에게서[80] 같다고, 중간은 그것들에서의 중간이라고 이야기되므로, 따라서 정의와 정의로운 것은 복수(하나 이상)의 사람들과의 관계에서도, 복수(하나 이상)의 사물 안에도 있게될 것이다.[81]

그래서 정의로운 것은 동등하므로, 비례적인 것에 의한 동등함 또한 정의로울 것이다. 그런데 비례적인 것은 최소한 네 항 안에 있다. 왜냐하면 A가 B에 대한 것처럼, Γ는 Δ에 대한 것이기 때문이다. 예를 들어 많은 것을 소유하는 사람이 많이 기부하고, 적은 것을 소유하는 사람이 적게 기부하는 것은 비례석이다. 반대로, 많은 노고를 기울인 사람이 많은 것을 얻고, 적게 노고를 기울인 사람이 적은 것을 얻는 것도 마찬가지다. 그런데 노고를 기울인 사람이 노고를 기울이지 않은 사람에 대한 것처럼, 많은 것은 적은 것에 대해 그렇게 있는 것이다. 또한 노고를 기울인 사람이 많은 것에 대한 것처럼, 노고를 기울이지 않은 사람은 적은 것에 대해 그렇게 있는 것이다.[82]

---

80 1193b34의 다른 en은 삭제한다.

81 『니코마코스 윤리학』 제5권 제1장 1129a31-b1, b6-12("부정의한 사람은 언제나 탐욕에 의해 더 많은 것을 선택하는 것이 아니라, 단적으로 나쁜 것들의 경우에는 더 적은 것이라도 이를 선택한다. 그러나 그것은, 더 적은 나쁨은 어떻게 보면 좋은 것이라고 생각해서이며, 탐욕이 좋은 것을 찾으려고 하기 때문에, 이러한 자들은 역시 탐욕스러운 사람으로 생각된다. 즉, 부정의한 사람은 공평하지 않은 사람이다. 왜냐하면 좋은 것을 많이 취하는 것도 나쁜 것을 적게 취하는 것도 공평하지 않은 일이고, 그것(공평하지 않음)이 이 두 경우들을 포괄하는 것은 양쪽 모두에게 공통된 특징이기 때문이다"), 제3장 1131a10-20, 제5장 1133b30-1134a13 참조.

82 비례관계로 보자면 A:B=Γ:Δ가 성립한다. 에우클레이데스, 『원론』 제5권 정의 3('비[logos]는 두 개의 같은 종류의 크기 사이의 어느 종류의 양적인 상호관계이다.') 참조. ho mē peponēkōs(1194a5)는 맥락상 '전혀 노고를 기울이지 않은 사람'이 아니라 '많은

그런데 플라톤 또한 『국가』에서[83] 정의로운 것의 이러한 비례관계를 이용하고 있는 것으로 보인다. 그의 주장에 따르면, 농부는 식량을 만들고 목수는 집을, 직물 짜는 사람은 옷을, 신발 만드는 사람은 신발을 만든다. 그래서 농부는 목수에게 식량을 주고, 목수는 농부에게 집을 준다. 다른 모든 사람들도 마찬가지로 자신들에게 있는 것을 다른 사람들에게 있는 것과 교환하는 상황에 있는 것이다. 비례관계란 다음과 같은 것이다. 즉, 농부가 목수에게 있는 것처럼, 목수는 농부에게 그렇게 있다. 마찬가지로 신발 제작에 있어서, 직물 짜는 사람에게 있어서, 다른 모든 사람들에게 있어서, 서로에 대해서 동일한 비례관계가 생긴다. 그리고 바로 그 비례관계가 정치체제를 결부시킨다. 따라서 정의로운 것은 비례적인 것으로 보인다. 왜냐하면 정의로운 것이 정치체제를 결합하는 것이고, 정의로움은 비례적인 것과 동일한 것이기 때문이다.

그런데 목수는 자기 자신의 일에 구두 만들기[의 경우]보다 더 많은 가치를 부여하고, 목수와 교환하는 것이 구두 만드는 사람에게 필요했지만 신발과 교환할 집을 구할 수가 없었기 때문에, 그러한 경우에 이제는 그 모든 것을 그에 의해 구입 가능한 은을 화폐(통화, nomisma)라고 명명하고, 그것을 사용하여 각자가 각각의 것에 가치를 제공하고 서로 교환하는 것을 관습으로 했으며, 그것이[84] 폴리스적인 공동체를 결합시키게 하는 것이다.[85]

수고를 기울이지 않은 사람'으로 해석한다(1194a2-3 참조).

83 플라톤, 『국가』369d-371a.

84 toutō를 touto로, sunechein을 sunechei로 읽는다(1194a24).

85 『니코마코스 윤리학』 제5권 제3장 1131a15-22("동등한 것은 최소한 둘 이상에서 성

그러므로 정의로운 것은 그러한 것들과 앞서 말한 것들 중에 있으므로, 그러한 것들에 관련된 정의의 덕은 그러한 것들에 관해서 그러한 것들 중에서 그 성향에 따라 선택을 수반하는 동기 부여를 가질 수 있을 것이다.[86]

그런데 응보 또한 정의로운 일이지만, 다만 퓌타고라스학파 사람들이 말했던 방식은 아니다. 사람들은 누군가가 행했던 모든 것들, 그것들을 보상으로 받는 것이 정의롭다고 생각했다. 그러나 그러한 것이 모든 사람들과의 관계에서 성립하는 것은 아니다.[87] 왜냐하면 자유인과의 관계에서 집안 노예들에게는 동일한 것이 옳지 않기 때문이다.[88] 왜냐하면 집안 노예가 자유인을 때린다면, 되돌려 때림을 당하는 것이 아니라 여러 번 때림을 당하는 것이 정의롭기 때문이다.[89] 그리고 응보와 관련된 정의로움 또한 비례관계 안에 있다. 왜냐하면 더 나은 점에서 자유인이 노예에 대해 관계하듯이, 그런 식으로 되갚는 것은 행하는 것에 대해 관계한다. 자유인과의 관계에서의 자유인에게도 마찬가지다. 만일 누군가의 눈을 때린다면, 단순히 구타당하는 것이 아니라 비례관계에 따라 그보다 더 많은 것을 당하는 것이 정의롭기 때문이다. 왜냐하면 더 먼저 시

립한다. … 그러므로 정의로운 것은 필연적으로 최소한 네 개의 항에서 성립한다"), 29-32("비례관계는 비율의 동등성이며 최소한 네 개의 항에서 성립하니까"), 1131b5-25, 제4장 1131b27-32, 제5장 1133a5-b6 참조.

86 "정의란 그것에 따라 정의로운 사람이 정의로운 것을 선택해서 실행하게 된다고 이야기되는 덕이다"(『니코마코스 윤리학』 제5권 제5장 1134a1-2).

87 『니코마코스 윤리학』 제5권 제5장 1132b21-30 참조.

88 집안 노예가 자유인을 한 대 때리는 것과 노예가 한 대 맞는 것은 같은 것이 아니다.

89 1194a33의 dikaios를 dikaion으로 읽는다.

작하기도 했고 부정의를 저지르기도 했지만, 그는 양쪽에 따라서 부정의를 저지르기 때문이다. 따라서 부정의한 행위[90] 또한 비례적이며, 행한 것 이상의 것을 응보를 받는 것이 정의롭다.[91]

그렇다면 정의로운 것은 여러 가지 방식으로 이야기되니, 어떤 종류의 정의로운 것을 둘러싸고 고찰이 있는지를 규정해야 할 것이다.

그러므로 사람들이 주장하는 바로는, 주인과의 관계에서 집안 노예에게 있어서, 또 아버지와의 관계에서 아들에게 있어서 어떤 정의로움이 존재한다.[92] 하지만 그러한 경우에서의 정의로운 것은 폴리스와 관련된[정치적인] 정의로움과 동명이의적으로 이야기되고 있다고 생각할 것이다(고찰이 그것을 둘러싸고 있는 정의로움은 폴리스와 관련된 정의로움이기 때문이다). 왜냐하면 그것은 무엇보다도 동등성 안에 있지만(폴리스와 관련된 사람들[시민]은[93] 뭔가 공통적이며, 또 성격 면에서 다르긴 하지만, 유사한 본래의 자세를 취하는 경향을 자연 본성적으로 가지고 있기 때문이다[94]), 그러나 아버지와의 관계에서 아들에게, 또 주인과

---

90 『니코마코스 윤리학』 제5권 제7장 제7절 참조. 그러나 이에 대한 논의는 현존하지 않는다.

91 『니코마코스 윤리학』 제5권 제5장 1132b21-30 참조.

92 『니코마코스 윤리학』 제5권 제6장 1134b8-17 참조.

93 politai 대신에 politikoi로 읽는다.

94 『정치학』 제3권 제16장 1287b33-35("그 사람들이 그 자신과 그의 지배에 대해 친애를 주는 자들이라면, 적어도 친애를 주는 자인 한 그와 동등하고 비슷한 자가 되는데, […] 그와 그는 자신과 동등하고 비슷한 사람들이 자신과 마찬가지로 지배해야 한다고 생각하는 것이다"), 제17장 1288a1("적어도 비슷하고 동등한 사람들 사이에서는"), 제4권 제11장 1295b25("폴리스는 적어도 가능한 한 동등하고 비슷한 사람들로 이루어지는 것을 목표로 삼고 있는데"), 제2권 제2장 1261b1("모든 시민이 자연적으로 동등하기 때문에") 참조.

의 관계에서 집안 노예에게는 아무런 정의로운 것이 없다고 생각할 것이기 때문이다. 왜냐하면 내 발에 있어서도, 손에 있어서도, 나와의 관계에서도 [아무런 옳음이] 없으며, 또 [신체의] 부분의 각각에 있어서도 마찬가지이기 때문이다. 그래서 아버지와의 관계에서 아들도[95] 마찬가지라고 생각될 것이다. 왜냐하면 아들은 아버지의 어떤 부분이기 때문이다. 단, 이미 성인의 지위를 획득하고 성인의 지위 때문에 [아버지로부터] 분리되었을 때,[96] 그때에 이미 아버지와의 동등성과 유사성 안에 있는 경우를 제외하고는 말이다. 그런데 시민들은 무엇인가 그런 것이기를 바라는 것이다.

그런데 바로 그처럼 같은 원인 때문에 주인과의 관계에서 집안 노예에게도 정의로운 것은 존재하지 않는다. 집안 노예는 주인에게 속하는 무언가니까.[97] 설령 그에게 정의로움이 있더라도 그것은 주인과의 관계에서의 가정과 관련된 정의로움이다. 하지만 그것은 적어도 우리가 탐구하고 있는 것이 아니라, 폴리스와 관련된 정의를 탐구하고 있는 것이다. 왜냐하면 동등성과 유사성 안에 폴리스와 관련된 정의가 있다고 생각되기 때문이다.

그러나 아내와 남편의 공동체 안에 있는 정의로운 것은 폴리스적 정의에 가깝다.[98] 왜냐하면 아내는 남편보다 뒤떨어지기는 하지만[99] [주인

95 ho를 읽지 않는다.
96 1194b15-16의 ap᾿ autou 대신에 hup᾿ autēs로 읽는다.
97 『니코마코스 윤리학』 제5권 제6장 1134b10, 『정치학』 제1권 제4장 1254a8 참조.
98 『정치학』 제1권 제12장 1259b1 참조.
99 『정치학』 제1권 제12장 1259b2, 플라톤 『국가』 제5권 455D6-E2 참조.

에 대한 집안 노예보다] 더 혈연적이고, 어떤 식으로든 더욱 동등성에 참여하고 있기 때문이다. 그 이유는 그들의 삶이 폴리스적 공동체에 가깝고, 따라서 남편과의 관계에서 아내에게 정의로운 것이 이미 다른 정의로운 것들 중에서 가장 폴리스적이기도 하기 때문이다.[100]

그래서 폴리스적 공동체 안에 있는 것이 정의롭기 때문에, 정의의 덕도 정의로운 사람도 폴리스적 정의와 관련이 있다.[101]

그런데 여러 가지 정의로운 것들 중에 어떤 것은 자연 본성에 있고, 다른 것은 법(nomos)에 있다. 하지만 그것들이 결코 변화할 수 없는 것으로 이해해서는 안 된다. 자연 본성적으로 있는 것들 또한 변화에 관여하기 때문이다.[102] 내 말은, 예를 들어 우리가 모두 왼손으로 던지듯이 연습한다면, 우리는 양손잡이가 될 것이라는 것이다.[103] 그러나 자연 본성에서 적어도 왼손은 왼손일 뿐이지, 설령 우리가 모든 일을 오른손으로 하듯이 왼손으로 하게 되더라도, 오른손은 왼손 못지않게 더 뛰어난 것이다.[104] 또한 변화가 생긴다는 것 때문에, 자연 본성에서 그렇게 되는 것

---

100 『가정경제학』 1.4, 『정치학』 제1권 제11~12장 1259a40-1259b2("오히려 아내에 대해서는 정치가의 방식으로, 자식에 대해서는 왕의 방식으로 지배하기 때문이다") 참조.

101 『니코마코스 윤리학』 제5권 제6장 1134a24-26("우리가 무조건적인 정의로운 것뿐만 아니라 '정치적 정의'도 찾고 있다는 것이다"), b8-18 참조.

102 『니코마코스 윤리학』 제5권 제7장 1134b24-30 참조.

103 『정치학』 제2권 제12장 1274b12-15("[플라톤의 법률 중에] 양손 중에 한 손을 쓸 수 있지만 다른 손은 쓸 수 없어서는 안 된다는 이유로 양손을 잘 쓸 수 있도록 훈련을 해야 한다는 것이다"), 플라톤, 『법률』 제1권 634A1-4, 제7권 794D5-795D5 참조.

104 신체 오른쪽 편의 우월성에 대해서는 『동물의 부분들에 대하여』 제2권 제2장 648a12("더욱이 수컷은 암컷에 대해서 그리고 몸의 오른쪽은 왼쪽에 대해서 그러한 차이가 있는 것이다"), 제3권 제3장 665a22-25, 『동물의 진행에 대해서』 제4장 706a20, 『자연학적 문제들』 제31권 제12절 958b16-27 참조.

은 아니다. 그렇지 않고, 만일 대부분의 경우나 더 많은 시간 동안 왼손은 왼손이고 오른손은 오른손으로 남아 있다면, 그것이 자연 본성에서의 본연의 모습인 것이다.

자연 본성에서 정의로운 것의 경우도 마찬가지며, 그것이 우리의 사용에 의해서 변화한다면, 그것 때문에 그것이 자연 본성에서 정의롭지 않을 가능성은 없는 것이며, 자연 본성에서 정의로운 것이다. 왜냐하면 대부분의 경우에 지속되는 것, 그것은 분명히 자연 본성에서 정의로움이기 때문이다. 우리가 제정해서 법으로 통용시키는 것이 있다면, 그것은 이미 정의롭기도 하고, 우리가 그것을 법에 입각한 정의라고 부르기도 하기 때문이다. 그래서 자연 본성에 기반한 정의로운 것이 법에 입각한 정의로운 것보다 나은 것이다.[105] 그러나 우리가 탐구하고 있는 것은, 폴리스와 관련된 정의이다. 그런데 폴리스와 관련된 것은 법에 관한 것이지 자연 본성에 관한 것이 아니다.[106]

이렇게 해서 부정의와 부정의한 행위가 지금까지와 동일하다고 생각하겠지만 그렇지 않다. 왜냐하면 부정의는 법에 의해 규정되는 것으로, 예를 들어 맡겨 놓은 물건을 빼앗는 것은 부정의이지만, 다른 한편 부정의한 행위는 이미 무언가를 부정의한 방식으로 행위하고 있는 것이기 때문이다. 마찬가지로 정의로운 것과 부정의한 행위[107]는 동일하지 않다.[108] 왜냐하면 정의로운 것은 법에 의해 규정되어 있지만, 정의로운 것

---

105 『니코마코스 윤리학』 제5권 제7장 1135a5 참조.

106 『니코마코스 윤리학』 제5권 제7장 1134b18-1135a5 참조.

107 원어로는 dikaiopragēma.

108 『니코마코스 윤리학』 제5권 제7장 1135a8 아래.

은 옳은 것을 행위하는 것이기 때문이다.[109]

그렇다면 정의로움은 언제 존재하고, 언제 존재하지 않는가? 무조건 15 적으로 말하자면, 선택에 따라서 자발적으로('자발적으로'가 무엇이었 는지는 앞에서 우리가 말했다[110]), 게다가 누구에 대해서, 무엇에 의해서, 무엇을 위해서인가[111]를 알고 행위할 때, 그렇게 해서 정의로운 일을 하 는 것이다. 마찬가지로 또 동일한 식으로, 부정의한 사람도 누구에 대해 서, 무엇을 위해, 무엇을 할 수 있는지를 아는 사람일 것이다. 한편, 이것 20 들 중 어느 것도 전혀 모르고,[112] 무언가 부정의한 짓을 하는 경우에는 부 정의한 사람이 아니라 불운한 사람이다. 적을 죽이려고 생각하고[113] 아 버지를 죽였다면, 뭔가 부정의한 짓을 한 것이지만, 그럼에도 어떤 점에 서도 부정의한 것이 아니다.[114] 불운한 일이니까.

그래서 부정의한 일을 하면서도 부정의하지 않다는 것, 조금 위에서 도[115] 말했던 그 일은 누구를 해치는지도 무엇 때문에 해치는지도 알지 25

---

109 정의로운 것이나 부정의한 것은 법에 의해 일반적인 방식으로 규정되어 있다. 반면, 정 의로운 행위나 부정의한 행위는 개별적인 방식로 이루어진 것으로, 그것이 자발적인 것인지, 나아가 선택을 수반하는 것인지 등의 문제가 있다.

110 제12-16장 1187b31-1188b38 참조.

111 heneken으로 읽는다.

112 eidōs toutōn 순으로 읽는다.

113 1195a21의 apokteínein(현재 부정법)은 여러 사본에 의해 apokteínein(미래 부정법)으 로 읽는다. 의미상의 차이를 드러내자면 '적을 죽인 줄 알고 아버지를 죽였다'(현재 부 정법)와 '적을 죽이려고 아버지를 죽였다'(미래 부정법)의 차이를 가진다. 전자와 달리 후자는 의도적 행위를 나타낸다.

114 outhena 대신 outhen으로 읽는다.

115 1195a16 아래.

못하는 경우의 모른다는 것 안에 있는 것이다. 이제 무지를, 즉 누구에게 해를 끼치고 있는지에 대한 무지가 어떤 식으로 일어날 경우 부정의가 아닌지를 정의해야 한다.[116] 그러므로 그 정의는 다음과 같다. 즉, 무지가 무엇인가를 행하는 것의 원인이라면, 자발적으로 그 일을 행하는 것이 아니며, 따라서 부정의한 행위를 하는 것은 아니다. 그러나 당사자 자신이 무지의 원인이자 당사자 자신이 원인인 무지에 따라서 무언가를 하는 경우에는, 그 사람은 이제 부정의한 행위를 하고 있는 것이며, 그러한 사람은 부정의한 사람이라고 불리는 것이 옳을 것이다. 예를 들어 술에 취한 사람들의 경우이다. 왜냐하면 술에 취해서 뭔가 나쁜 일을 하는 사람들은 부정의한 행위를 하고 있기 때문이다. 그들 자신이 무지의 원인이니까. 왜냐하면 무지한 상태가 되어 아버지를 때릴 정도의 양을 마시지 않는 것이[117] 그들에게는 가능했기 때문이다. 그 밖의 다른 무지의 경우도 마찬가지다.[118] 자기 자신 때문에 생기는 무지, 그 무지에 따라 부정의한 행위를 하는 사람들은 부정의한 사람들이지만, 이와 달리 그들 자신이 그 원인이 아니라, 그 무지가 행위하는 그들에게도 행위하는 것의 원인일 경우, [그들은] 부정의한 사람들이 아니다.[119] 그러나 그러한 무

---

116 1195a22-25에서 문장 첫머리의 epei는 heneken까지 걸리는 것으로 이해하고, a24-25의 'hotan … heneken'은 a23의 tō[i] agnoein의 내용을 받는 것으로 해석한다.

117 piein으로 읽는다.

118 agnoiōn과 hosai 사이에 쉼표를 찍는다. 1195a36의 adikoi 다음의 쉼표는 마침표로 바꾼다.

119 "무지에 의해 행위하는 것은 무지 속에서 행위하는 것과는 다르게 생각된다. 술에 취했거나 분노에 사로잡힌 사람은 무지로 인해 행위하고 있는 것이 아니라, 방금 말한 취기나 분노 때문에, 그러나 알면서 그러는 것이 아니라 자기도 모르게(무지 속에서) 행동하고 있다고 생각되기 때문이다. 그러므로 사악한 사람들 모두는 마땅히 행

지는 타고난 자연 본성으로부터의 무지이며, 예를 들어 아이들이 알지 1195b 못하면서 아버지를 때리는 경우이지만, 그들의 무지는 자연적인 본성적인 것이며, 그 행위 때문에 아이들이 부정의하다는 말을 듣지는 않는다. 왜냐하면 그 무지가 그것들을 행하는 것의 원인이지만, 아이들 스스로 가 그 무지의 원인이 아니며, 따라서 부정의하다고 말할 수는 없기 때문이다.[120]

그러면 부정의한 행위를 당하는 것을 둘러싸고는 어떨까? 자발적으 5 로 부정의한 행위를 당하는 것이 가능할까? 아니면, 그렇지 않은가? [그렇지 않다.][121] 왜냐하면 정의로운 일이나 부정의한 일은 자발적으로 행

해야만 하는 일과 피해야만 할 일을 하는지를 알지 못하고, 그러한 잘못 때문에 부정 의한 사람이라고 해서 일반적으로 나쁜 사람이 된다"(『니코마코스 윤리학』 제3권 제 1장 1110b25-30). 앞서 인용한 『니코마코스 윤리학』에서는 (a) '무지에 의해 행위하는 것'(to di' agnoian prattein)과 (b) '무지 속에서 행위하는 것'(to agnoounta prattein)을 구 별한다. 술 취한(혹은 '분노에 사로잡힌') 사람의 경우는 (b)의 한 예로 볼 수 있으며, 또 한 '술 취함'이 그 행위의 원인이다. 『니코마코스 윤리학』 제3권 제5장 1113b30-35에 서는 술 취한 사람의 행위의 원인은 행위자 자신 안에 있다고 설명되고 있다. 술에 취 한 것이 곧 '무지의 원인'이다. 거기서 (a)와 (b)는 여기서 구별되고 있는 (1) '자신들 자신이 그 원인이 아닌 것 같은 무지가 행위의 원인인 경우'와 (2) '그 원인이 자기 자 신 때문에 생기는 무지인 경우'에 각각 대응하는 것으로 생각할 수 있다. 따라서 (b)의 '무지 속에서'(agnoounta)와 (2) '무지에 따라[근거하여]'(kata tēn agnoian)(1195a29- 30, 35)가 대응하게 될 것이다.

120 『니코마코스 윤리학』 제5권 제7~8장 1135a8-33, b8-19, 제3권 제1장 1110b24-27, 제 5장 1113b30-33 참조.

121 자발적으로 부당한 일('부정의한 일')을 당하는 것이 가능한지의 여부에 대해 양측에 서 내놓은 논쟁거리는 다음과 같다. (a) 사람들은 벌(罰)과 해(害)를 피한다. (b) 사람들 은 동등하지 않은 것을 자발적으로 받아들인다. (c) 그러나 그들은 명예나 칭찬, 친애 와 같은 다른 것을 돌려받는다. (d) 그들은 적게 받는 것을 자랑한다. (e) 자제력 없는 자가 스스로 해를 가하여 자발적으로 자신에게 해를 끼친다. (f) 자제력 없는 자는 자 발적으로 자신에게 해를 가하지만, 아무도 스스로 해를 끼치고 싶어 하지 않는다. (g)

하는 것이지만, 부정의한 행위를 당하는 것은 더 이상 자발적인 것이 아니기 때문이다.[122] 우리는 벌을 받는 것을 피하[려고 하]며, 따라서 우리가 부정의한 행위를 당하는 것은 자발적일 수가 없음이 분명하다.[123] 왜냐하면 누구도 자발적으로 해를 입는 것을 참지 않기 때문이다. 부정의한 행위를 당하는 것은 해가 되는 일이니까.[124]

10   필시 맞는 말이긴 하지만, 자신들은 동등한 것을 가져야 하는데 누군가에게 양보하는 사람들이 있는 것이며, 그 결과로 만일 동등한 것을 갖는 것이 정의로운 일이었지만,[125] 더 적은 것을 갖는 것이 부정한 행위를 당하는 것이며, 또한 너 적은 것을 사발적으로 갖는 것이라면, 그러므로 그 사람은 자발적으로 부정의한 행위를 당하게 된다고, 이렇게 주장하는 사람이 있다.

그러나 다음과 같은 점에서 반대로, 자발적으로는 아닌 것이 분명하다. 즉, 적은 것을 얻는 사람들은 모두 명예 혹은 칭찬을 받거나, 명성을

15

절제 있게 법을 지키지 않는 것 등은 자신에게 해를 끼치는 것이다. 이에 대한 대답은 이렇다. (i) 어느 누구도 자신에게 부정의한 행위를 하지 않는 한, 동일한 사람이 동일한 때에, 더 많이 가질 수도 더 적게 가질 수도 없다. (ii) 누구도 자신의 물건을 훔치거나 아내와 간음하거나 다른 정의롭지 않은 행위를 할 수 없다(정의가 가정의 정의이고 정치적 정의가 아닌 경우에는 가능하다). (iii) 경기에서 심판으로부터 받는 것과 같이 부정의하게 무언가를 받는 것은 잘못이 아니다.

122 "자발적으로 부정의를 당하는 것이 가능한 것인가, 아니면 부정의를 행하는 것은 모두 자발적이듯 부정의를 당하는 것 역시 모두 비자발적인 것인가?"(『니코마코스 윤리학』 제5권 제9장 1136a15-16) 참조.

123 이 이유는 정당한 것일까. 그렇다면 벌을 받는 것은 부정의한 행위를 당하는 것인가? 벌을 받는 것이 해로운 일인지조차 논란의 여지가 있을 것이다.

124 『니코마코스 윤리학』 제5권 제9장 1136a21-23 참조.

125 1193b19-24 참조.

얻거나, 혹은 친애 혹은 그런 종류의 뭔가 다른 것을, 그것과 교환해서 손에 넣는다. 그러나 포기하는 것 대신 무언가를 교환하는 사람은 더 이상 부정의한 행위를 당하지 않는다. 만일 무언가를 교환하고 있는 것이 아니라면, 부정의한 행위를 당하고 있는 것이 되기 때문이다.[126]

게다가 이번에는 더 적은 것을 얻고 동등한 것을 얻지 않는 한, 부정의한 행위를 당한다고 하는 [우리가 말하는] 사람들, 그들은 그런 경우를 뽐내며 자랑한다. 그 이유는 그들이 말하길, "나에게는 동등한 것을 취하는 것이 가능한데도, 취하지 않고 윗사람이나 친구에게 물려준 것"이라는 것이다. 그런데 부정의한 행위를 당하는 경우에는 적어도 누구에게도 자랑할 만한 것이 없다. 하지만 만일 부정의한 행위의 경우에는 자랑할 것이 없지만, 그러한 경우에 자랑한다면, 일반적으로 그러한 방식으로 더 적은 것을 취할 경우에도 부정의한 행위를 당하지 않을 것이다. 그러나 만일 부정의한 행위를 당하지 않았다면, 또한 자발적으로 부정의한 행위를 당하지도 않았을 것이다.

그런데 이상의 것들 및 그러한 논의에 대해서는[127] 자제력 없는 사람의 경우의 논의가 반대된다.[128] 왜냐하면 자제력 없는 사람은 못된 일을

---

126 1191b17에서 ei de mē adikeitai, oude hekōn ara 대신에, 사본에 따라 ei de mē, adikeitai 로 읽는다. 주어진 대로 읽으면, '그런데 만일 부정한 행위를 당하고 있지 않다면, 그러므로 자발적으로 [부정한 행위를 당하고 있는 것이] 아니게 된다'로 옮겨진다. 『니코마코스 윤리학』 제5권 제9장 1136b9-14("주는 것은 그에게 달려 있는 일이지만, 부정의를 당하는 일은 그에게 달려 있는 일이 아니라 부정의를 행하는 사람이 있어야만 하기 때문이다") 참조.

127 tous toioutous logous로 읽는다.

128 자발적으로 부정의한 행위를 당할 가능성을 둘러싼 두 사람을 전제로 하는 논의가, 아래에서는 자기 자신에게 부정의한 행위를 할 가능성을 둘러싼 한 사람을 전제로 하는

함으로써 자기 자신을[129] 해치고, 게다가 적어도 자발적으로 그 일들을 행위한다는 것이며(그리하여 알면서[130] 자기 자신을 해치는 것이며)[131], 따라서 자발적으로 자기 자신에 의해 부정의한 행위를 당하게 되는 것이기 때문이다. 그러나 여기에 적용하게 되면, 이 논의를 저지하는[132] 정의[133]가 있다. 그런데 그 정의는 아무도 부정의한 행위를 당하는 것을 원하지 않는다는 것이다. 그러나[134] 자제력 없는 사람은 자제력 없음에 따른 것들을 원하고 행위하는데, 따라서 스스로 자신에게 부정의한 행위를 하는 것이다. 그러므로 못된 일을 자기 자신에게 행위하기를 원한다. 그러나 그 누구도 부정의한 행위를 당하길 바라는 사람은 없다. 따라서 자제력 없는 사람이라도 스스로 자신에게 자발적으로 부정의한 행위를 하는 일은 없을 것이다.[135]

그러나 아마도 여기서 누군가가 이번에는 이렇게 의문을 제기할 것이다. 스스로[136] 자신에게 부정의한 행위를 하는 것은 가능한가라고. 자

논의로 진행된다.

129 auton 대신에 heauton으로 읽는다.

130 이 '알면서'가 무엇을 알면서인지 분명하지 않다. (1) '자발적으로'와 연결해서 행위가 이루어지는 개별 상황에 관한 지식일까? 아니면, (2) 제12장의 1188a7에서처럼 나쁜 것이 '나쁘다는 것을 알면서'(eidōs hoti kaka estin)라는 의미일까? (2)가 더 그럴듯하다.

131 119b27-28에서 blaptei ⟨de⟩ [⋯] eidōs를 괄호에 넣는다.

132 kōluei로 읽는다.

133 ho 삭제.

134 ge를 삭제.

135 『니코마코스 윤리학』 제5권 제9장 1136a31-b1, b5-9 참조

136 auton을 autos로 읽는다.

제력 없는 사람으로부터 고찰할 경우에는 가능하다고 생각된다. 그리고 이번에는 다음과 같은 방식에서이다. 즉, 만일 법이 행위하도록 규정하는 모든 것들, 그것들이 정의롭다면, 그것들을 행하지 않는 사람은 부정의한 행위를 하고 있다. 그리고 만일 그 사람을 향해 행위하도록 법이 명령하는 상대, 그 상대방을 향해서 행위하지 않는다면, 그 사람에게 부정의한 행위를 하게 되지만, 법은 절제 있는 것, 재산을 소유하는 것, 신체를 배려하는 것, 그 밖에 그러한 것들을 명령한다. 그러므로 그것들을 행위하지 않는 사람은 자신에게 부정의한 행위를 하고 있다. 왜냐하면 그러한 부정의한 행위들의 적용은 [행위자 자신보다] 다른 누구에 대해서도 아니기 때문이다.

1196a

5

그러나 아마도 그러한 것들이[137] 참인 것은 일찍이 없었을 것이고, 또 스스로 자신에게 부정의한 행위를 하는 것은 가능하지 않을 것이다. 왜냐하면 같은 사람이 같은 때에 더 많이 가지고 덜 가지는 것은 가능하지 않으며, 또한 자발적인 동시에 비자발적인 것도 가능하지 않기 때문이다. 그런데 부정의한 행위를 하는 사람은 부정의한 행위를 하는 한, 더 많이 가지고 있는 반면, 부정의한 행위를 당하는 사람은 부정의한 행위를 당하는 한 더 적게 가지고 있다. 그러므로 스스로 자신에게 부정의한 행위를 한다면, 동일한 사람이 동일한 때에, 더 많은 것도 더 적은 것도 가질 수 있다. 그러나 이것은 불가능하다. 그러므로 자기 자신에게 부정의한 행위를 하는 그런 일은 가능하지 않다.

10

게다가 부정의한 행위를 하는 사람은 자발적으로 부정의한 행위를

137 toiauta로 읽는다.

하지만, 부정의한 행위를 당하는 사람은 비자발적으로 부정의한 행위를 당하는 것이며, 따라서 스스로 자신에게 부정의한 행위를 하는 것이 가능하다면, 동시에 비자발적으로든 자발적인 방식으로든 무언가를 행위하는 것이 가능할 것이다. 하지만 이 일은 불가능하다. 그러므로 이런 식으로 [생각해서] 스스로 자신에게 부정의한 행위를 하는 것은 가능하지 않다.

게다가 개별적인 부정의한 행위로부터 다루더라도 [동일한 결론이 나온다]. 부정의한 행위를 하는 자들은 모두 혹은 맡긴 물건을 착복하거나 혹은 간통하거나 혹은 물건을 훔치거나 혹은 그 밖에 뭔가 개별적인 부정의한 행위를 한다. 그런데 아직까지 누구 하나 스스로 자신에게 맡긴 물건을 착복한 적이 없고, 또 자기 아내와 간통한 적도 없으며, 또 스스로 자기 자신의 것을 훔친 적도 없다. 따라서 부정의한 행위를 한다는 것이 그러한 것들 중에 있으며, 그러한 것들 중 어느 것도 자기 자신에 대해 하는 것은 가능하지 않다면, 자기 자신에게 부정의한 행위를 하는 것은 가능하지 않을 것이다.[138]

그런데 그렇지 않다면[즉, 만일 그러한 부정의한 행위가 가능하다면], 그것은 적어도 폴리스와 관련된 부정의한 행위가 아니라 가정(家政)에 관련된 부정의한 행위이다. 왜냐하면[139] 혼은 여러 부분으로 나누어져 있으며, 그 자신에게 속하는 어떤 것으로서 한편으로는 더 열등한 것을, 다른 한편으로는 더 나은 것을 가지고, 따라서 무언가 부정의한 행위가

---

138 『니코마코스 윤리학』 제5권 제11장 1138a14-28("자기 자신에게 부정의를 행한다는 것은 불가능하다") 참조.

139 de 대신에 gar로 읽는다.

혼 안에 있는 것들 안에서 생긴다면, 그것은 부분들 가운데 있을 것이다.[140] 왜냐하면 우리는 가정에 관련된 부정의한 행위를 보다 못한 것으로 행하는 것과 보다 나은 것으로 향하는 것에 의해서 나누고 있다.[141] 그 결과로 자기 자신에 대한 부정의한 것과 정의로운 것이 생기게 되기 때문이다. 그러나 우리는 이것을 고찰하고 있는 것이 아니라 폴리스와 관련된 것들을 고찰하고 있다. 따라서 거기서 우리가 탐구하고 있는 종류의 부정의한 행위들에서는 스스로 자기 자신에게 부정의한 행위를 하는 것은 가능하지 않다.[142]

그러나 다시, 어느 쪽이 부정의한 행위를 하고, 또 부정의한 행위는 어느 쪽에 있는가? 무엇이든 부정의한 방법으로 얻는 자에게. 아니면, 경기의 경우처럼 판정을 내리는 자나 분배하는 자에게? 왜냐하면 총괄하고 그것들을 판정하는 자로부터 종려나무의 가지[143]를 받는 자조차도, 설령 그것이 그 사람에게 부정의하게 제공된 것이라 하더라도 부정의한 행위를 한 것은 아니며, 사실은 나쁜 방식으로 판정해 주는 자, 그자가 부정의한 행위를 하고 있기 때문이다. 그리고 그 사람도 한편으로는 부정의한 행위를 하고 있지만, 다른 한편으로는 부정의한 행위를 하고 있지 않다. 왜냐하면 진실과 자연 본성에서 정의롭다는 것을 판정하지 않는 한, 부정의한 행위를 하고 있지만, 다른 한편으로 자기 자신이 생각하

---

140 1196a29에서 esti를 삭제하고 읽는다.

141 1194b5-29 참조.

142 제2권 제11장 1211a27-30, 『니코마코스 윤리학』 제5권 제10장 1138b9-13, 『에우데모스 윤리학』 제7권 제6장 1240a15-21 참조.

143 승리의 상징.

는 것을 정의롭다고 판정하는 한, 부정의한 행위를 하고 있지 않기 때문이다.[144]

---

144 『니코마코스 윤리학』 제5권 제9장 1136b15-1137a4("첫째 문제는 가치에 어긋나게 더 많은 것을 분배한 경우에 분배한 사람이 부정의를 행하는 것인가, 아니면 받아서 가진 사람이 부정의를 행하는 것인가이고, 둘째 문제는 자기가 자기 자신에게 부정의를 행할 수 있는가이다") 참조.

V. 지성에 관한 덕

제34장 사려와 혼, 사려와 이성, 사려와 지혜, 사려와 동기 부여, 사려와 행위

덕들에 대해서 그것이 무엇이고, 무엇에 있어서, 어떤 것과 관련이 있 5
는지, 또 그것들 각각에 대해, 만일 우리가 옳은 이치(이성)[1]에 따라 행
동한다면 그것이 최선일 것이라고 말했으므로, 그런 식으로 '옳은 이치
에 따라 행위한다'라고 말하는 것은 마치 사람이 건강에 좋은 것을 섭취
하면 건강이 가장 좋은 상태로 생길 것이라고 누군가가 말하는 것과 같
다. 바로 그런 것이야말로 분명치 않은 것이다. '아니, 제발 나에게 어떤 10
것들이 건강에 좋은지 밝혀 주세요'라고 사람들은 말할 것이다.[2] 이치
(logos)의 경우에도 그런 식으로 말할 것이다. '이치(이성)란 무엇이고,
올바른 이치란 무엇인가?'

아마도 가장 먼저 이치는 무엇 안에 생기는 것인지, 그것에 대하여 구
별하고 명확히 하는 것은 필연적인 일이다. 그런데 혼에 대해서는 개략

---

1 이치(이성, 로고스)는 아래에서 고찰되지만, '올바른 이치'에 대해서는 제2권 제10장
  1208a5 아래 참조.
2 『니코마코스 윤리학』 제6권 제1장 1138b18–34, 『에우데모스 윤리학』 제8권 제3장
  1249a21–b6 참조.

적으로는 이전에도 규정되었다.[3] 즉, 그것의 어떤 부분은 이치를 가지고 있고, 다른 어떤 부분은 이치를 갖고 있지 않다. 그런데 이치를 가진 혼의 부분은 두 가지 것으로 분할되는데, 그것들 중 하나는 숙고에 관련된 부분이고, 다른 하나는 지식에 관련된 부분이다. 그런데 그것들이 서로 다른 것은, 밑에 놓여 있는 것(기체)으로부터 밝혀질 것이다. 그것은 바로 색과 맛과 소리와 냄새가 서로 다르듯이, 마찬가지로 그러한 감각도 다른 것으로서 자연이 할당하고 있다(즉, 소리는 청각에 의해서, 다른 쪽 맛은 미각에 의해서, 색은 시각에 의해서, 우리는 식별한다). 그러나 마찬가지로 또 다른 것도 동일한 방식으로 파악해야 한다. 그런데[4] 밑에 놓여 있는 것이 다른 이상, 우리가 그러한 것들을 그것에 의해 식별하는 혼의 여러 부분 또한 달라야 한다.

알려진 것과 감각되는 것은 다르니까.[5] 그런데 우리는 그것들을 혼으로 식별한다. 그러므로 감각되는 것들에 관련된 부분과 알려진 것들에 관련된 부분은 다를 것이다. 그러나 숙고하는 부분과 선택하는 부분은 감각되고 운동 안에 있는 것, 그리고 단적으로 생성과 소멸 안에 있는 것과 관련이 있다. 왜냐하면 우리가 숙고하는 것은, 그것을 선택해서 행위하는 것도 행위하지 않는 것도 우리에게 달려 있는 것들에 관해서이며, 그런데 행위할지 행위하지 않을지에 대한 숙고와 선택은 그것들에 관한

---

3   제5장 1185a1-12 참조. 혼의 부분에 관해 논의하는 『니코마코스 윤리학』 제1권 제13장 1103a1-10 참조.

4   epei dē 대신에 epei de로 읽는다.

5   heteron d' 대신에 heteron gar로 읽는다(Susemihl). 즉, noēton([생각에 의해] 알려진 것, 파악된 것, 즉 이해)과 aisthēton(감각된 것)은 다르다.

것이고, 그러한 것들은 감각되고 변화의 운동 안에 있기 때문이다. 따라서 이 논의에 따르면 선택하는 혼의 부분은 감각되는 것들과 관련이 있는 것이다.[6]

그러므로 이러한 것들이 규정되었으므로, 이것 다음에는 논의가 진실을 둘러싸고 있고 진실은 어떠한지를 우리는 고찰하고 있으며, 게다가 [진실에 관련된 것으로서] 지식, 사려, 지성, 지혜, 판단이 있기 때문에, 그것들 각각이 도대체 무엇에 관련되어 있는지를 이야기해야 할 것이다.[7]

그래서 지식은 알려질 수 있는 것에 관여하고, 그것은 논증과 추론을 수반해 추구되지만,[8] 사려[9]는 행위될 수 있는 것들, 즉 거기에는 획득과 회피가 있어서 행위하는 것과 행위하지 않는 것이 우리에게 달려 있는

35

1197a

---

6 『니코마코스 윤리학』 제6권 제12장 1138b35-1139b13 참조.

7 『니코마코스 윤리학』 제6권 제3장 1139b14-18 참조. 『니코마코스 윤리학』에서 혼이 참을 인식하는 능력으로서 기술(technē), 지식(epistēmē), 사려(phronēsis), 지혜(sophia), 직관(nous)의 다섯 가지를 들고 있다. 여기서는 기술이 제외되고, '상정'(hupolēpsis)이 포함되어 있다. 하지만 나중에 1197a12에서는 '기술'의 개념이 등장한다. 대개 technē, epistēmē는 대등한 의미로 사용되는 경우가 많아서, technē 개념은 epistēmē 속에 포함되고 있다고 봐야 할 것이다.

8 『니코마코스 윤리학』 제6권 제3장 1139b31-36("학적 이해란 논증에 관련된 성향[hexis apodeiktikē]이며, 『분석론』에서 우리가 행한 다른 모든 규정들을 그것은 갖추고 있다. 즉, 사람이 어떤 식으로든 그것을 믿었고, 그 원리가 당사자에게 인지되었을 때, 그 사람은 그것에 대한 학문적 이해를 얻은 것이다. 왜냐하면 결론보다 출발점이 되는 원리가 더 잘 알려져 있지 않다면, 그것은 부대적인 방식으로만 학문적 이해를 얻은 것이기 때문이다.") 참조.

9 원어는 phronēsis. 아리스토텔레스 윤리학에서 이른바 '실천 이성'에 가장 가까운 것으로 생각되는 중심 개념이다. 흔히는 아리스토텔레스 윤리학 저작에서 '실천적 지혜'로 옮겨진다.

V. 지성에 관한 덕 173

것이다. 그러므로 제작되는 것과 행위되는 것들 중에서 제작에 관련된 것과 행위에 관련된 것은 동일하지 않다. 왜냐하면 제작에 관련된 것에는 제작 과정 이외에 뭔가 다른 것이 목적으로 존재한다. 예를 들어 건축술의 경우 집의 제작에 관련되기 때문에 그 기술의 목적은 제작 과정 밖에 있는 집이며, 목공술이나 다른 제작술의 경우에도 마찬가지이다. 한편 행위에 관련된 것의 경우, 행위 그 자신 이외에 다른 목적은 아무것도 없다. 예를 들어 기타라를 연주하는 것 외에 다른 목적은 아무것도 없으며, 그것 자신, 즉 [기타라를 연주하는] 현실 활동과 그 행위가 목적인 것이다. 그래서 행위와 행위될 수 있는 것에 관련된 것은 사려이며, 제작과 제작될 수 있는 것과 관련된 것은 기술이다. 왜냐하면 기술을 사용하는 것은 행위될 수 있는 것보다 오히려 제작되는 것 안에 존재하기 때문이다.

따라서 사려는, 행위하는 것도 행위하지도 않는 것도 우리에게 달려 있는, 실제로 유익함을 지향하는 것들인 한, 선택과 관련된 행위에 관련된 성향의 일종이다. 그런데 사려는 생각될 수 있는 바처럼, 지식이 아니라 덕이다. 그런데 사려 있는 사람들은 칭찬받을 만하지만, 칭찬은 덕에 속한다. 게다가 모든 지식에는 덕이 속하지만, 사려에는 덕이 속하지 않으며, 분명히 그 자신이 어떤 덕이니까.[10]

---

10 『니코마코스 윤리학』 제6권 제45장 1140a1-b30(『에우데모스 윤리학』 제2권 제1장 1219a13-18) 참조. 첫 번째로, 논의 구조(1197a16-18)는 이렇게 분석될 수 있다. (1a) 사려는 덕이지 (1b) 지식이 아니다. 왜냐하면 (2) 사려 있는 사람은 칭찬받을 만하지만, (3) 칭찬은 덕에 속하기 때문이다. 즉, (1)의 주장인 a 및 b의 양쪽 이유가 (2)와 (3)에 의해 주어진다고 해석하는 것이다. 이 경우에는 다음 두 가지 주장이 논의의 전제가 되고 있다. (P1) 지식은 덕이 아니다. (P2) 지식은 칭찬받을 만하다. 그러나 이 책에

그런데 지성[11]은 알려질 수 있는 것과 존재하는 것의 시원(원리)에 관련된다. 왜냐하면 지식은 논증을 수반하는 것에 속하지만, 시원은 논증 불가능하기 때문에 시원과 관련된 것은 지식이 아니라 지성일 테니까.[12]

그런데 지혜[13]는 지식과 지성으로 결합되어 있다. 지혜는 시원에도, 지식이 관여하는 시원(원리)으로부터 실제로 드러나는(증명되는) 것들에도 관여한다. 그래서 시원에 관련되는 한, 그것[지혜]은[14] 지성에 관여하지만, 시원 다음에 있어서 논증을 수반하는 것들에 관련된 한, 지식에 관여하기 때문이다. 그러므로 지혜는 지성과 지식으로 결합되어 있다는

는 이러한 전제와 모순되는 주장이 포함되어 있다. (Q) 지혜는 지식(epistēmē)과 지성 (nous)으로 결합되어 있으며(1197a23-24), 따라서 (Q1) 지식은 지혜의 일부이지만, (Q2) 그 지혜는 덕이다(1197b3-4). 지혜는 덕이지만, 지혜의 일부를 구성하는 지식은 덕이 아니라고 주장하는 것이 아닌 한, (Q2)전제는 (P1)주장과 모순되므로 이 부분에서의 논의의 정당성에 의문이 들 수 있다.

두 번째로 논의 구조는 이렇게 분석될 수 있다. (1a) 사려는 덕이지 (1b) 지식이 아니다. 왜냐하면 (2) 사려 있는 사람은 칭찬받을 만하지만, (3) 칭찬은 덕에 속하기 때문이다. 게다가 (4) 모든 지식에는 덕이 속하지만(4a), 사려에는 덕이 속하지 않고(4b), 아무래도 그 자신이 어떤 덕이니까. 이 분석에서는 (2)와 (3)은 (1a)의 이유를 주는 것이지만, (1b)의 이유를 주는 것이 아니라, (1b)의 주장의 이유는 (4)에 의해 주어지는 구성 형식으로 되어 있다고 해석하는 것이다. 이 경우 (2)와 (3)은 그 두 주장 그 자체만으로 (1a)의 이유를 구성할 수 있으며, 첫 번째 분석 방법과 같이 (P1) 및 (P2)와 같은 지식의 특징짓는 전제를 필요로 하지 않는다. 따라서 이 분석의 구조는 (P1)이나 (P2)와 모순되는 것처럼 보이는 (Q1)이나 (Q2)와 같은 주장의 의해 방해받을 필요가 없다. 지식이 덕인지 아닌지, 나아가 지식이 칭찬받을 만한지의 여부와는 무관하게 (2)와 (3)은 (1a)를 포함한다고 생각할 수 있을 것이다. 또한 사려와 지식의 차이는 (4)에 의해 주어지는 것으로 해석한다.

11 원어는 nous이다. 맥락에 따라 지성, 이성, 지적 이해, 직관으로 옮겨진다.

12 『니코마코스 윤리학』 제6권 제6장 1140b31-1141a8 참조.

13 원어로는 sophia(철학적 지혜).

14 autē 대신에 '그것'(hautē)으로 읽는다. '지혜'를 지시하는 말이다.

것이 분명하고, 따라서 지성과 지식 모두에 관련된 그런 것들에 관여할 것이다.[15]

그런데 판단은 모든 것을 둘러싸고 우리가 양의적일 수 있는 한, '그 것은 그렇다'거나 '그렇지 않다'라는 둘 다를 향해 존재한다.[16]

그런데 과연 사려와 지혜는 동일한 것일까? 아니면, 그렇지 않은가?[17] [그렇지 않다.] 왜냐하면 지혜는 논증을 수반하여 항상 같은 방식으로 하는 것들에 관련되지만, 사려라는 것은 그것들에 관련되는 것이 아니 라, 변화 속에 있는 것들에 관련되기 때문이다. 내가 말하는 바는, 예를 들어 직선이나 곡선이나 오목(凹)이나 그러한 것들은 항상 그러한 것이 지만, 이익을 가져오는 것은, [그것들이] 서로[18] 변화하지 않음으로써 더 이상 그런 모습을 보이지 않지만, 변화하고, 지금은 그것이 유익하지만, 내일은 그렇지 않고, 또 어떤 사람에게는 그렇지만 다른 사람에게는 그 렇지 않고, 그리고 이런 식으로는 유익하지만, 저런 식으로는 유익하지 않다. 그러나 유익한 일에는 사려가 관여하지만 지혜는 관여하지 않는 다. 그러므로 지혜와 사려는 다른 것이다.

그런데 과연 지혜는 덕인가, 그렇지 않은가? 덕이라는 것은 다음과

---

15 『니코마코스 윤리학』 제6권 제7장 1141a9-a20 참조.
16 『니코마코스 윤리학』 제6권 제3장 1139b17-18 참조.
17 사려와 지혜와 영리함은 다르다. 지혜는 변하지 않는 것을 다루고, 사려는 변하는 것을 다룬다. 지혜는 사려보다 낫기 때문에 덕이고, 신중함도 덕이다. 이해는 올바르게 판단 하고 보는 것이며 사려의 부분이다. 영리함은 사려가 아니다. 사려 있는 사람은 영리하 지만, 영리한 사람은 사려가 없다. 지혜는 덕이자 혼 속에 있기 때문에 윤리학의 부분 이다.
18 allo ti 대신에 allēla로 읽는다.

같은 것들을 통해[19] 사려 그 자신으로부터 밝혀질 것이다. 즉, 만일 사려 가 우리가 주장하는 것처럼 이치를 가진 것들 중 [지혜가 속한 것과는] 다른 부분의 덕이고, 사려는 지혜보다 더 못하다면(그것은 더 못한 것에 관련되기 때문이다. 즉, 지혜는 우리의 주장으로는 영원한 것[20]이나 신적 인 것[21]에 관련되지만, 사려는 인간에게 유익한 것에 관련되는 것이다), 그러므로 만일 더 못한 것이 덕이라면, 적어도 더 나은 것이 덕이라는 것 은 당연한 일이고, 따라서 지혜가 덕이라는 것은 분명하다.[22]

그런데 이해력[23]은 무엇이며 무엇과 관련이 있는가? 이해력은 사려가 또한 바로 거기에 있는 것, 즉 행위될 수 있는 것과 관련이 있다. 왜냐하 면 이해력이 있는 사람은 어느 정도 숙고하는 능력이 있기 때문에, 그렇 게 말하고 무엇인가를 올바르게 판단하고 알아차리는 데 있다. 그런데 그의 판단은 작은 일[24]에 관한 작은 일에 있다. 그래서 이해력과 이해력 이 있는 사람은 사려가 깊고 사려가 깊은 사람의 한 부분이며, 후자 없이 는 존재하지 않는다. 왜냐하면 당신은 이해력이 있는 사람을 사려 깊은 사람으로부터 분리할 수 없기 때문이다.[25]

---

19 dia toutōn으로 읽는다.

20 『니코마코스 윤리학』 제3권 제3장 1112a21 아래 참조.

21 1183b22 참조.

22 지혜의 특징을 논하는 『니코마코스 윤리학』 제6권 제7장 1141a20-b23 참조.

23 원어로는 sunesis이다.

24 '작은 일'은 무엇을 말하는가? 여기서 '작은 일'은 사소한 일들에 대한 판단을 의미할 것이다.

25 『니코마코스 윤리학』 제6권 제10장 1142b34-1143a18 참조.

그런데 영리함[26]의 경우에서의 일들 또한 마찬가지라고 생각할 수 있다. 왜냐하면, 영리함과 영리한 사람은 사려도 아니고 사려 깊은 사람도 아니지만, 그럼에도 사려 깊은 사람은 영리하고, 그러므로 영리함은 또한 어떤 식으로든 사려와 함께 작동하기 때문이다. 그러나 못된 사람도 재주(영리함)가 있다고 말한다. 예를 들어 멘토르[27]는 영리하다고 생각됐지만, 사려가 깊지는 않았다. 왜냐하면 사려 깊은 사람과 사려는 최선의 일을 추구하고, 그러한 일을 선택하고 행위하는 것이 상례인 반면, 행위되는 일의 각각이 무엇으로부터 일어나는지를 고찰하고, 그러한 것들을 제공하는 것이 그것에 속하기 때문이다. 그래서 영리한 사람은 이상과 같은 영역에서 그러한 일들에 관여한다고 생각할 수 있을 것이다.[28]

　　【하지만 우리는 성격과 어떤 폴리스에 관련된 고찰을 둘러싸고 이야기하고 있는데,[29] 왜 지혜에 대해서 이야기하는지, 의문을 품고 이상하

26　원어로는 deinotēs(재주 부림).

27　기원전 385년경~340년경의 로도스섬 출신 용병대장. 페르시아의 아르탁세르크세스(Artaxerxes) 3세의 페니키아 및 이집트 원정에서 활약하며 소아시아 서안의 트로아스 태수를 맡는다. 모략이 뛰어나 아리스토텔레스의 장인――일설에 따르면 그의 '연인'이라는 헤르메이아스도 그에게 속아 잡혀서 처형되었다고 한다(기원전 341년경). 또 한 사람을 거론할 수 있다. 호메로스의 『오뒷세이아』에 나오는 오뒷세우스의 친구 알퀴모스의 아들 '멘토르'(Mentōr)인데, 그는 오뒷세우스가 원정을 떠날 때 가사를 일임하고 라에르테스 노인에게 복종하면서 모든 것을 온전히 지키도록 명받은 사람이다(『오뒷세이아』 제2권 225행 아래). 그는 오뒷세우스의 집안을 책임지지 못하고 페넬로페의 구혼자들에게 일을 떠넘기고 재산을 낭비하게 했다. 또, 그는 현명하지 못한 방식을 구혼자에게 말하기도 한다. 그는 아테네가 자신을 가장해서 말할 때는 영리한 제안을 하기도 하지만 최선을 선택하는 자도 최선을 다하는 자도 아니다(제1권 179행 아래).

28　『니코마코스 윤리학』 제6권 제12장 1144a23-b1 참조.

29　제1장 1181b25-1182a1 참조.

게 생각하는 사람이 있을 것이다.[30] 그 이유는 우선 첫째, 지혜가 우리의
주장으로는, 덕이라면, 그것을 둘러싼 고찰은 아마도, 이질적인 것이라
고도 생각되지 않을 것이다. 나아가, 아마도 동일한 것 안에 존재하는 모
든 것에 대해서도 함께 고찰하는 것은 지식을 사랑하고 추구하는 자[철
학자]에 속하는 것이다. 그리고 또, 우리는 혼 속에 있는 모든 것을 이야
기하고 있으므로, 그 모든 것을 둘러싸고[31] 이야기하는 것이 필연적이
다. 그런데 지혜 또한 혼 속에 있다. 따라서 우리가 그것을 놓고[32] 논의를
하는 것은 기이한 일이 아니다.】

이제는 모든 덕목의 경우에 영리함이 사려에 대해 관계[33]가 있는 것
처럼 보일 것이다.[34] 내가 말하는 것은, 예를 들어, 각각의 덕은 자연 본
성에서도 각각의 사람 안에 생겨나고, 예를 들어 각각의 사람 안에는 용
기 있는 일이나 정의로운 일, 또 각각의 덕에 입각한 그러한 일들에 대한
동기 부여(충동)가 이치 없이 생겨나고 있다. 하지만 그것들의 덕은 습
관과 선택에 의해서도 존재한다. 그런데 이치와 동반해서 완전해진 덕
이야말로 나중에 생겨 칭찬을 받을 만한 것이다. 그래서 자연 본성적이

---

30 1197b28-35 부분은 이곳이 적당한 위치로 보이지 않기 때문에, 다른 곳으로의 이동을
주장하기도 한다. 1197a30 혹은 1197b10 다음으로.

31 peri 대신에 huper로 읽는다.

32 탈문(lacuna)이 있는 것으로 보이는데, 1197b35의 huper ** psuchēs는 autēs로 읽고
(Spengel) '지혜'를 가리키는 것으로 이해했다.

33 이 관계는 앞의 1197b20에서는 '함께 일한다'('함께 작동한다', sunergei)라고 표현되었
다.

34 영리함과 사려(슬기, 실천적 지혜, pronesis)의 관계에 대해서는 『니코마코스 윤리학』
제6권 제12장 1144a24-30("사려는 영리함의 능력은 아니지만, 이 능력 없이는 있을 수
없다.") 참조.

고 이치가 없는 그 덕은 이치와 분리되어 있는, 하나의 작은 것으로 칭찬 받게 되는 것에는 이르지 못하나, 이치와 선택에 덧붙여지면 덕을 완전 하게 만든다. 그러므로 자연 본성적 동기 부여는 덕을 향해서 이치와 협 동하는 동시에 덕을 향해서는 이치 없이는 존재하지 않는 것이다. 반대 로 이치와 선택도 자연 본성적 동기 부여 없이는 덕이라는 점에서 완전

히 완성될 수 없다. 그러므로 덕이 이치(이성)라고 주장할 때, 소크라테 스는 옳게 말하지 않았다.[35] [그의 주장에 대한] 그 이유는 알고, 이치에 따라 선택하는 것이 아니라면, 용기 있는 일이나 정의로운 일을 행위하 는 것에는 아무런 이익이 없기 때문이라는 것이었다. 그러므로 덕이 이 치라고 그는 주장했지만[36] 옳지 않고, 오늘날의 사람들이[37] 더 낮게 주장

하고 있다. 올바른 이치에 입각하여 아름다운 일을 하는 것, 이것이 덕이 라고 그들은 주장하기 때문이다. 하지만 그런 식으로도[38] 제대로 주장하 지는 못했다. 왜냐하면 어떤 사람이 정의로운 일을 할 때, 어떤 선택에도 의하지 않고, 또 아름다운 일에 대한 지식에 의하지 않지만, 이치에 맞지 않는 어떤 동기 부여에 의해서, 하지만 올바른 방식으로 올바른 이치에 따라서 그것들을 행위하는 것이[39] 가능할 것이기 때문이다. (내가 말하

35 『니코마코스 윤리학』 제6권 제13장 1144b28-29("소크라테스는 덕이 이치[logos]라고 생각했던 반면[그에게 있어서는 모든 덕은 지식(epistēmē)이었으니까], 우리는 덕이 이 성을 동반하는 것이라고 생각하는 것이다.") 참조.

36 제1장 1182a15 참조.

37 디를마이어에 따르면, 이것은 고대 아카데미아학파의 사람들을 말하는 것으로, 스페 우시포스나 크세노크라테스들에 관한 것이라고 한다.

38 houtōs로 읽는다.

39 1198a15의 praxai(Bekker)를 희구법의 다른 형태의 praxeis로 읽는다(제2권 제3장 1199b37 참조).

는 바는, 올바른 이치[이성]가 명령하는 것처럼, 그렇게 행위했다는 것이다.) 하지만 그럼에도 그런 행위에는 칭찬할 만한 것이 없다. 그게 아니라, 우리가 규정하는 바로는 아름다움에 대한 동기 부여가 이치를 따르는 것이 더 뛰어나다는 것이다. 왜냐하면 그런 것들이 덕이기도 하고, 또한 칭찬받을 만한 일이기도 하기 때문이다.[40]

그런데 과연 사려는 덕인지 아닌지 의문을 제기하는 사람도 있을 것이다. 그러나 덕이라는 것은 다음으로부터 밝혀지게 될 것이다. 이것은, 만일 정의와 용기 및 그 밖의 다른 덕이 아름다운[훌륭한] 일을 하는 것이기 때문에 칭찬할 만한 것이라면,[41] 사려 또한 칭찬받을 만한 것들 중 하나이며, 덕의 지위 내에 있는 것들 가운데 하나임이 분명하기 때문이다. 왜냐하면 용기가 행위를 하려고 하고 그것을 향한 동기 부여를 갖지만, 그것들에 사려 또한 향하기 때문이다. 왜냐하면 일반적으로 후자가 명하는 방식으로, 그러한 방식으로 용기 또한 행위하는 것이고, 따라서 만일 용기가[42] 사려가 명하는 것과 같은 행위를 함으로써 칭찬받을 만하다면, 어쨌든 사려는 완전히 칭찬받을 만하게 되고, 덕이 될 것이기 때문이다.

그런데 과연 사려는 행위와 관련된 것인지, 아니면 그렇지 않은가 하는 것은 여러 지식을, 예를 들면 건축술에 눈을 돌려 다음과 같은 곳에서

---

40 kata ton orthon logon과 meta logon 구별에 대해서는 『니코마코스 윤리학』 제6권 제4장 참조. 이 책의 제2권 제3장 1199b38-1200a5, 『에우데모스 윤리학』 제3권 제7장 1234a23-33, 『니코마코스 윤리학』 제6권 제13장 1144b1-30 참조.

41 kai 삭제.

42 존스톤은 1198a29에서 andreia 대신 aretē로 읽기를 제안한다. 그러면 a28의 to holon(일반적으로)과 부합하는 것으로 보인다. 불행히도 사본상의 전거는 없다.

파악할 수 있을 것이다. 즉, 우리의 주장으로는 건축술에는 대목수[43]라
고 불리는 사람이 있고, 다른 한편으로는 그 사람을 따르는 목수가 있다.
후자는 집 제작에 관련된다. 그러나 대목수 또한 그 사람[목수]이 집을
짓고 있는 한에서는 집의 제작에 관여하고 있다. 또한 다른 제작에 관련
된 것으로, 대목수와 그 사람을 따르는 자가 있는 경우에도 마찬가지이
다. 그러므로 대목수 또한 무언가를 제작하는 사람이고, 종속되는 사람
도 그것 자체를 제작하는 사람일 것이다. 그런데 만일 합당하고 이치에
맞는 것은 덕의 경우도 마찬가지라면, 사려 또한 행위에 관여할 것이다.
왜냐하면 모든 덕은 행위에 관련되고, 사려는 그들의 일종의 대목수와
같기 때문이다. 그것이 명하는 방식으로, 여러 덕과 이것에 따라 행위하
는 사람들은 그러한 방식으로 행위하기 때문이다. 그래서 여러 덕이 행
위에 관여하는 이상, 사려 또한 행위에 관여할 것이다.

그런데 그렇게 생각되고 또 의문을 느끼고 있는 것이지만, 과연 사려
는 혼에 있어서 모든 것을 지배하는가, 아니면 그렇지 않은가? [그렇지
않다.] 예를 들어 지혜를 지배하지 않기 때문에 더 나은 것을 지배하지

43 원어로는 architektōn('대목수', '도편수', '주도적 기획자'). 이 말에서 오늘날의 건축
(architecture)이란 말이 유래했다. 이 말은 플라톤『정치가』259E에서 찾아볼 수 있다.
"모든 도편수 혹은 대목수(architektōn)는 몸소 손일을 하는 일꾼(ergatikos)이 아니라
일꾼들의 작업을 총괄하는 지배하는 자이다." tektōn은 '목수'이다. 이 말은 비유적으
로 쓰여 '총괄하는(으뜸격의) 기술(architektonikē)'을 의미하기도 한다.『니코마코스
윤리학』제1권 제2장에서는 '대목수의 지식'을 가리킨다(1094a27). 이 말은 전의되어
정치적 맥락에서도 사용되는데, '주도적 기획자'로서의 architektonos에 대해선『정치
학』제1권 제4장 1253b33-1254a1, 제13장 1260a18-19 참조. "정치적 철학자는(정치
학의 기술을 아는 정치적 지배자) 우리가 각각의 것을 무조건적으로 좋은 것 혹은 나쁜
것이라고 부르는 데 있어서, 목표하고 있는 궁극적 목적의 주도적 기획자(architektōn)
이다"(『니코마코스 윤리학』제7권 제11장 1152b1-3).

는 않을 것이다. 오히려 그것이 아니라, 앞의 [앞쪽 대목수의 유비에서
의] 주장에서는[44] 그것이 모든 것을 배려하고 또 명령을 내린다는 점에
서 권한을 가진다. 그러나 아마도 그 사람은 모든 것의 권한을 가지고,
모든 것을 관리하기 때문에, 집안에서 집사(감독관)와 같을 것이다. 그
러나 그 사람은 아직 모든 것을 지배하는 것은 아니며, 오히려 주인이 일   15
상의 필수품에 의해 방해받지 않고, 아름답고 합당한 행위에 속하는 무
언가를 행하는 데서 문이 닫히는 일이 없도록 주인을 위해서 한가(閑暇,
여가)를 준비한다. 그와 마찬가지로 사려는 일종의 지혜의 집사이며, 여
러 감정을 억누르고 절제 있게 함으로써 지혜를 위해 한가[45]를, 또 그 자   20
신의 일을 하기 위해 준비하는 것이다.[46]

44 alla phēsin hoti autē로 읽는다.

45 『정치학』 제7권 제14장 1333a30 아래("삶 전체는 일과 여가[scholē], 전쟁과 평화 둘로
나누어지며, 활동 중에서 어떤 것은 필수적인 것이거나 유용한 일을 지향하는 것이고, 다
른 것은 아름다운 것을 지향하는 것으로 구분된다. […] 일은 여가를 위해, 또 필수적이
고 유용한 것들은 아름다운 것을 위해서 선택되어야 한다.") 참조.

46 『니코마코스 윤리학』 제6권 제13장 1145a6-11 참조. 앞서 덕이 사려의 명령에 따를 것
이라 하였는데, 이번에는 그 사려가 지혜를 섬긴다고 하고 있다.

제2권

제1장 공평에 대하여[1]

이것들 다음에는 공평한 성향을 둘러싸고 그것이 무엇이며, 무엇에 있1198b

어서, 어떤 것들에 관련되는지 고찰을 해야 할 것이다. 공평한 성향과 공25

평한 사람[2]은 법에 따라 정의로운 것보다 더 적은 것을 취하는 사람이

다. 왜냐하면 입법가가 개별적으로 정확하게 규정하지 못하고 일반적으

로 말하는 것이나, 그것들에 있어서 다른 사람에게 양도하고, 또 입법가

개별적으로 규정하기를[3] 바라기는 했지만,[4] 할 수 없었던 것을 선택하는30

사람, 그러한 사람이 공평하기 때문이다. 그러나 무조건적으로 정의로

운 것을 덜 취하는 사람을 말하는 것은 아니다. 왜냐하면 자연 본성에서

도 진실된 것에 대해서 덜 취하는 것이 아니라, 법에 근거한 정의로운 것

으로, 입법자가 전부 규정할 수 없으므로 그대로 방치한 것을 더 적게 취

---

1 제2권의 제1~3장은 제1권 제34장에서 이어지는 논의이다.

2 원어는 hē epieikeia kai ho epieikēs이다. 즉, 양식은 공평한 것들을 판단하는 것을 말
한다.

3 1198b30의 tō를 삭제한다(Spengel).

4 ēbouleto로 읽는다.

하는 것이기 때문이다.[5]

제2장 양식에 대하여

그런데 양식 및 양식이 있는 사람[6]은, 공평함 또한 그것에 관계되는 것과 동일한 것에 관련해서, 즉 정확하게 규정되어 있지 않기 때문에 입법가에 의해 방치[7]되어 있는 정의로운 것들에 관여하고, 입법가에 의해 방치되어 있는 것으로 판단을 내리고, 그것이 입법가가 방치되어 있기는 하
지만 정의로운 것임을 아는, 그런 사람이 양식 있는 사람이다. 그러므로 양식은 공평함 없이는[8] 안 된다. 왜냐하면 판단을 내리는 것은 양식 있는 사람에 속하고, 그 판단에 따라서 실제로[9] 행위하고 있는 것은 공평한 사람에 속하기 때문이다.[10]

5   즉, 공평한 사람은 자연 본성적으로가 아니라 법에 근거한 것들을 적게 취하는 사람이다. 즉, 공평성은 법에 근거한 것들을 적게 취하는 것이다. 『니코마코스 윤리학』 제5권 제11장 1137a31-1138a3과 1137b31-1138a3("이렇게 해서 공평한 것이 무엇인지 하는 것, 그것이 정의로운 것이라는 점과 어떤 종류의 정의로움보다도 한층 더 나은 것임은 분명하다. 또한 이것으로부터 공평한 사람은 어떤 사람이라는 것도 명백하다. 즉 그는 그러한 공평한 것들을 선택하고 그것을 실행할 수 있는 자이지, 더 나쁜 쪽으로 엄정을 요구하는 자가 아니라, 설령 법이 자신에게 도움이 된다고 하더라도 [자신의 몫보다] 덜 취하는 조심성이 있는 자가 바로 그 공평한 사람이다. 그 성향이 공평성이며, 일종의 정의이지만, 정의와 뭔가 다른 성향이 아니다.") 참조.

6   원어는 eugnōmosunē kai ho eugnōmōn이다.

7   1198b35-38 사이에 '입법가에 의한 방치' 표현이 세 번 등장한다(두 번은 분사형). 반복되는 느낌이 들긴 하지만, 그럼에도 독해하는 데에는 지장을 받지 않는다.

8   aneu 다음에 tēs를 보충해 읽는다.

9   dē 대신에 ēdē로 읽는다.

10   『니코마코스 윤리학』 제6권 제11장 1143a19-24("그런데 '통찰'(gnomē)이라고 불리는 것은, 그것에 근거해서 '통찰이 좋은 사람(에우그노몬, 혹은 su[n]ggnōmonas[공감력을

제3장 덕과 사려, 정의와 사려, 부정의한 행위와 자발성

그런데 궁리[11]는 사려와 동일한 것들에 관련되지만(왜냐하면 획득과 회 5
피에 관계된 행위될 수 있는 것들에 관련되기 때문이다), 사려 없이는 존
재하지 않는다. 왜냐하면 사려는 그것들의 일을 행위하는 것과 관련이
있지만, 한편 궁리는 행위될 수 있는 것들 중 최선이고 가장 유익한 일
의 달성에 관련된 성향 혹은 상태[12] 혹은 뭔가 그런 것이기 때문이다. 그
렇기 때문에 저절로 형편이 좋게 일어나는 그런 일들은 궁리에 속한다 10
고는 생각되지 않을 것이다. 왜냐하면 최선의 것을 고찰하는 이치가 존
재하지 않는 것과 같은 일에서, 누군가에게 무언가 형편이 좋은 일이 일
어나더라도, 너는 그 사람을 더 이상 궁리를 가진 사람이라고 말하지 않
고, 그냥 운이 좋은 사람이라고 말할 것이기 때문이다. 즉, 판정하는 이
유(이치, logos) 없이 생기는 성공은 행운이니까.[13]

그렇다면 사람을 사귀는 데에서 각자에게 동일한 것을 돌려주는 것 15
은 정의로운 사람에게 속하는가(내가 말하는 것은, 예를 들어 각 사람이
어떤 사람이든 그러한 모습이 되어 교제하는 것이다), 아니면 그렇지 않
은가? [그렇지 않다.] 왜냐하면 그러한 것은 아첨하는 사람에게도 굴종

가진 사람])은 통찰을 갖추고 있다'라고 우리가 말할 경우의, 공평한 사람의 올바른 판
단을 말한다. 그 증거에는 다음과 같은 것이 있다. 즉, 우리는 공평한 사람을 특히 '공감
력이 있는 사람'(su[n]ggnōmonikos)이라고 하며, 또 어떤 일에 대해 '공감력이 있는 통
찰'(sungnomē)을 가진 것을 공평한 것이라고 부르기 때문이다. 즉, 공감력 있는 통찰
력은 공평한 결정을 내리는 통찰이다. 이 경우 옳다는 것은 진실한 일의 판정이라는 뜻
이다.") 참조.

11 원어는 euboulia이다.
12 원어로는 hexis와 diathesis이다. 이 둘은 거의 같은 말이다.
13 『니코마코스 윤리학』 제6권 제8장 1142a4-14 참조.

하는 사람에게도[14] 속한다고 생각할 것이기 때문이다. 그러나 각각의 사람과 그 가치에 따라서 교제를 반환하는 것, 그것은 정의로운 사람에게도, 또한 무조건적으로 말하자면 훌륭한 사람에게도 속한다고 생각할 것이다.

그러나 누군가는 이 일 또한 의문을 제기할 것이다. 만일 부정의한 행위를 하는 것이 자발적으로, 누구에게 어떤 식으로 게다가 무엇을 위해서인지를 알고 해치는 것이고, 가해 및 부정의한 성향이 좋은 것들 중에 좋은 것에 관한 것이라면, 그러므로 부정의한 행위를 하는 사람이나 부정의한 사람은 어떤 것이 좋은 것이고 어떤 것이 나쁜 것인지 알고 있을 것이다. 그러나 그런 일을 둘러싸고 분명히 아는 것은 사려가 깊은 사람과 사려에 고유한 것이다. 그러므로 가장 큰 좋음이라는 사려가 부정의한 사람을 수반한다는 것은 어처구니없는 일이 된다.

아니면 부정의한 사람에게는 사려가 부수된다고 생각되지 않는 것일까? [그렇게 생각되지 않는다.] 부정의한 사람은 고찰하지도 않고, 또 무조건적인 의미에서의 좋음과 자기 자신에 대한 좋음을 판별할 수도 없어서 실수를 저지르기 때문이다. 한편, 사려에 속하는 것은 이것, 즉 그러한 일들을 올바르게 관조할(고찰할) 수 있는 것이 속하는 것이며, 그것은 마치 의술에 관련된 일의 경우에 무조건적으로 건강에 좋은 것이거나 건강을 만들어 내는 것은, 엘레보로스의 풀이나 엘라테리온의 하제(下劑), 절개와 소작(燒灼)이 건강에 대해 좋은 건강을 만들어 낸다는

---

14 아첨하는 사람(kolakos)과 굴종하는 사람(areskos)의 차이에 대해서는 『니코마코스 윤리학』 제2권 제7장 1108a28-29("아무런 목적 없이 그러하다면 굴종하는 사람이며, 자신의 이익을 목적으로 그러하다면 아첨꾼이다.") 참조.

것을 우리 모두가 알고 있음에도 우리가 의술적 지식은 가지고 있지 않은 것과 같다. 왜냐하면 우리는 더 이상 의사들이 그것이 누구에게, 언제, 어떤 상태에 있을 때 좋은지 아는 것처럼 개별적인 좋음을 알지 못하기 때문이다. 사실 그런 것들 속에 의술적인 지식이 존재하기 때문이다. 그래서 무조건적으로 건강에 좋은 일은 알고 있지만, 그럼에도 우리는 의술적 지식을 갖고 있지 않으며, 그것이 우리에게 부수되는 일도 없는 것이다.

부정의한 사람은 그와 같은 것 같다. 그래서 무조건적으로 말하면 지배도[15] 재력도 좋다는 것을 그는 알고 있다. 그러나 자기 자신에게 좋은 것인지 아닌지, 혹은 언제 좋은지, 혹은 어떤 상태에 있는 경우에 좋은 것인지는 더 이상 알지 못한다. 그러나 이 일은 사려에 가장 속하는 것이며, 따라서 부정의한 사람에게는 사려가 부수되지 않는 것이다. 왜냐하면 그것을 놓고 부정의한 행위를 하는 좋은 것으로서는 무조건적인 좋음이 선택되는 것이지, 자기 자신에게 좋은 것이 선택되는 것이 아니기 때문이다. 왜냐하면 부나 지배는 단적으로 좋은 것이지만, 그럼에도 아마도 그에게는 좋은 것이 아니기 때문이다. 왜냐하면 부유하고 지배하기는 하지만 스스로가 자기 자신에게, 친구들에게 많은 나쁜 짓을 할 것이기 때문이다. 왜냐하면 그는 지배를 올바르게 사용하지 못할 것이기 때문이다.

그런데 이것 또한 의문과 의심스러운 점을 갖고 있다. 즉, 못돼먹은 사람에 대해 부정의가 존재하는가, 아니면 존재하지 않는가? 만일 부정

---

15   1199a2에서 kai hē turannis(참주)를 삭제하고 읽는다(Johnstone).

의가 가해 안에 있으며, 또 가해가 좋은 것의 박탈 안에 있다면, [못돼먹은 사람을] 해친다고는 생각할 수 없을 것이기 때문이다. 왜냐하면 자신에게 좋다고 그가 생각하는 좋은 것은 좋은 것이 아니기 때문이다. 왜냐하면 지배나 부는 그것들을 올바르게 사용하지 못하는 못돼먹은 사람들을 해칠 것이기 때문이다. 그래서 그것들이 거기에 생겨서 그를 해치게 된다면, 그것들을 박탈하는 사람은 [못돼먹은 사람들에게] 부정의한 행위를 하는 일은 없다고 생각할 수 있을 것이다. 그러므로 이러한 논의는 많은 사람들에게 상식에 어긋난다고 생각할 수 있다. 왜냐하면 모든 사람들은 지배도 권력도 부도 사용할 수 있다고 생각하지만, 그들의 파악은 옳지 않다.

그런데 이 점은 입법가들에게서도 분명하다. 왜냐하면 입법가는 지배하는 것을 모든 사람에게 맡기는 것은 아니고, 장래에 지배하고자 하는 사람에게 속해야 할 나이도 재산도 규정되어 있기 때문이지만, 그것은 지배하는 것이 모든 사람에게 속하는 것은 가능하지 않다고 생각하기 때문이다. 그러므로 누군가가 자신은 지배하고 있지 않다고 또는 아무도 자신에게[16] 키를 잡는 것을 인정하지 않는다고 불평한다면, "혼 안에 있으며, 그것에 따라 네가 지배하거나 키를 잡을 수 있는 그런 것을 아무것도 가지고 있지 않기 때문이다"라고 사람들은 말할 것이다. 혹은 신체의 경우에, 우리가 보기에는 무조건적으로 좋은 것을 적용받는 사람들이 건강할 수 없으며, 모자란 신체를 가진 누군가가 건강하고자 하면 그 사람에게는 먼저 물과 약간의 음식을 적용받아야만 한다. 한편, 혼

---

16 auton을 hauton으로 읽는다.

이 열등한 상태에 있는 자는 어떤 나쁜 일도 실행하지 않기 위해 부에서도 지배에서도 권력에서도, 일반적으로 그런 종류의 것들에서, 혼이 신체보다 더 움직이기 쉽고 더 변화하기 쉬운 만큼 멀어져야 한다.[17] 왜냐하면 신체에서[18] 열등한 상태에 있는 자는 앞서 언급한 것과 같은 방식으로 취급받는 것이 적절했던[19] 것처럼, 혼에서 열등한 앞에서 언급한 것과 같은 것들 가운데 아무것도 갖지 않고 그렇게 사는 것이 적절하기 때문이다.

35

그런데 다음과 같은 것도 의문을 불러일으킨다. 예를 들어 용기 있는 것과 정의로운 것을 동시에 행위할 수 없는 경우, 사람은 어느 쪽을 행위할 것인가? 그래서 자연 본성적인 덕에는 아름다운 것에 대한 동기 부여만이 이치 없이 존재할 것이라고 우리는 주장했다.[20] 한편, 선택이 그것에 의해서 존재하게 하는 것[사려]은 이성과 이성을 가지는 부분 안에 존재한다. 따라서 선택하는 행위가 눈앞에 있는 것과 덕이 성립하는 것은 동시일 것이다. 이 완전한 덕은 우리가 주장했던 바로는[21] 사려를 수반하지만 아름다움을 향한 자연 본성적 동기 부여 없이는 존재하지 않는다.

1200a

또한 덕이 덕에 대립하지는 않을 것이다. 왜냐하면 덕은 이치가 명하는 대로 이치에 따르고, 따라서 이치가 그것으로 인도하는 것이 있으면

5

17 1298b31의 ouk를 생략하고 의문문을 평서문으로 읽는다.
18 tō sōmati로 읽는다.
19 1299b26 아래 참조.
20 제1권 제34장 1197b36-1198a1 참조.
21 제1권 제34장 1198a1-21 참조.

그 자체로 기울어지는 것이 그 자연 본성이기 때문이다.[22] 그것은, 그것
[이치]이 보다 나은 것을 선택하는 것이기 때문이다. 왜냐하면 사려 없
이는 그 밖의 여러 덕이 생기지도 않고, 사려도 다른 여러 덕이 없으면
완전하지 않지만, 그것들은 사려를 따르면서 어떤 방식으로든 상호 협
력해 작동하기 때문이다.[23]

그런데 이에 못지않게 다음과 같은 것 또한 의문이 든다. 과연 덕의
경우도, 다른 외적인 좋음이나 신체에 관련된 좋음과 마찬가지일까? 왜
냐하면 그것들은 지나치게 되면 사람들을 더 나쁘게 만들고, 예를 들어
부는 많아지면 [사람들을] 오만하게 하고 역겹게 만들었기 때문이다. 다
른 좋은 것들, 지배, 명예, 미모, 훌륭한 체격(체격이 좋은 것)의 경우도
마찬가지다. 그래서 덕의 경우도 그런 것 같고, 따라서 만일 누군가에게
정의나 용기가 지나치게 많아지게 되면 그 사람은 더 나빠질 것인가? 아
니면,[24] 그 논의가 주장하기에는 그렇지 않고, 한편 덕으로부터[25] 명예가
생기지만, 다른 한편 명예가 커지면 [사람들을] 더 나쁘게 만든다. 따라

---

22 제1권 제34장 1198a28-29 참조.

23 『니코마코스 윤리학』 제6권 제13장 1144b32-1145a2("사려 하나만 갖추게 되면, 모든
덕 또한 가지게 될 테니까"), 제10권 제8장 1178a16-22("한편, 사려 또한 성격의 덕과
밀접한 연결을 유지하고, 성격의 덕 쪽도 사려와 밀접한 연결을 유지하고 있다. 그것은
사려의 원리들은 다양한 성격의 덕을 바탕으로 하고, 다양한 성격의 올바름은 사려에 근
거하기 때문이다. 그리고 이처럼 감정과도 결부되어 있는 성격의 덕은, 따라서 복합적인
것에 관여하게 될 것이다. 그런데 이 복합적인 것의 여러 가지 덕이 바로 인간적인 것이
다. 그래서 이러한 덕을 바탕으로 삶의 방식과 행복 또한 인간적인 것이다. 이에 비해 지
성의 덕은 이러한 복합적인 것으로부터 분리될 수 있다.") 참조.

24 1200a19는 eatai 뒤에 물음표를 붙이고, 보니츠가 삽입한 ou를 읽지 않고, pēsin 뒤에는
쉼표를 찍고, all'로 이어지게 하며, a22의 poiēsai 뒤에 물음표를 붙인다.

25 a19의 tēs는 필사본에 따라 삭제한다.

서 그 주장으로는 분명히 덕이 크기 면에서 증진되면 [사람들을] 더 나쁘게 만들 것인가? 덕은 명예의 원인이고,[26] 따라서 덕도 더 커지면 사람들을 더 나쁘게 만들 것이다.

아니면, 이것은 진실이 아닌가? [아니다.] 덕에 대해서, 사실이 그러하듯이, 만일 덕이 [명예와] 그 밖에도 많은 성과[27]를 가져온다면, 다음의 것, 즉 그러한 좋은 것들 및 그러한 종류의 좋은 것들이 생겼을 경우 그것들을 올바르게 사용할 수 있다는 것도 그 최고의 것 안에 있는 것이다. 그러므로 훌륭한 사람이 그 사람에게 큰 명예나 지배가 생겼을 때, 그것들을 제대로 사용하지 않는 것이라면 더 이상 훌륭하지 않을 것이다. 그러므로 명예도 지배도 훌륭한 사람을 더 나쁘게 만들지 않으며, 따라서 덕 또한 그렇게 하지 않는다.

그러나 일반적으로 여러 덕이 '중간임'(중용)이라는 것은 우리에 의해 애초에 규정되어 버렸으니,[28] 더욱더 덕인 것은 더욱 중간임이기도 하다. 따라서 덕은 그것이 큰 것으로 나아갈 때 무엇이든 그것을 더 나쁜 것이 아니라 더 나은 것으로 만들 것이다. 왜냐하면 그 중간임은 감정(파토스)의 모자람과 지나침의 중간임이었기 때문이다.[29]

25

30

---

26 gar를 de로 읽는다.

27 원어로는 ergon인데, 맥락상 '성취'를 의미한다.

28 제1권 제5장 1185b13-32 참조.

29 제1권 제8장 1186a33, 제9장 1186b33 참조.

VI. 자제력과 자제력 없음

제4장　자제력과 자제력 없음에 대하여 (1)

³⁵
이렇게 해서[1] 그것들[에 관해서]은 그런 정도까지 하기로 하자. 그다음으로 다른 시원[출발점]을 세운 후, 자제력과 자제력 없음[2]을 둘러싸고 이야기해야 한다. 그러나 바로 그것들이 덕과 악덕으로서 기묘한 것이듯이, 그것들에 대한 논의도 마찬가지로, 막상 이야기하게 되는 경우에

^{1200b}
기묘한 것이 되는 것은 필연적이다. 그것은 그 덕이 다른 여러 덕과는 유사하지 않기 때문이다. 왜냐하면 다른 덕에서는 이치도 감정도 같은 것에 대한 동기 부여를 가지고 서로 대립하지 않지만, 그것들[자제력과 자

⁵
제력 없음]의 경우, 이치와 감정은 서로 대립하기 때문이다.[3] 혼 속에서 생기는 것이고, 그것에 따라 우리가 못됐다는 말을 듣는 것에는 악덕, 자

1　men oun으로 읽는다.

2　enkrateia와 akrasia. '엔크라테이아'는 문자적으로 '내적인 힘'을 뜻한다.

3　이 장에서 자제력은 덕의 일종이고, 자제력 없음은 악덕의 일종으로 되어 있지만 이 입장은 『니코마코스 윤리학』(제4권 제9장 1128b33 "자제력은 덕이 아니라 일종의 혼합된 성격의 것이다."), 『에우데모스 윤리학』(제2권 제1장 1227b16 "덕과 자제력은 다르다.")의 관점과는 다르다.

제력 없음, 짐승과 같은 상태[獸性] 세 가지가 있다.[4] 그래서 악덕과 덕을 둘러싸고 그것이 무엇이며, 무엇 안에 있는지는 앞에서 우리에 의해 이야기되었다. 지금은 자제력 없음과 짐승과 같은 상태를 놓고 이야기해야 할 것이다.

제5장 자제력과 자제력 없음에 대하여 (2)

짐승과 같은 상태는 지나침에 이르는 일종의 악덕이다. 왜냐하면 누군가가 전적으로 못됐다는 것을 우리가 볼 때, 인간도 아니고 짐승이라고 우리는 주장하는데, 그것은 짐승과 같은 상태가 일종의 악덕이라고 생각하기 때문이다.[5] 한편, 그와 대립되는 덕은 이름이 없지만, 그러한 덕은 인간을 초월하고 있으며, 예를 들어 무언가 영웅적이고 신적인 덕이 그것이다. 그 덕은 이름이 없지만, 그 이유는 신에게는 덕이 속하지 않기 때문이다. 신은 덕보다 낫고,[6] 덕에 따라서 훌륭한 것이 아니기 때문이다. 왜냐하면 그런 경우에는 덕이 신보다 나을 것이기 때문이다. 그러므로 짐승과 같은 상태의 악덕과 대립되는 덕은 이름이 없다. 그러한 악덕에 대립되기를 요구하는 것은 신적이고 인간을 초월한 덕이다. 왜냐하

10

15

---

4 『니코마코스 윤리학』 제7권 제1장 1145a16-20("여러 성격에 관해 피해야 할 세 가지 종류, 즉 악덕과 자제력 없음과 '짐승 같은 상태'[獸性]가 있음을 논해야 한다. 이 중 2개의 것에 대해서는 그 각각에 반대가 대립하는 것이 명백하다. 즉, 한쪽[악덕]에 대한 것을 우리는 '덕'이라고 부르고, 다른 쪽[자제력 없음]에 대한 것을 '자제력'이라고 부르기 때문이다. 그러나 수성에 대해서는 무엇이 있는가 하면, 그것은 우리 인간을 초월한 덕이라고 부르는 것이 특히 적합할 것이다.") 참조.

5 짐승과 같은 상태[獸性]에 대한 다른 설명에 관해서는 『니코마코스 윤리학』 제7권 제1장 1145a22-b2, 제5장 1148b34-1149a12 참조.

6 beltion으로 읽는다.

면 마치 짐승과 같은 상태의 악덕도 인간을 넘어서듯이, 대립되는 덕도 그런 것 같기 때문이다.[7]

제6장 자제력과 자제력 없음에 대하여 (3)

그런데, 자제력 없음과 자제력을 둘러싸고는 제일 먼저 의문점으로 생각되는 것들과 [사람들에게] 나타나고 있는 것과 상충하는 논의를 이야기해야만 할 것이다. 그것은 어려운 문제를 야기하고 [현상과] 상충하는 논의로부터 그것들을 함께 고찰하고 음미한 다음, 그것들을 둘러싼 진실을 가능한 한 우리가 파악하기 위해서이다. 왜냐하면 그런 식으로 진실을 보는 것이 더 쉬울 것이기 때문이다.[8]

그래서 (1)[9] 늙은 소크라테스[10]는 나쁜 것이 나쁘다는 것을 알고 선택하는 사람은 아무도 없을 것이라며 전적으로 [자제력 없음을] 없애 버리고, 자제력 없음이 존재함을 부정하였다. 한편, 자제력 없는 사람은 못됐

---

7 『니코마코스 윤리학』 제7권 제1장 1145a18-b2.

8 『니코마코스 윤리학』 제7권 제1장 1145b2-7("다른 경우들에서처럼, [여기서도] 우리는 현상들(phainomena)을 규정하고, 그리고 우선적으로 그 속에 있는 난점들을 조사해야만 한다. 이러한 방식으로 이들 [혼의] 여러 겪음들(ta pathē; 경험들)에 관한 통념들을, 가능하다면 더 나아가 모든 통념들을 증명해야만 한다. 만일 [그 모든 통념이] 아니라고 한다면, 그것들의 대부분을 그리고 가장 유력한 것들을 적시[증명]해야만 한다. 왜냐하면 그 난점들이 풀어지고, 동시에(kai) 통념들이 [적절한 입장에] 남아 있게 된다면, 충분하게 밝힌 셈이 될 것이다.") 참조. 이 대목은 윤리학에서 하나의 방법론을 논의하는 대목이다. 이 방법론에 관련된 『에우데모스 윤리학』 제7권 제2장 1235b13-18 참조.

9 아포리아를 번호로 나누어 표기한 것은 디를마이어에 따랐다.

10 이 표현이 나오는 『에우데모스 윤리학』 제1권 제5장 1216b4, 제7권 제1장 1235a39 참조.

다는 것을 알면서도, 그럼에도 감정에 의해 이끌려 [그것을] 선택한다고 생각된다. 그러므로 이러한 논의를 통해, 그는 자제력 없음이 존재한다고 생각하지 않았던 것이다. 그러나 그것은 옳지 않았다. 왜냐하면 이 논의를 믿고 합당한 방식으로 일어나고 있는 일을 없애 버린다는 것은 불합리하기 때문이다. 자제력 없는 인간은 존재하고 있으며, 그 사람들은 그것들이 못됐다는 것을 스스로 알면서도, 그럼에도 그것들을 행위하고 있으니까 말이다.

그러나 자제력 없음이 존재하는 한, 과연 자제력 없는 사람은 그것에 의해서 못된 것들을 관조하고 음미하는 어떤 지식을 가지고 있는 것인가? 그러나 이번에는 우리 안에 있는 것들 중 가장 힘 있고 확고한 것이 무엇인가에 의해서 패배한다는 것은 터무니없다고 생각된다.[11] 지식은 우리 안에 있는 모든 것 중에서 가장 지속적이고 강압적이기 때문이다. 따라서 지금의 논의는 이번에는 [자제력이 없는 사람에게는] 지식이 있다는 점에 반론을 받게 된다.[12]

그러나 지식은 없지만 적어도 생각(의견, doxa)은 있는가? 그러나 자제력 없는 자가 생각을 갖고 있다면, 비난할 만한 것은 없을 것이다. 왜냐하면 어떤 못돼먹은 것을 정확히 알지 못하고 생각을 좇아 행동한다면, 못돼먹은 것을 정확히 알지 못하고 생각을 좇아 쾌락 편에 서서 못돼먹은 일을 하는 것에 동정을 표하는 사람이 있을 것이기 때문이다. 그런

---

11 ouk를 생략하고 읽는다. an doxeien atopon으로, 마침표 없이 연속된 한 문장으로 읽는다.

12 이 문장도 탈문이 있어 보이지만, mē를 삭제하고, enantioutai tō[i] einai epistēmēn으로 읽는다(1200b37-38).

데 우리는 적어도 우리가 동정을 갖는 사람들을 비난하는 일은 없다. 따라서 자제력 없는 자가 [정말로] 생각을 갖고 있다면 비난할 만하지 않을 것이다. 그러나 실제로는 비난할 만하다.[13]

그러므로 이러한 논의는 난문(難文)을 만들어 낸다. 왜냐하면 어떤 논의는 지식이 있음을 부정했는데, 그것은 뭔가 불합리한 일이 생기기 때문이라는 것이었다.[14] 한편, 이번에는 다른 논의가 생각의 존재마저 부정하는데, 그것은 후자의 논의가 또다시 뭔가 불합리한 일을 일으키려 했기 때문이다.[15]

그런데, (2) 다음의 것도 의문으로 삼는 사람이 있을 것이다. 즉, 절제 있는 사람도 자제력이 있다고 생각되기 때문에, 절제 있는 사람에게 무엇이 격렬한 욕망을 불러일으킬 것인가?[16] 그래서 [절제 있는 사람이] 자제력이 있다고 한다면, 그 사람은 격렬한 욕망을 가져야 할 것이다(왜냐하면 누구든지 그 정도의 욕망을 억누르는 사람을 자제력 있는 사람이라고 말하지 않을 것이기 때문이다). 그와 달리, 만일 어쨌든 격렬한 욕망을 갖지 않는다고 한다면,[17] 더 이상 절제가 있는 것은 아닐 것이다(왜

---

13 『니코마코스 윤리학』 제7권 제2장 1145b21-1146a4 참조.

14 epoioun을 생략하고 읽는다.

15 epoioun을 삭제하지 않고 그대로 놔둔다. 첫 번째 난제(1)는 다음과 같은 것이다. 소크라테스는 (ㄱ) '나쁨을 알고 그것을 행하는 사람은 없다. 따라서 누구도 자제력이 없는 것은 아니다'라고 주장한다. 그러나 이는 현상(사실)과 상충된다(『니코마코스 윤리학』 제7권 제2장 1045b23-36). (ㄴ) 자제력 없는 사람은 나쁜 것에 대한 지식을 갖지 못하므로, 그렇게 하지 않을 것이다. (ㄷ) 만일 자제력 없는 사람이 생각만을 갖고 있다면, 그는 비난을 받지 않을 것이지만, 실제로는 그는 비난을 받을 것이다.

16 절제와 자제력의 관계에 대해서는 아래의 1203b12-b23에서 다시 언급된다.

17 1201a14-16 부분은 텍스트뿐 아니라 의미상으로도 여러 문제가 있다. 1201a14의

냐하면 욕망을 갖지 않고 아무런 감정도 겪지 않은 사람은 절제 있는 사람이 아니니까).[18]

그런데 (3) 다음과 같은 것 또한 의문을 불러일으킨다. 즉, 그러한 논의로부터 자제력 없는 사람이 칭찬받을 만하고, 자제력 있는 사람이 비난받을 만한 경우도 있다는 것이 결과적으로 따라 나온다. 앞서 논의하는 자의 말인즉슨, 누군가 추리(헤아림)에서 실수를 저지르고, 추리에서 아름다운(훌륭한) 것이 못됐다고 그 사람은 생각할 수 있지만, 욕망은 아름다운 것 쪽으로 이끌어가도록 하라. 그러면 이치는 행위를 허용하지 않지만, 욕망에 의해 이끌려 행위할 것이다[19](자제력 없는 자는 그런 사람이었으니까[20]). 그러므로 아름다운 일을 할 것이기 때문에(그것은 욕망이 그 일들로 이끌어가려고 하고 있지만, 이치가 그것을 방해할 것이다. 훌륭한 일을 추리하는 데에서 잘못을 범하게끔 되어 있으니까).[21] 그

mē는 삭제하지 않고, a15의 ho는 사본에 따라 ou라고 읽는다. 주제밀의 텍스트대로 1201a14의 mē를 삭제하고 a15에서 첫 번째 ho를 읽는다면, a12-16은 다음과 같이 옮겨진다. "그래서 만일 [절제 있는 사람이] 자제력이 있다고 한다면, 그 사람은 격렬한 욕망을 가져야 할 것이다(왜냐하면 누구라도 그 정도의 욕망을 억제하는 사람을 자제력 있는 사람이라고 말하지 않을 것이기 때문이다). 그와 달리, 만일 어쨌든 격렬한 욕망을 가진다고 한다면, 더 이상 절제가 있을 수 없을 것이다(왜냐하면 절제 있는 사람은 욕망을 갖지 않고 아무런 정념도 없는 사람일 것이기 때문이다)."

18 『니코마코스 윤리학』 제7권 제2장 1146a9-16, 제9장 1151b32-1152a3 참조. (ㄹ) 절제 있는 사람이 자제력이 있다면, 그는 극복하려는 강한 욕망을 가질 것이며, 욕망이 없다면 그는 자제하지 않을 것이다.

19 prazei로 읽는다(Rassow).

20 제1권 제12장 1188a8 아래, 제13장 1188a28 아래, 제14장 1188b9 아래, 그리고 1200b27 아래 참조.

21 1201a23-25의 hē gar […] kalon 대목은 직전의 1201a18-21에서 말한 것과 거의 같은 내용이 반복되는 것으로 보인다. 아마도 추정컨대, 사본의 난외주(欄外注)가 여기에 잘

렇다면 그 사람은 자제력 없게 되겠지만 칭찬을 받을 자격이 있을 것이다. 아름다운 일을 행하는 한, 칭찬을 받을 자격이 있으니까. 따라서 그 결과하는 것은 불합리한 것이다.[22]

이번에도 또한 이치에 있어서 잘못을 범하고, 아름다운 것이 그 사람에게는 아름답다고 생각되지 않지만, 욕망이 아름다운 것으로 이끈다고 하자. 그런데 욕망은 하지만, 이치(이성의 원리) 때문에 그것[욕망하는 것]들을 행위하지 않는 사람이 어쨌든지 간에 자제력이 있는 것이다. 그렇다면 아름다운 일에 대한 이치에 있어서 잘못을 저지르는 사람이 욕망하는 일을 하는 것을 방해받을[23] 것이고, 그러므로 그들이 아름다운 일을 하는 것을 방해할 것이다(욕망이 그 일들 쪽으로 이끌려[24] 했으므로). 그러나 어쨌든 아름다운 일을 해야만 하는데도 행동하지 않는 사람은 비난받을 만하다. 그러므로 자제력 있는 사람이 비난받을 만한 경우

못 끼어 들어간 것으로 의심받는다. 주제밀의 텍스트는 1201a24-25의 ho de logos [⋯] tōn kalōn을 괄호에 넣었는데, 여기서는 1201a23의 ta kala 뒤의 쉼표에서 끊고, 그 뒤의 hē gar [⋯] tōn kalōn(a25)을 괄호에 넣어 번역했다.

22 『니코마코스 윤리학』 제7권 제2장 1146a18-21("또한 당사자의 의견이라면 어떤 것이든, 예를 들어 그것이 잘못된 것이라도 참고 견딜 수 있도록 하는 것이 자제력이라고 한다면, 그러한 자제력은 나쁜 것이다. 반대로 자제력 없음이란 당사자의 의견을 모두 도외시할 수 있게 하는 것이라면, 그러한 경우 뭔가 뛰어나고 좋은 자제력 없음이라는 것도 있을 것이다.") 참조.

23 kōlusetai로 읽는다(Johnstone).

24 ēgagen를 ēgen으로 읽는다.

가 있을 것이다.[25] 이렇게 이런 식으로 따라 나오는 결과도 불합리하다.[26]

그런데 (4) 과연 자제력 없음과 자제력 없는 사람은 모든 일에서 있으며, 모든 일에 관여하는가? 예를 들어 재화나 명예나 분노나 명성에 관련해서 있는가(그 모든 것에 관련해서 사람들은 자제력 없음이라고 생각되는 것이니까)? 아니면, 그렇지 않고 자제력 없음은 무엇인가 한정된 사항에 관련해 있는지 의문을 제기하는 사람이 있을 것이다.[27] 35

그래서 이러한 것들이 어려운 문제를 제공하는 것이다.[28] 그 어려운 문제들을 풀어야 할 필요가 있다.[29] 그래서 (1′) 먼저 지식의 경우에서의 문제를 풀어야 한다. 왜냐하면 지식을 가지고 있으면서, 그것을 내던지거나 변화시키는 것은 불합리하다고 생각되기[30] 때문이다. 1201b

그런데 동일한 논의는 생각의 경우에도 해당된다. 그것은, 생각인지 5

---

25 (ㅁ) 자제력 없는 사람과 자제력이 아름다운 것이 못된 것이라고 거짓으로 추론하지만, 그럼에도 아름다운 것을 욕망한다면, 이치에 반하여 아름다운 것을 행하는 자제력 없는 인간은 칭찬받을 만할 것이고, 이치 때문에 아름다운 것을 회피하는 자제력 있는 사람은 비난받을 것이다.

26 『니코마코스 윤리학』 제7권 제2장 1146a16-18("이와 반대로, 그 욕망들이 약하고 나쁘지 않은 것이라면, [자제력이 있다고 해서] 훌륭하다고 찬탄할 만한 것이 전혀 없으며, 또 만일 그것들이 나쁘고 약한 것이라고 하면, [자제력이 있다고 해서] 대단스러울 게 전혀 없다.") 참조.

27 『니코마코스 윤리학』 제7권 제1장 1145b19-20("나아가 사람들은 분노와 명예, 이득에 관련해서 '자제력 없다'라는 말을 듣기도 한다. 이것들이 세상 사람들이 하는 말들이다."), 제2장 1146b2-5, 제3장 1146b9-11, 18-24 참조. (ㅂ) 어떤 사람은 돈과 분노, 명예 등등에 대해 자제력이 없는 것 같으며, 어떤 특정한 것에만 한정되는 것은 아니다.

28 아래에서는 난제(아포리아)들의 해결책을 모색하고 있다.

29 『니코마코스 윤리학』 제7권 제2장 1146b6-8 참조.

30 1200b25-1201a9 참조.

지식인지는, 아무런 차이가 없기 때문이다. 즉, 만일 생각이 확고하고 불변한다는 점에서 매우 강한 것이라면, 생각은 생각을 품고 있는 대로 일이 성립되어 있다고 믿는 것으로, 생각을 가지고 있는 사람들에게는[31] 어떤 것도 지식과 다르지 않을 것이다. 예를 들어 에페소스의 사람 헤라클레이토스는 그가 생각한 것을 두고 그런 생각을 갖고 있었다.

그런데 자제력 없는 자에게는 지식을 가지고 있거나 우리가 말하고 있는 것과 같은 생각을 가지고 있든, 무엇인가 못된 행위를 하는 것은 아무런 불합리한 일이 아니다. 왜냐하면 알고 있는 것에는 두 가지가 있으며, 그중 하나는 지식을 가지고 있는 것이다(누군가가 지식을 가지고 있을 때, 그때 알고 있다고 우리가 주장하니까). 한편, 지식에서 이미 현실 활동하고 있는 것은 [그것과는] 다른 것이다.[32] 그래서 아름다운 것에 대한 지식을 가지고는 있지만, 그 지식에서 현실 활동을 하지 않는 사람은 자제력 없는 것이다. 그 지식에서 현실 활동을 하고 있지 않은 경우, 그 사람이 지식을 가지고 있으면서 못된 짓을 행위하는 것은 아무런 불합리한 일이 아닌 것이다. 잠든 사람들의 경우와 유사하기 때문에 아무런 불합리한 것이 있는 것이 아니다. 그것은 잠든 사람들의 경우와 유사하

---

31 1201b7에서 doxēs echousēs to를 doxas echousi tō로 읽는다. 주제밀의 텍스트로 읽는다면 "즉, 만일 생각이 확고하고 불변한다는 점에서 매우 강한 것이라면, 생각은 생각을 품고 있는 대로 일이 성립하고 있다고 믿는 것을 포함하고 있으므로, 무엇 하나라도 지식과 다르지 않을 것이다"로 옮겨진다.

32 『에우데모스 윤리학』 제2권 제9장 1225b11-12("안다는 것은 두 가지 의미를 갖는데, 하나는 지식을 소유함을, 다른 하나는 그것을 사용함을 의미한다."), 『토피카』 제5권 제2장 130a19-22("'이것은 알고 있다'는 여러 가지 의미를 지닌다. 왜냐하면 (1) '이것이 지식을 가진다', (2) '이것이 지식을 사용한다', (3) '이것을 대상으로 한 지식을 가진다', (4) '이것을 대상으로 한 지식을 사용한다' 등의 의미가 있기 때문이다.") 참조.

기 때문이다. 왜냐하면 그들은 지식을 가지고는 있지만, 그럼에도 잠 속에서는 많은 혐오스러운 일을 하거나 겪기 때문이다. 그들 안에서는 지식이 현실 활동을 하지 않으니까. 자제력 없음의 경우도 마찬가지인 것 같다. 왜냐하면 잠든 경우와 마찬가지로, 지식 측면에서도 현실 활동을 하지 않기 때문이다.[33] 그러므로 이와 같은 식으로 난제는 풀린다. 자제력 없는 자가 그 경우에 지식을 던질 것인지, 아니면 변화시킬 것인지가 의문으로 여겨졌기 때문이다. 그 이유는 어느 쪽의 선택지도 불합리하다고 생각되기 때문이다.

그런데 또, 마치 우리가 『분석론』에서 주장했던 것처럼,[34] 다음의 점에서도 밝혀질 것이다. 즉, 추론은 두 가지 전제에서 비롯되며, 그중 첫 번째 전제는 보편적이고, 두 번째 전제는 전자 아래에 있으며, 개별적으로 관련된다. 예를 들어 '열이 있는 모든 인간을 건강하게 만드는 법을 나는 알고 있다. 그런데 이 사람은 열이 있다. 그러므로 나는 그 사람도 건강하게 만드는 법을 안다'. 그래서 한편으로는 보편적인 지식에 의해서 내가 알고 있으며, 다른 한편으로는 개별적인 것에 관련된 지식에 의

---

33 플라톤,『국가』제9권 571C에서는 잠을 자는 동안 이성적이고 지배적인 혼의 부분 중 짐승적이고 사나운 부분이 활발해지며, 그것은 일체의 부끄러움과 분별에서 풀려나 해방되어서 무슨 짓이든 감행한다고 말하고 있다.

34 『분석론 전서』제1권 제1장 24b17이나, 제4장 25b32(41b24, 42a32) 등이 해당한다 (Armstrong). 어떤 학자(Stock)는『분석론』의 실제적인 부분에 대한 언급인지 아닌지에 대한 의문을 제기한다. 오히려『토피카』제2권 제1장 108b37-109a1에 대한 언급으로 보기도 한다(Dirlmeier). "보편적인 문제는 예를 들면 '모든 즐거움은 좋음이다'와 '어떤 즐거움도 좋음이 아니다'와 같은 것이고, 부분적인 문제는 예를 들면 '어떤 즐거움은 좋음이다'와 '어떤 즐거움은 좋음이 아니다'와 같은 것이다. 그런데 보편적으로 하나의 명제를 확립하거나 뒤엎는 방식은 두 종류의 문제 모두에 공통적이다."

해서 알고 있다는 것이 있게 된다.[35]

그래서 지식을 가지고 있는 사람에게는 아래와 같은 경우에 잘못이 생긴다. 예를 들어 열이 있는 모든 사람을 건강하게 만드는 법을 나는 알고 있다. 하지만 그 사람이 열이 있는지는 나는 모른다. 그래서 지식을 가지고 있는 자제력 없는 사람의 경우도 마찬가지로, 동일한 오류가 생길 것이다. 왜냐하면 자제력 없는 사람이 이러한 것의 성질이 못되고 해롭다는 보편적 지식은 가지고 있지만, 그럼에도 적어도 그러한 것들이 못됐다는 것을 개별적으로는 모르는 것이 가능하며, 그 결과로 이러한 방식으로 지식을 가지고 있으면서도 잘못을 범하는 경우가 있을 것이기 때문이다. 보편적인 지식은 가지고 있지만, 개별적인 지식은 가지고 있지 않으니까.

그렇기 때문에 자제력 없는 자의 경우, 다음과 같은 방식으로도 지식을 가지고 있으면서도 뭔가 못된 행위를 하는 것이 아무런 불합리한 일로 일어나지 않을 것이다. 술에 취한 사람들의 경우와 비슷하니까. 왜냐하면 술취한 사람들은 그들의 취기가 사라지면 다시 같은 사람들이기

35 1201b30에서 부정사 ou를 읽을 것인지, 아닌지에 따라 사본이 나뉜다. (1) 부정사를 읽는 경우를 대부분의 현대어 번역은 채택한다(Dirlmeier, Armstrong, Simpson, Stock 등). 부분적인 지식, 즉 개별적인 지식을 갖지 않는다는 것은 아래에서 논의되는 '자제력 없음'의 사례에 적용하는 방향을 지시하는 것으로서 해석 가능하다. (2) 부정사를 읽지 않는 경우는, 앞서의 열병 치료 사례에서 제시된 추론에서의 지식에 관련된 방향을 일반적으로 결론 맺는 말로 해석하는 것이다. 즉, '그 사실을, 나는 한편으로는 보편적인 지식으로 알고 있으며, 다른 한편으로는 부분적, 개별적인 방식으로도 알고 있다.' 이 경우는 아래의 자제력 없음의 문제와 연결시키지 않은 해석이다. 대부분의 번역은 (1)의 부정사를 읽는 방향이지만, 사본상으로는(Mb, Kb) (2)의 부정사를 읽지 않는 방향이 다소 우세하다. 여기서는 대부분의 번역자들과 달리 부정사를 읽지 않는 번역을 시도했다.

때문이다.[36] 그러나 그들에게서 이치가 빠진 것도 아니고, 지식이 빠진 것도 아니며, 오히려 취기에 의해 지배되었던 것이다. 하지만 취기가 사라지면, 다시 같은 사람이다. 따라서 자제력 없는 사람의 경우와 마찬가지다. 왜냐하면 감정이 지배하고 추론 능력은 추론 능력을 침묵시켰기 때문이다. 그러나 취기와 마찬가지로, 감정이 사라지면 이들은 다시 같은 사람인 것이다.[37]

그런데 (3′) 자제력 없음의 경우에는 난제(難題)를 제공하는 다른 논의도[38] 있었다. 그것은 어떤 경우에는 자제력 없는 사람이 칭찬받을 만하고, 자제력 있는 사람이 비난받을 만하다고 생각되기 때문에 어려운 문제이다.[39] 그러나 그 경우는 따라 나오지 않는다. 왜냐하면 이치에서 잘못을 저지른 사람은 자제력이 있는 것도 아니고 또 자제력 없는 것도 아니며, 올바른 이치를 갖고 그것에 따라 못된 것들과 아름다운 것들을 있는 그대로 판단하고, 그리고 그런 이치를 따르지 않는 사람은 자제력이 없는 것이며, 다른 한편 [올바른 이치에] 복종하고 여러 욕망에 의해 이끌리지 않는 사람이 자제력이 있는 사람이기 때문이다. 왜냐하면 아버지를 구타하는 것이 그 사람에게는 부끄럽다고 생각되지 않고, 구타하지 않기를 욕망은 하지만,[40] 그것[구타하지 않는 것]으로부터 멀어지

---

36 1202a4-5의 논의는 앞의 부분과 중복되는 내용을 보여 준다. 또 일부 사본은 '하지만 취기가 사라지면 다시 같은 인물이다'라는 한 문장을 읽지 않는다.

37 1202a8-18.『니코마코스 윤리학』제7권 제3장 1146b8-9, b24-1157b17 참조.

38 『니코마코스 윤리학』제7권 제9장 1151a29-b4, b17-22와 비교하라.

39 1201a16-35 참조.

40 1202a15에서 epithumōn de 다음에 mē를 삽입해 읽는다(Wilson). 주제밀은 〈ouk〉 epithumōn로 추정한다. '그는 욕망을 갖지 않으니까.'

는 사람은 누구라도 자제력 있는 사람이 아니기 때문이다. 따라서 만일 그러한 경우에 자제력도 없고 자제력 없음도 없다면, 그렇게 생각되었던 것처럼 자제력 없음이 칭찬할 만한 것도 없으며 자제력이 비난받을 만한 것도 없을 것이다.[41]

그런데 자제력 없음들 중에 어떤 것은 병적이지만, 어떤 것은 자연 본성에 있는 것이다. 예를 들어 병적인 것은 다음과 같은 것이다. 즉, 머리카락을 쥐어뜯고 **[42] 물어뜯는 사람들이 있다.[43] 그래서 일에 어떤 사람이 그런 쾌락을 지배한다면 칭찬받을 만한 것도 아니고, 또 만일 지배하지 못하면 비난받을 만한 것도 아니거나, 혹은 적어도 심하게 비난받을 만한 것도 아니다. 한편 자연 본성에서의 것은, 예를 들어 아버지를 구타한 것 때문에 과거 아들이 법정에 고소당했을 때, '그 사람[아버지]도 그 사람 자신의 아버지를 때렸[기 때문이]다'라고 말함으로써 변명했고, 그 결과로 방면된 적이 있다는 것이다. 왜냐하면 그 잘못은 자연 본성에 의한 것이라고 배심원들이 생각했기 때문이라고 한다. 그러므로 만일 누군가가 그 아버지를 구타하는 것을 지배한다면 칭찬할 만한 것은 아니다. 그러므로 지금 우리는 그러한 자제력 없음을 탐구하고 있는 것도 아니고, 그러한 자제력 있음을 탐구하고 있는 것도 아니며, 그것에 따라 우리가 무조건적으로 비난받을 만하거나 칭찬받을 만하다는 것을 탐구하

---

41 『니코마코스 윤리학』 제7권 제9장 1151a29-b4, b17-22 참조.

42 여기에도 탈문이 있다. 내용상으로는 『니코마코스 윤리학』 제7권 제5장 1148b27-28의 비슷한 서술을 참조하여(Susemihl) '머리카락을 쥐어뜯는 것이나 손톱을 물어뜯는다'라는 사람들의 병적인 습관 사례가 예상되지만 추정일 뿐이며, 헬라스 표현의 정확한 복원은 어렵다.

43 tis(누군가)를 읽지 않고, hoi를 oi(οἳ)로 읽는다.

고 있는 것이다.[44]

그런데 여러 가지 좋은 것들 중에 어떤 것은 외적인 것이고, 예를 들 30
어 부, 지배, 명예, 친구들, 명성이 그것이며, 다른 한편 어떤 것은 필수적
이고 신체에 관련된 것으로, 예를 들어 촉각이나 미각이 그것이다. 그래
서 이것들에 관해 자제력 없는 사람, 그 사람이 무조건적으로 자제력 없
음이라고 생각하자. 그리고 우리가 탐구하고 있는 자제력 없음은 실제
로는 이것들에 관한 것이라고 생각된다.[45]

그러나 (4′) 자제력 없음은 도대체 무엇에 관계되는 것인지 의문이 제 35
기되고 있었다.[46] 그런데 명예에 관한 한 무조건적으로 자제력 없는 사
람은 없다. 왜냐하면 명예에 관해 자제력 없는 사람은 어떤 방식으로 칭
찬을 받기 때문이다. 그는 일종의 명예를 사랑하는 사람이기 때문이다.
그런데 일반적으로 우리는 그러한 일의 경우도 자제력 없는 사람이라
고 말하지만, 명예에 관해서이든 명성에 관해서이든 분노에 관해서이 1202b
든, 자제력 없는 사람이라고 덧붙이면서 말이다. 하지만 무조건적으로
자제력 없는 사람에게는 우리는 무엇에 관해서인가를 덧붙이지 않지만,
그것은 그 사람에게 [자제력 없음이] 성립되어 있으며, 무엇에 관한 것
인가라는 덧붙임이 없이 명백하기 때문이다. 무조건적으로 자제력 없는
사람은 신체적 쾌락과 고통에 관여하기 때문이다.

---

44 『니코마코스 윤리학』 제7권 제5장 1148b15-1149a20, 제6장 1149b8-13 참조.

45 1202a33의 kai hēdonai sōmatikai로 읽는 것은 라쏘의 수정에 의한 것이며, 사본은 kai
hoion hai sōmatikai로 읽고 있다. hēdonai가 어떻게 hoion hai로 훼손돼 옮겨 갔는지에
대한 설명은 쉽지 않을 것으로 보인다. kai hoion hai sōmatikai의 네 단어를 삭제한다
(Ellebodius). 또 1202a32-33 ho oun ⋯ einai는 주제밀의 텍스트 순서 그대로 읽는다.

46 1201a35-39 참조.

그런데 자제력 없음이 그러한 것들에 관련된다는 것은, 다음으로부터도 분명하다. 즉, 자제력 없는 사람은 비난을 받을 만한 것이기 때문에, 그것과 관련해서 전제되는(밑에 놓여 있는) 것들도 비난받을 만한 것이어야 한다. 따라서 명예나 명성, 지배나 재화, 그것에 관해 자제력 없음이라고 말할 수 있는 그 밖의 다른 것들은 비난할 만한 것은 아니지만, 신체적 쾌락은 비난할 만하다. 그러므로 그렇게 해야만 하는 것 이상으로 그런 것들에 관여하는 사람, 그 사람이 완전하게[47] 자제력 없는 사람이라는 말을 듣는 것은 당연하다.[48]

그런데 그 밖의 다른 것들에 관해서 자제력 없음이라고 하는 것늘 중 분노와 관련된 자제력 없음이 가장 비난받을 만하기 때문에, 과연 분노와 관련된 자제력 없음이 쾌락과 관련된 자제력 없음보다 더 비난받을 만한 것인가? 그래서 분노와 관련된 자제력 없음은 종의 아이들 중 남을 섬기는 데 열심인 자들과 비슷하다. 즉, 그자들은 주인이 '나에게 줘라'

라고 말할 경우에, 열심히 움직여서 무엇을 주어야 하는지 묻기도 전에 건네주고, 종종 책을 줘야 하는데 펜을 건네주는데, 분노로 자제력 없는 사람은 그와 유사한 마음의 상태에 빠져 있는 것이다. 왜냐하면 [누군가가] '부정의를 저질렀다'라는 그 첫 소식을 듣자마자, 그렇게 해야만 하는지, 아니면 그렇게 해서는 안 되는지, 아니면 적어도 그렇게 격렬하게 그렇게 해서는 안 되는 것인지를 듣기 위한 기다림을 더 이상 하지 않고,

격정이 보복하는 것에 동기를 부여했기 때문이다. 그래서 분노로 향한

---

47 '완전한 의미에서'.
48 『니코마코스 윤리학』 제7권 제4장 1147b20-1148b14 참조.

그러한 움직임의 발동(충동)은 분노의 자제력 없이 그것에 의해 있는 것으로 생각되지만, 지나친 비난을 받을 만한 것은 아닌 데 반해, 다른 한 편 쾌락으로 향한 움직임의 발동[49]은 적어도 비난을 받을 만하다. 왜냐하면 그 움직임의 발동은 그것[쾌락]과의 관계로 이치 때문에 차이가 있기 때문이다. 이치는 행위로부터 멀어지지만, 그 [쾌락으로의] 움직임은 이치에 어긋난다. 그러므로 분노에 의한 자제력 없음보다 더욱 비난받을 만하다. 분노에 의한 자제력 없음은 고통이다(누구도 분노하면서 고통을 느끼지 않는 사람은 없기 때문이다). 반면, 욕망에 의한 자제력 없음은 쾌락을 수반하기 때문이다. 그러므로 더욱 비난받을 만하다. 왜냐하면 쾌락에 의한 자제력 없음은 제멋대로 함(오만, hubris)을 수반한다고 생각되기 때문이다.[50]

그러면 자제력과 참을성은 같은 것인가? 아니면, 그렇지 않은가? [그렇지 않다.] 자제력은 쾌락에 관여하고, 자제력 있는 사람은 쾌락을 지배하는 사람인 반면, 참을성은 고통에 관계되기 때문이다. 왜냐하면 고통을 참고 견디는 사람, 그 사람이 참을성이 있는 사람이기 때문이다.

또한 자제력 없음과 연약함은 같은 것이 아니다. 왜냐하면 연약과 연약한 사람은 노고를 견디지 못하는 사람, 온갖 노고에 의해서가 아니라 누군가 다른 사람이라면 어쩔 수 없이 견뎌 낼 노고를 견디어 내지 못하는 사람이지만, 자제력 없는 사람은 쾌락을 견디지 못하고 쾌락들에 의

---

49 즉, 동기 부여.

50 분노(thumos)에 대한 자제력 없음과 욕망에 대한 자제력 없음의 구분에 대해서는 『니코마코스 윤리학』 제7권 제6장 1149a24-b26(제4장 1148b12-14) 참조.

해서 유약해지고 이끌리는 사람이기 때문이다.[51]

1203a 또, 방종하다고 불리는 사람이 있다. 과연 방종한 사람과 자제력 없는 사람은 같은 사람인가? 아니면, 그렇지 않은가? [그렇지 않다.] 왜냐하면 방종한 사람은 그가 행동하는 그것들이 자신에게 최선이자 가장 유익하다고 생각하는 그런 사람이다.[52] 그리고 또 [그 사람은] 쾌락하다고 자기 자신에게 나타나는 것을 반대하는 어떤 이치도 가지고 있지 않다.

5 그러나 자제력 없는 자는 욕망이 그것으로 이끄는 것을 향해서는 그에게 반대하는 이치를 가지고 있다.[53]

그런데 어느 쪽이 더 치유하기 어려운가?[54] 방종한 사람인가, 아니면 자제력 없는 사람인가? 그래서 자제력 없는 사람이 그렇다고 생각될 것이다.[55] 방종한 사람이 더 치유받기 쉽기 때문이다. 왜냐하면 만일 그것들이 못됐다는 것을 가르치는 이치가 그 사람 안에 생긴다면, 더 이상 그

10 것들을 행위 않을 것이다. 한편, 자제력 없는 사람에게는 적어도 이치가 존재하지만, 그럼에도 [못된 짓을] 행위하는 것이며, 따라서 그러한 사람은 치유하기 어렵다고 생각될 것이다.[56]

그러나 어느 쪽이 더 못된 상태에 있는지, 거기에는 뭔가 좋은 것이 하나도 속해 있지 않은 것인지, 아니면 그것에도 무엇인가 좋은 것과 그

---

51 『니코마코스 윤리학』 제7권 제7장 1150a9-b19 참조.

52 sumphorōtata 다음에 쉼표를 마침표로 바꾼다.

53 『니코마코스 윤리학』 제7권 제8장 1150b29-1151a28, 제9장 1152a4-6 참조.

54 1203a6의 euiatoteros(치유하기 쉬운) 대신에 aniatoteros(치유하기 어려운)로 읽는다.

55 isōs ouch를 삭제한다.

56 『니코마코스 윤리학』 제7권 제2장 1146a31-b2, 제7장 1150a30-31, 제8장 1150b29-32 참조.

나쁜 것들이 [둘 다] 속해 있는 것인가? 오히려 방종한 사람이 그렇다 [못됐다]고, 게다가 더 고귀한 것이 나쁜 상태에 있는 만큼 더욱 그렇다 는 것은 분명하다. 그래서 자제력 없는 사람은 올바르기 때문에 좋은 이 치를 가지고 있다. 반면에, 방종한 사람은 갖고 있지 않다. 더욱이 이치 ¹⁵ 는 각자의 시원(원리)이다. 그래서 자제력 없는 사람에 대하여, 그 시원 은 가장 고귀한 것으로서, 좋은 상태에 있는 반면에, 방종한 사람의 [이 치는] 나쁜 상태에 있다. 따라서 방종한 사람이 자제력 없는 사람보다 더 나쁜 사람일 것이다.

더욱이 우리가 악덕으로 이야기하던[57] 짐승 같은 상태의 경우와 마찬 가지로 [방종을] 볼 수 있는 곳은 짐승 안이 아니라 인간 안이다. 짐승 같 ²⁰ 은 상태는 지나친 악덕의 이름이기 때문이다. 왜 그런가? 짐승에게는 못 된 시원이 없기 때문이다. 그런데 시원은 이치다. 더욱이[58] 더 많은 나쁜 일을 하는 것은 어느 쪽일까? 사자일까, 아니면 디오뉘시오스[59]나 팔라

---

57 제2권 제5장 1200b8-19 참조.

58 epei 대신에 eti로 읽는다.

59 디오뉘시오스(Dionusios, 기원전 430년경~367년)는 시켈리아 쉬라쿠사이의 참주(재 위, 기원전 405년~367년)로 쉬라쿠사이를 번영시키고 플라톤 및 기타 저명한 문인과 학자들을 초청하거나 직접 시작(詩作)을 하여 상연하게 한 것으로 알려졌다. 한편 가까 운 지인들을 신뢰하지 못해서 일부 노예나 난민, 이민족에게 신변 경호를 맡기는 등 시 기심이 강했으며, 또 꿈속에서 자신을 죽이려 했던 인물을 처형하는 등 잔학 행위도 많 았다. '디오뉘시오스의 귀'라는 동굴을 파게 하고 정치범을 투옥하여 그들의 대화를 엿듣고, 이 장치의 비밀을 유지하기 위해 공사에 동원된 자들을 몰살시켰다고도 한다.

리스[60]나 클레아르코스[61] 같은 그런 악한 자들 중 누군가일까? 아니면, 그 자들임이 분명한가? 즉, 시원이 못된 상태로 내재되어 있을[62] 경우에는 큰일을 일으키지만, 짐승에게는 일반적으로 그러한 시원이 내재되어 있지 않기 때문이다. 그래서 방종한 사람 안에는 못된 시원(원리)이 내재되어 있다. 왜냐하면 못된 일을 하고, 이치도 그 일에 동의하고, 그 사람에게는 그러한 일을 행위해야 한다고 생각되는 한, 그 사람 안에는 시원이 건전하지 못한 상태로 내재되어 있는 것이다. 그러므로 자제력 없는 사람이 방종한 사람보다 낫다고 생각될 것이다.[63]

60 팔라리스(Phalaris, 기원전 6세기 중엽)는 시켈리아 아크라가스의 참주(재위, 기원전 570/569년~554/549년경)로 잔학한 강압 정치를 벌인 것으로 알려져 있다. 금속제로 속이 빈 황소상을 만들게 하고 안에 죄수를 넣어 밑에서 불을 붙여 태워 죽였으나, 나중에 아크라가스 시민들의 반란으로 붙잡혀 같은 방법으로 처형되었다고 한다.

61 클레아르코스(Klearchos, 기원전 390년경~353/352년)는 흑해 연안 헤라클레이아의 참주(재위, 기원전 364/363년~353/352년). 자신이 섬겼던 왕과 그 측근들을 붙잡아 막대한 몸값을 받고 석방했다. 이후 독재의 권력을 장악하고 참주의 자리에 앉아 다수의 유력 시민을 살해하고, 축출하거나 재산을 몰수한 것으로 알려졌다. 많은 사람을 독살했기 때문에 시민들은 외출 시 해독제를 복용하게 되었다고도 한다. 자신의 예방 조치에도 불구하고, 그는 12년의 통치 끝에 기원전 353/352년에 키온과 레온에 의해 살해당했다. 플라톤과 이소크라테스의 제자였다고 하는데, 이소크라테스는 자신이 그와 함께 있는 동안 그가 가장 온유하고 자비로운 사람 중 한 명이라고 주장했다고 한다.

62 estin 대신에 enestin으로 읽는다.

63 『니코마코스 윤리학』 제7권 제6장 1149b27-1150a8 참조. 방종한 사람은 자신의 이치가 자신이 하는 일에 동의하기 때문에 자제력이 없는 것은 아니지만, 자제력 없는 사람은 그렇지 않다. 방종한 사람은 치유하기가 더 쉬울 수 있다. 그의 이치가 올바르다면, 그는 그것을 따를 것이기 때문이다. 그러나 더 고귀하고 원리적 부분인 이성을 포함하여 그의 두 부분이 모두 나쁘기 때문에 그는 더 나쁜 상태에 있다. 그러므로 나쁜 사람은 짐승보다 더 나쁘다. 그는 나쁜 이치를 가지고 있지만, 짐승에게는 그러한 나쁜 이치가 없기 때문이다. 그래서 폭군이 사자보다 나쁜 일을 더 많이 행하는 것이다.

그런데 자제력 없음에도 두 가지 종류가 있는데, 하나는 뭔가 성급하고 미리 생각하지 않고 갑자기 생기는 것이다(예를 들면, 우리가 아름다운 여성을 보고, 즉시 어떤 감정을 받게 되고, 그 감정으로부터 아마도 무언가 행위해서는 안 되는 일을 하는 것에 대한 동기 부여가 생기는 경우이다). 그러나 다른 하나의 자제력 없음은 일종의 나약함과 같은 것으로, [그런 행위를] 피하려는 이치를 따르는[64] 것이다. 그래서 전자는 크게 비난받을 만한 것이라고도 생각되지 않을 것이다. 왜냐하면 그러한 자제력 없음은 훌륭한 사람들 중에도, 뜨거워지기 쉽고 자연적 소질이 좋은 사람들의 경우에는 내재되어 있기 때문이다. 반면, 후자는 식기 쉽고 우울한 기질[65]을 가진 사람들 사이에 있는데, 이런 사람들은 비난받을 만하다.

게다가 '얼굴이 잘생긴 여자가 올 것이기 때문에 자기 자신을 억제해야 한다는 것'을 이치에 따라 미리 파악하고 있는 경우에는 어떤 감정을 받을 수 없다. 그렇기 때문에 바로 전에 받은 인상에서의 자제력 없는 사람이, 그러한 이치에 따라 미리 파악하는 경우에는 아무런 감정도 겪지 않고 부끄러운 어떤 짓도 하지 않을 것이다. 그러나 그렇게 해서는 안 된다는 것을 한편으로는 알고 있지만, 다른 한편으로는 쾌락에 몸을 맡기고 연약해지는 사람, 그런 사람은 더 비난받을 만하다. 왜냐하면 그 자제력 없는 사람이 그러한 방식으로 훌륭해지는 일은 결코 없을 것이고, 미

---

64 meta tou logou를 meta logon으로 읽는다(1182a18, 1189a3, 1196b38, 1198a2, 1198a20 참조).

65 '우울한 기질'에 대해서는 김재홍, 「아리스토텔레스와 관상학의 역사적 연원──관상학과 의학」, 그린비, 『관상학』, 2023 참조.

리 파악하고 있다고 해서 이치가 [그런 자제력 없는 사람을] 치유하지는

않을 것이기 때문이다. 왜냐하면 그것[이치]은 지도자로서 그의 안에 속

해 있기는 하지만, 그는 그것에 어떻게든 따르지 않고 쾌락에 몸을 맡기

며, 어떤 식으로든 연약해지고 유약해지기 때문이다.[66]

그런데 (2′) 절제 있는 사람은 자제력이 있는지 앞에서 의문으로 제시

되었는데,[67] 우리는 지금 말하기로 하자. 즉, 절제 있는 사람은 자제력이

있다. 왜냐하면 자제력 있는 사람은 욕망이 내재되어 있지만 그것들을

이치 때문에 억제하는 사람일 뿐만이 아니라, 욕망이 내재되어 있지 않

더라도 억제하는 그러한 사람이기 때문이다. 힌편, 못된 욕망을 갖지 않

고 그것에 대한 올바른 이치를 가진 사람이 절제가 있는 사람인 반면,[68]

자제력 있는 사람은 못된 욕망과 그것에 대한 올바른 이치를 가진 사람

이다. 따라서 절제 있는 사람에게는 자제력 있는 사람이 수반하고, 절제

있는 〈사람은 자제력이 있지만, 그러나 자제력 있는 사람은 절제가 있는

것은 아닐〉 것이다.[69] 왜냐하면 절제 있는 사람은 감정을 겪지 않지만,

자제력 있는 사람은 감정을 겪으면서 그것들을 지배하거나, 아니면 적

어도[70] 감정을 겪을 수 있는 한 그렇게 하는 사람이다. 그러나 그것들 중

---

66 『니코마코스 윤리학』 제7권 제7장 1150b19-28, 제8장 1151a1-5, 제10장 1152 a27-30
참조.

67 1201a9-16.

68 이 문장의 자제력 있는 사람의 규정은 아래의 결론과 정합적인 것 이상으로 좁은 규정
이라는 이유로, 암스트롱은 '자신의 번역'에서 1203b16-19를 대괄호에 넣고 있다. 『니
코마코스 윤리학』 제7권 제9장에서는 '절제 있는 사람의 자제력 또한 유사성에 근거하
여(kath' homoiotēta) 그렇게 된 것이다'라고 주장한다(1151b33-34).

69 화살괄호는 보니츠 및 주제밀이 삽입한 것이다.

70 te를 ge로 읽는다.

어느 것도 절제 있는 사람에게는 속하지 않는다. 그러므로 자제력 있는 사람은 절제가 있는 것이 아니다.[71]

그런데 과연 방종한 사람은 자제력이 없는가, 아니면 자제력이 없는 사람이 방종한 것인가? 아니면, 어느 쪽도 다른 쪽을 수반하지 않는 것인가? 즉, 자제력 없는 사람은 그 이치가 감정과 싸우는 사람이지만, 방종한 사람은 그런 사람이 아니라 못된 일을 하는 데 한 표를 던지는 이치를 동시에 가진 사람이다. 그러므로[72] 방종한 사람은 자제력 없는 사람 같지 않으며, 또한 자제력 없는 사람도 방종한 사람 같지 않은 것이다.

게다가 방종한 사람은 자제력 없는 사람보다 더 못되기도 하다. 자연 본성적인 것은 습관에서 오는[73] 것보다 치유받기가 더 어렵다(습관도 자연 본성에 이른다는 바로 그 이유로 해서 강력하다고 생각되기 때문이다). 그래서 방종한 사람은 그 사람 자신이 자연 본성에서 못돼먹은 그런 사람이고, 그것 때문에 또한 그런 점에서 그에게는 이치가 못돼먹었다. 그러나 자제력 없는 사람은 그렇지 않다. 왜냐하면 그 사람 자신이 그런 것 같다는 이유로 그 이치가 훌륭하지 않다는 것은 아니기 때문이다(그 사람 자신이 자연 본성에서 못된 사람과 같은 모습을 하고 있었다면, 이치는 못됐을 테니까 말이다). 그러므로 자제력 없는 사람은 습관에 의해 못된 것으로 생각되지만, 방종한 사람은 자연 본성에 의해 못된 것 같다. 그러므로 방종한 사람은 치료하기가 더 어렵다. 왜냐하면 한 습관은 다른 습관에 의해 내동댕이쳐지지만, 자연 본성은 어떤 것에도 내동

25

30

35

1204a

---

71 『니코마코스 윤리학』 제7권 제1장 1145b17-19, 제10장 1152a6-14 참조.

72 1203b28에서 oute를 oude로 읽는다.

73 1203b30-31에서 genomenōn 대신 ginomenōn으로 읽는다.

댕이쳐지지 않기 때문이다.

그런데 자제력 없는 사람은 알고 이치에서 속지 않는 것과 같은 사람이며, 사려 있는 사람은 올바른 이치에 의해서 개개의 것을 고찰할 수 있는[74] 것과 같은 사람인 한, 과연 사려 있는 사람이 자제력 없는 것은 가능한가, 그렇지 않은가? 앞서 말해진 이러한 것에 의문을 제기하는 사람도 있을 테니까. 그러나 우리가 앞서 말한 것을 따른다면, 사려 깊은 사람은 자제력이 없는 것이 아닐 것이다. 왜냐하면 우리가 주장하는 바로는,[75] 사려 있는 사람은 단지 올바른 이치에만 속한 사람이 아니라, 이치에 근거한 최신으로 보이는 깃들을 행위하는 것에도 속한 사람이기 때문이다. 그러나 만일 사려 깊은 사람이 최선의 것들을 행위한다면, 사려 깊은 사람은 자제력이 없는 것도 아닐 것이지만, 자제력 없는 사람은 한편으로는 영리함이 있다. 왜냐하면 우리는 앞에서[76] 영리한 사람과 사려 깊은 사람을 다르다고 구별했기 때문이다. 왜냐하면 양쪽은 동일한 일에 관여하기는 하지만, 한쪽은 그렇게 해야만 할 일에 관해 행위할 수 있지만 다른 한쪽은 행위할 수 없기 때문이다. 그렇기에 영리한 사람은 자제력이 없을 수 있지만(그렇게 해야만 하는 것에 관해서 [자제력 없는 사람은] 행위할 수 없으니까),[77] 사려 깊은 사람은 자제력이 없을 수 없는 것이다.[78]

---

74 원어는 theōrein이다. 즉, '고찰할 수 있는'.

75 제1권 제34장 1197b23-24 참조.

76 제1권 제34장 1197b18-28 참조.

77 영리한 사람은 올바른 행위를 계획할 수 있지만, 그것을 행하지는 않는다.

78 『니코마코스 윤리학』 제7권 제1장 1145b17-19("사려 있는 사람은 자제력 없음이 있을

수 없다는 주장이 이루어질 때도 있고, 어떤 사람들은 사려가 있고 영리함을 가지면서 자제력 없음일 수 있다고 주장할 때도 있다."), 제1장 1152a6-14 참조.

VII. 쾌락

제7장 쾌락에 대하여—쾌락의 본질, 쾌락의 좋음과 최선에 관련된 논의에 대한 답변

논의가 행복을 둘러싸고 이루어지고 있지만, 행복이 쾌락이거나 즐겁게 사는 것이라고, 아니면 어쨌든 쾌락 없이는 존재하지 않는다고 모든 사람들이 생각하는 한, 이러한 것들 다음에는 쾌락에 대해 이야기해야 할 것이다. 왜냐하면[1] 쾌락을 혐오하고 쾌락을 좋은 것 안에서 헤아려서는 안 된다고 생각하는 사람들이라도, 어쨌든 고통의 결여를 [행복의 조건에] 덧붙이는 것이지만, 그러나[2] 고통 없이 산다는 것은 쾌락에 가깝기 때문이다.

그렇기 때문에 쾌락에 대해 이야기해야만 하는데, 그것은 단지 다른 사람들도 그래야만 한다고 생각하기 때문이 아니라 쾌락에 대해 이야기하는 것이 우리에게 필연적이기 때문이기도 하다. 우리의 논의는 행복에 대해 다루고 있지만, 행복이란 완전한 삶에서 덕의 현실 활동이라고

---

1   gar를 읽는다(Johnstone).
2   oun 대신에 de로 읽는다.

우리는 규정하고 주장해 왔고,³ 덕은 쾌락과 고통에 관계되는⁴ 것이기 때문에, 행복은 쾌락 없이는 존재하지 않는 한, 쾌락을 놓고 이야기하는 30 것이 필연적일 것이기 때문이다.⁵

그래서 우선 우리는 쾌락을 좋은 것의 부분 안에 포착해서는 안 된다고 생각하는 어떤 사람들이 무엇을 말하고 있는지를 말하기로 하자. 즉, 우선 첫째, (1) 쾌락은 생성이지만 생성은 뭔가 불완전한 어떤 것이며, 그러나 좋음은 결코 불완전한 것의 위치를 갖지 않는다고 그들은 주장 35 한다. 둘째, (2) 몇몇 쾌락은 열등하지만, 좋은 것은 결코 열등함 속에 있지 않다고 한다. 또한, (3) 쾌락은 모든 것 속에서 발생한다. 왜냐하면 그것은 열등한 사람 안에도, 훌륭한 사람 안에도, 짐승 안에도 또 가축 안에도 존재하기 때문이다. 그런데 좋은 것은 열등한 것과 섞이지 않고, 많은 것에 공통적인 것은 아니다.⁶ 또, (4) 쾌락은 가장 힘이 있는 것은 아 1204b 니지만, 좋은 것은 가장 힘이 있는 것이라고 한다. 또, (5) [쾌락은] 아름다운 것(훌륭함 일)을 행위하는 데 방해가 되지만, 아름다운 일(훌륭한 일)을 방해하는 것은 좋은 것이 아닐 것이라고 한다.⁷

---

3   제1권 제4장 1184b22-1185a13 참조.

4   제1권 제6장 1185b33-37,『니코마코스 윤리학』제2권 제3장 1104b3-1105a16 참조.

5   『니코마코스 윤리학』제7권 제11장 1152b1-8 참조.

6   텍스트에는 탈루의 표시가 삽입되어 있으며, 슈펭글은 "또한 쾌락에는 지식이 존재하지 않는다"라고 제안한다. 그러나 디를마이어는 삽입에 대해 반대하며, 그의 반대가 옳다고 존스톤은 평가한다. "행복은 많은 사람에게 공통되는 것이다"(『니코마코스 윤리학』제1권 제9장 1099b18). "또 반대인 것들과의 섞임이 더 적은 것들은 더 많이 그러한 것으로 만든다. 예를 들면 검은 것과의 섞임이 더 적은 것은 더 희다"(『토피카』제3권 제5장 119a28-29 참조).

7   『니코마코스 윤리학』제7권 제11장 1152b8-23 참조. (1) 어떤 쾌락도 좋은 것이 아니

그래서 우선, (1′) 첫번째 논의에 대해서, 즉 생성에 대해 말하고, 그 논의를 [그것이] 참이 아니라는 것을 통해 풀도록 시도해야 할 것이다. 왜냐하면 첫째로 모든 쾌락이 생성인 것은 아니기 때문이다. 보는 것으로부터 생기는 쾌락은 생성이 아니며, 듣는 것이나[8] 냄새 맡는 것으로부터의 쾌락도 생성이 아니기 때문이다. 왜냐하면 [그것들의 쾌락은] 다른 것들의 경우, 예를 들어 먹거나 마시는 것으로부터 오는 것처럼 결여에서 오는 것이 아니기 때문이다. 즉,[9] 후자의 쾌락은 결핍과 지나침으로부터 결핍이 충족되거나 혹은 지나침이 제거됨으로써 발생한다. 그렇기 때문에 생성이라고 생각된다. 그러나 결여와 지나침은 고통이다. 그래서 쾌락의 생성이 있는 곳에는 고통이 있다. 한편, 적어도 보는 것이나 듣는 것이나 냄새를 맡는 것의 경우에는, 먼저 고통이 느껴지는 일은 있을 수 없기 때문이다. 보는 것이나 냄새를 맡는 것에서 쾌락을 느낄 때, 누구도 먼저 고통을 느낀 적이 없으니까. 생각의 경우도 마찬가지로 무언가를 감상할 때, 먼저 고통 없이 쾌락을 느끼는 것이 가능하다. 따라서 생성이 아닌 어떤 쾌락이 존재할 것이다. 그래서 만일 그들의 논증이 주

다. (2) 가장 큰 쾌락은 악이다. (3) 쾌락은 어쨌든 최고의 좋음은 아니다. (1)은 스페우시포스의 주장이고, (2)는 플라톤의 주장이다.

8 주제밀의 〈idein kai〉의 삽입을 읽지 않는다. 디를마이어도 따르지 않는다. 디를마이어의 추정에 따르면 주제밀이 '보는 것'을 보충하는 근거는 1204b14에서 제시되는 세 가지 감각인 것 같은데, 1204b7의 theōrein은 이 맥락에서 추상적인 '관상'이 아니라, 감각적인 시각을 의미한다. 보는 것의 예는 이 말에 의해 이미 나타나고 있어서, b8에서 idein을 보충할 필요가 없는 것으로 보인다.

9 1204b10부터 시작하는 gar의 이유는 1204b15의 oudeis gar 직전까지 미치는 것으로 보인다.

장했듯이,[10] 쾌락은 생성이기 때문에 좋은 것은 아니지만, 생성이 아닌 어떤 쾌락이 있다면, 그 쾌락은 좋은 것일 것이다.[11]

그러나 일반적으로 어떤 쾌락도 생성이 아니다. 왜냐하면 그것들의 먹는 것과 마시는 것으로부터의 쾌락도 생성이 아니며,[12] 그것들의 쾌락은 생성이라고 주장하는 사람들은 잘못되었기 때문이다. 그들은 [음식물의] 섭취가 생길 경우에 쾌락이 생기므로, 그 때문에 [쾌락은] 생성이라고 생각한다. 그렇지 않다. 왜냐하면 우리가 그로 인해 쾌락을 느끼는 어떤 부분[13]은 혼에 속해 있기 때문에, 우리가 그것에 결여되어 있는 것의 섭취와 동시에, 혼의 그 부분은, 그것이 현실 활동하는 한,[14] 운동도 하지만, 이 부분의 운동과 현실 활동이 쾌락이기 때문이다. 그러므로 그 섭취와 동시에 혼의 저 부분[15]이 현실 활동하기 때문에, 혹은 그 부분의 현실 활동 때문에, 쾌락은 생성이라고 그들은 생각하는데, 이는 그 섭취가 명백하지만 혼의 부분은 불명확함으로써이다. 그래서 몸은 감각될 수 있지만 혼은 그렇지 않기 때문에, 인간은 신체라고 누군가 생각한다면, 사정은 마찬가지이다. 하지만 적어도 [신체뿐 아니라] 혼도 있다. 지금의 경우도 마찬가지다. 왜냐하면 그것에 의해서 우리가 쾌락을 느끼고, 섭취와 동시에 현실 활동하는, 혼의 어떤 부분이 존재하기 때문이다.

---

10 1204a32-35 참조.

11 『니코마코스 윤리학』 제7권 제12장 1152b33-1153a7 참조.

12 1204b22의 ouk를 삭제한다.

13 혼의 부분에 대해서는 제1권 제4장 및 제5장 참조.

14 1204b27에서 tēs psuchēs 다음에 hē[i]를 보충한다(Kb, Pb 사본).

15 1204b29에서 morion 다음의 두 번째 to를 삭제한다.

그러므로 어떤 쾌락도 생성되는 것이 아니다.

더욱이 사람들이 주장하기에, [쾌락은] 자연 본성으로의 감각 가능한 복귀이다. 하지만[16] 자연 본성으로 복귀하지 않은 사람들에게도 쾌락은 존재한다. 왜냐하면 복귀한다는 것은 자연 본성에서 결여되어 있지만, 그 자체의 충족이 생기는 것인데, 우리가 주장하는 것처럼[17] 결여되어 있지 않은 경우에도 쾌락을 느끼는 것은 가능하기 때문이다. 왜냐하면 결여는 고통이지만, 고통 없이 고통에 앞서 쾌락을 느낀다고 우리는 주장하기 때문이다. 따라서 쾌락은 결여의 복귀가 아닐 것이다. 그런 종류의 쾌락의 경우에는 아무것도 결여되어 있지 않으니까. 따라서 쾌락은 생성이기 때문에 좋은 것이 아니라고 생각했지만, 어떤 쾌락도 생성이 아니라면, 쾌락은 좋은 것일 것이다.[18]

그러나 이것 다음으로, 그들이[19] 주장하기로는 모든 쾌락이 좋은 것은 아니다.[20] 그러나 이 점에 대해서도 다음과 같은 방식으로 이해할 수

1205a

5

---

16 gar 대신에 de로 읽는다(Johnstone). 주제밀의 텍스트대로 읽으면, '왜냐하면(gar) 자연 본성으로 복귀하지 않은 사람들에게도 쾌락은 존재하기 때문이다'로 옮겨진다.

17 1204b6-20.

18 『니코마코스 윤리학』 제7권 제12장 1153a7-15("그러므로 쾌락이 감각 가능한 생성이라고 주장하는 것은 옳지 않다.") 참조.

19 반 쾌락주의자들.

20 1205a7의 phasin(3인칭 복수, '그들은 주장한다')은 보니츠의 입장을 주제밀이 받아들인 텍스트이다. 필사본들은 phēsin(3인칭 단수, '그는 주장한다')으로 읽고 있다. 사본대로 '그는'이라면, '그는' 누구인가라는 물음이 생긴다. 이 경우, 주어가 바로 아리스토텔레스인가?(Allan) 앨런은 이 부분의 논의는 페리파토스학파에 속하는 이 책의 저자에 의한 아리스토텔레스에 대한 비판으로 해석한다. 이 책의 저자(?)는 좋음과 카테고리아(범주)와의 관계를 통한 논의를 통해 1205a15에서 '모든 쾌락은 좋음'이라고 주장한다. Allan(1957), pp. 7~11.

있을 것이다. 즉, 좋은 것은 모든 카테고리에서(즉, 본질 존재(실체)에 있어서도, 관계에 있어서도, 양에 있어서도, 시간에 있어서도, 일반적으로 모든 카테고리에 있어서) 이야기된다고 우리는 주장하고 있기 때문에,[21] 이제 어쨌든 그 문제는 분명하다. 왜냐하면 좋음의 모든 현실 활동에 맞춰서 어떤 쾌락도 수반되는 것이며, 따라서 좋은 것이 모든 카테고리 안에 있기 때문에 쾌락 또한 그럴 것이다[22][즉, 모든 카테고리 안에 있다]. 따라서 여러 가지 좋은 것과 쾌락은 그 [카테고리의 각각의] 안에[23] 있고, 좋은 것들로부터의 쾌락이 [실제로] 쾌락이므로 모든 쾌락은 좋은 것이다.[24]

이것으로부터 동시에 쾌락은[25] 종(種)에서 다르다는 것도[26] 분명하다. 왜냐하면 쾌락이 그 안에 존재하는 범주들 또한 다르기 때문이다. 그것은, 예를 들면 문법적 지식[27] 혹은 다른 어떤 지식이든, 여러 지식의 경우와 같지 않기 때문이다. 즉, 만일 람프로스가 문법적 지식을 가지고 있다

---

21 제1권 제1장 1183a9-12, 『니코마코스 윤리학』 제1권 제6장 1096a23-27, 『에우데모스 윤리학』 제1권 제8장 1217b25-1218a1 참조.

22 1205a13에서 agathon을 삭제한다(Johnstone).

23 en tois autois(Rassow)로 읽기도 한다.

24 암스트롱에 따르면 이곳의 논의는 다음 두 가지 의심스러운 전제에 근거하고 있다. (1) 모든 카테고리의 좋음을 수반하는 쾌락은 그 자신의 카테고리아에 속한다. (2) '좋음의 현실 활동'에 수반하지 않는 어떤 쾌락도 존재하지 않는다(『니코마코스 윤리학』 제7권 제5장에서. 나쁜 쾌락의 존재는 명료하게 인정된다고 한다). 또한 아래의 1205b1-2에서도 열등한 쾌락의 존재가 분명하게 드러나고 있는 것으로 보인다.

25 복수 정관사 hai를 읽지 않는다.

26 쾌락 간의 종적 차이에 대해서는 『니코마코스 윤리학』 제10권 제3장 1173b28-1174a12, 제4~5장 1175a10-b1 참조

27 '읽고 쓰는 지식'.

면, 그는 그 문법적 지식에 의해 문법적 지식을 가진 어떤 사람과도 같은 방식을 취하고 있을 것이다. 그러므로 그 문법적 지식, 즉 람프로스 안의 그것과 네레오스[28] 안의 그것은 두 가지 다른 지식이 아니다.[29] 그러나 쾌락의 경우는 그렇지 않다. 예를 들어 술 취함으로부터의 쾌락과 교제[30]

로부터의 쾌락은 같은 방식으로 되어 있지 않기 때문이다. 그러므로 여러 가지 쾌락은 종적으로 다른 것으로 생각될 것이다.[31]

그런데(2′) 몇몇 쾌락은 열등하다는 사실, 그 사실 때문에 쾌락은 그들에게 좋은 것이라고 생각되지 않았다.[32] 그러나 그러한 것과 그러한 판단은 쾌락에 고유하지 않지만, 자연 본성이나 지식의 경우에도 적용

---

28 1205a22-23의 Ilei(일리우스)는 일부 사본 및 실부르크(Sylburg)의 시사에 의해 관사 hē를 보충하고, 몇 개의 사본 및 베르흐(Bergk)에 따라 Ilei를 Nēlei라고 읽음으로써 hē en Nēlei라고 읽는다. 네레오스는 테오프라스토스의 유언장에도 등장하는 그의 친구이자 뤼케이온 학원의 장서(藏書)를 비롯한 유산 상속자였다(Wilamowitz; 디오게네스 라에르티오스, 『유명한 철학자들의 생애와 사상』 제5권 52~53 참조). 이로 인해 이 저술이 테오프라스토스 시대의 페리파토스학파의 작품이라는 빌라모비츠설(1927)이 대두되었다. 이 이름(네레오스)을 이 책의 성립에 대한 증거로 삼는 것에 대해서는 찬반의 주장이 있다(Jaeger, 1948, p. 440 참조). 한스 폰 아르님(H. von Arnim)은 『마그나 모랄리아』(대도덕학)가 아리스토텔레스 윤리학 저작 중 가장 먼저이고 오리지널한 것으로 해석한다.

29 dio ⟨ouk⟩(Rassow)로 읽는다.

30 원어 sunginesthai는 '성적 교접'과 '사회적 교제' 양쪽을 함의한다.

31 1205a25의 doxaien을 doxeien으로 읽는다. 『니코마코스 윤리학』 제1권 제3장 1173b28, 제5장 1175a22 참조. 1205a5-25의 내용 요약: (i) 쾌락은 생성이고, 그 때문에 불완전하다. (ii) 나쁜 쾌락도 있다. (iii) 좋은 것은 공통적이지 않지만, 쾌락은 성격과 관계없이 인간과 동물 모두에게 공통적이다. (iv) 좋음은 훌륭하지만(kratiston), 쾌락은 그럴 수 없다. (v) 쾌락은 좋은 행동을 수행하는 데 방해가 된다.

32 1204a35 아래, 『니코마코스 윤리학』 제7권 제11장 1152b20-21, 제12장 1153a17-20 참조.

된다. 왜냐하면 열등한 자연 본성도 존재하는데, 예를 들어 구더기나 딱 ³⁰ 정벌레, 일반적으로 하찮은 동물의 자연 본성을 말한다. 그러나 그 때문에 자연 본성[자연 일반]이 열등한 것에 속하는 것은 아니다. 마찬가지로 열등한 지식, 예를 들어 수공업적 지식[33]도 존재하지만, 그럼에도 그 때문에 지식이 열등한 것이 아니라 지식도 자연도 유(類)에서[34] 좋은 것이다.[35] 왜냐하면 조각가를 [두고] 그가 어떤 '질적' 수준인지를 알아내 ³⁵ 는 데, 과녁을 빗나가 나쁘게 만든 것에서가 아니라 잘 만든 것들로부터 그렇게 해야 하듯이, 바로 그처럼 지식도, 자연 본성도, 그 밖의 다른 것도 어떤 것인지를 열등한 것들로부터가 아니라 훌륭한 것들로부터 알아내야만 하기 때문이다.

그런데 마찬가지로 쾌락 또한 유에서 좋은 것임을,[36] [그럼에도] 적어 ^{1205b} 도 열등한 쾌락이 있다는 것은 우리도 알고는 있지만 말이다. 동물들의 자연 본성도 다르니까. 예를 들어 열등한 자연 본성과 훌륭한 자연 본성이 있는데,[37] 예를 들어 인간의 자연 본성은 훌륭하나 늑대나 무엇인가 ⁵

---

33 『정치학』 제3권 제5장 1278a6-13 참조. 또한 지식(epistēmē)이 기술(technē)과 동일한 의미로 사용되고 있는 점이 (다른 윤리학 저술에 대비되는) 이 책의 특징이다(제1권 제34장 1198a32, 이 장의 1206a25 아래 참조).

34 원어로는 tō[i] genei. 『형이상학』 제5권 제28장 1024a29-b16 참조(1024b11, hetera… tō[i] genei).

35 『니코마코스 윤리학』 제7권 제13장 1153b7-9("또한 몇몇 쾌락이 저열하다고 해서 어떤 쾌락이 가장 좋은 것이라는 것임에는 아무런 장애가 되지 않는다. 마치 어떤 지식이 열등하다고 해서 지식이 가장 좋은 것이라는 데 아무런 장애가 없는 경우처럼 말이다.") 참조.

36 사본에 따라 estin을 읽지 않는다.

37 1205b3에서 hoion 다음의 kai를 읽지 않는다.

다른 짐승의 자연 본성은 열등하고, 마찬가지로 또한 말과 인간과 당나귀와 개는 다른 자연 본성에 속해 있지만, 쾌락은 각각의 것에서 자연 본성에 반하는 것으로부터 자기 자신의 자연 본성으로의 회복이므로, 이러한 점, 즉 열등한 자연 본성에는 열등한 쾌락이 존재하는 것은 고유한 것이기 때문이다. 왜냐하면 말에게도 인간에게도 동일한 것이 [쾌락으로] 있는 것이 아니라, 마찬가지로 다른 것에도 그렇지 않으며, 자연 본성이 다른 이상 쾌락 또한 다르기 때문이다. 왜냐하면 쾌락은 복귀이었지만,[38] 그들이 주장하기에 복귀는 자연 본성에 이르는 것이었고, 따라서 열등한 자연 본성의 경우 그 회복은 열등하고, 훌륭한 자연 본성의 경우는 [그 회복은] 훌륭하기 때문이다.

그러나 쾌락이 훌륭한 것이 아니라고 주장하는 사람들은, 예를 들어 넥타르[39]를 모르는 사람들이 신들이 포도주를 마시고 있고 그보다 더 달콤한 것은 없다고 생각하는 것과 같은 상태에 빠져 있다. 그러나 이 상태에 빠지는 것은 무지 때문이다. 모든 쾌락은 생성이지 좋은 것이 아니라고 주장하는 사람들은 그들과 같은 상태에 빠져 있다. 왜냐하면 신체적인 쾌락 이외의 다른 쾌락을 알지 못하고, 그러한 쾌락이 생성이지 훌륭한 것이 아니라는 것에[40] 눈을 돌림으로써, 일반적으로 쾌락을 좋은 것으로 생각하지 않기 때문이다.

그래서 자연 본성이 회복되고 있는 경우에도 회복되어 버린 경우에

---

38 1204b36-1205b6 참조.
39 신들이 마시는 술.
40 ou로 읽는다.

도 쾌락은 존재하므로, [41]예를 들어 회복되고 있는 경우에는 결여로부터의 충족이, 회복되어 버린 경우에는 시각이나 청각이나 그런 종류의 것으로부터의 쾌락이, 그러므로 자연 본성이 회복되었을 때 그 자연 본성의 현실 활동이 더 나을 것이다. 왜냐하면 그것들 중 어느 방식으로 이야기되는 쾌락들이 현실 활동이기 때문이다. 그러므로 시각과 청각과 사고에서 오는 쾌락이 가장 좋은 것임은 분명하다. 적어도 신체적인 쾌락이 충족으로부터 온 것인 한.[42]

25

게다가 (3′) 다음의 것, 즉, 모든 것 안에 있고 모든 것에 공통적이라는 것은 좋은 것이 아니기 때문에, [쾌락은] 좋음이 아니라는 것도 이야기되고 있었다.[43] 그런데 그런 말은 명예를 사랑하는 사람과 명예에 대한 사랑[功名心]의 경우에 더욱 적합하다. 명예를 사랑하는 자는 나만이 소유하기를 바라고 그러한 일에서 다른 사람들보다 우월하기를[44] 바라는 사람들을 말하는 것이니까. 그래서 쾌락도, 그것이 어떻든 좋은 것이라면, 그러한 [자신만이 소유하는] 것이어야 한다는 것인가?

30

아니면, 그렇지 않고 반대로 다음의 것, 즉, 모든 것이 그것을 추구한다는 것 때문에, 좋은 것이라고 생각되는 것인가? 왜냐하면 모든 것이 자연 본성에서 좋은 것을 추구하는 것이고, 따라서 모든 것이 쾌락을 추구한다면 쾌락은 유에서 좋을 것이다.[45]

35

---

41 '쾌락은 결여의 복귀가 아니다'(1205a3-4)라는 주장과는 어떻게 되는 것인가?

42 『니코마코스 윤리학』 제7권 제12장 1152b35-1153a7 참조

43 1204a36-b1.

44 제2권 제1장 1210b13-17, 『니코마코스 윤리학』 제8권 제8장 1159a12-17 참조.

45 『니코마코스 윤리학』 제7권 제13장 1153b25-26 참조.

　　이번에는 또, (5′) 쾌락은 방해가 된다는 이유에서도 그것이 좋은 것임을 부정하는 사람들이 있었다.[46] 그러나 방해라고 주장하는 것은 올바른 방식으로 고찰하지 않았기 때문에 그들의 눈에 [그렇게] 보였던 것이다. 그것은 행해지고 있는 행위로부터의 쾌락은 방해가 되지 않기 때문이다.[47] 그럼에도 다른 쾌락이라면 방해가 되는데, 예를 들어 술 취함으로부터의 쾌락은 행위하는 데 방해가 된다.[48] 하지만 지식도 지식에 방해가 된다. 두 지식으로 동시에 현실 활동을 할 수 없을 테니까. 그러나 지식이 그 지식으로부터 쾌락을 만들어 낸다면, 무엇 때문에 지식이 좋지 않을 수 있겠는가? 또, 과연 방해가 되는 것이 있을까? 아니면, 그게 아니라 더욱 행위하게 되는 것인가? 왜냐하면 쾌락은 행위에서 오는 경우에는 더욱더 행위하는 것으로 몰아가기 때문이다. 훌륭한 사람은 덕에 따라서[49] 행위하고, 이것들을 즐거움을 느끼며 행하기 때문에, 훨씬 더 그 행위에 근거해서 현실 활동을 하지 않을까? 또, 어쨌든 쾌락을 느끼며 행위하고 있다면 [그 사람은] 훌륭하겠지만, 고통을 느끼면서 아름다운 일들을 한다면 훌륭하지 않을 것이다. 왜냐하면 고통은 강제에 의한 것인 경우에 있으며,[50] 따라서 누군가 아름다운 일들을 행위할 때 고통을 느낀다면, 강제로 행위하고 있는 것이다. 그런데 강제로 행위하는 사람은 훌륭하지 않은 것이다.

46　1204b2-3.

47　『니코마코스 윤리학』 제10권 제5장 1175a30 아래 참조.

48　마침표로 읽는다.

49　ta(복수 정관사)를 읽지 않는다.

50　제1권 제12장 1188a1-3, 『형이상학』 제5권 제5장 1015a28 참조.

그런데 어쨌든 고통을 느끼거나 쾌락을 느끼지 않고 덕에 합당한 일을 행하는 것은 있을 수 없다. 그러나 그 [쾌락과 고통의] 중간에 있는 것은[51] 없다. 무엇 때문일까? 덕은 감정 속에 있지만, 감정은 고통과 쾌락 속에 있으며, 중간에 있는 것 안에는 없기 때문이다. 그래서 덕도 쾌락과 고통을 수반한다는 것은[52] 분명하다. 그래서 누군가 고통을 느끼며 아름다운 일들을 한다면 훌륭하지 않은 것이다. 따라서 덕은 고통을 수반하지 않을 것이다. 그렇다면 쾌락을 동반하는 것이다. 그러므로 쾌락은 방해가 되지 않을 뿐만 아니라, 행위하도록 재촉하는 것이기도 하며, 일반적으로 덕(그것)은[53] 그것으로부터 생기는 쾌락 없이는 있을 수 없는 것이다.

어떤 지식도 쾌락을 만들어 내지 못한다는 다른 논의가 있었다. 하지만 이것 또한 참이 아니다. 요리사들도 화관 제작자들도 향료 제조자들도 쾌락을 만들어 내기 때문이다. (그럼에도 다른 지식들의 경우에는 쾌락이 목적으로서 있는 것이 아니지만, 그러나 목적은 쾌락을 수반하며 쾌락 없이는 존재하지 않는 것이다.[54]) 그래서 지식은 쾌락을 만들어 낼 수 있는 것이다.[55]

---

51 중간에 있는 것의 유무는 반대와 모순의 차이와 연결돼 있다. 『분석론 후서』 제1권 제2장 72a12, 제4장 73b19–22, 『형이상학』 제10권 제7장 1057a18 아래, 『토피카』 제4권 제3장 123b17("반대의 종 사이에도 반대의 유 사이에도 무언가 중간적인 것이 있지만"), 『범주론』 제10장 12a9 참조.

52 1206a21 ē를 kai로 바꿔 읽는다.

53 디를마이어는 1206a25의 ap' autēs를 주목하여 이 문장의 주어를 '덕'으로 해석한다.

54 주제밀은 이 한 문장을 다음 한 문장 뒤로(30행 다음) 옮길 것을 제안하고, 암스트롱은 그 제안에 따르고 있으나 옮기지 않고 괄호에 넣어 텍스트 순서대로 놔두었다.

55 『니코마코스 윤리학』 제7권 제12장 1153a23–27("하지만 어떤 쾌락도 기술의 성과가

게다가, (4′) 그와는 다른 방법으로 [쾌락은] 최선의 것이 아니라고도 말했다.[56] 그러나 그러한 방식과 그러한 논의에 의해서는, 당신은 개별적으로 이야기된 여러 가지 덕도 소멸시키게 될 것이다. 용기의 덕은 최선이 아니니까. 그래서 과연 이것 때문에 좋은 것이 아닌가? 아니면, 그것은 불합리한가? 다른 덕의 경우도 마찬가지이다. 쾌락 또한 최선의 것이 아니기 때문에, 좋은 것이 아니라고 할 수는 없는 것이다.

그런데 주제를 바꿔서 덕의 경우에도 다음과 같은 것을 의문시하는 사람이 있을 것이다. 예를 들어 이치는 어떤 경우에는 감정을 지배하고 (자제력이 있는 사람의 경우에 우리는 그렇게 주장하기 때문에), 또 이번에는 반대 방향으로 감정이 이치를 지배하는(예를 들어 자제력 없는 사람의 경우에 생긴다) 경우가 있다면, 그래서 혼의 이치가 결여된 부분이 악덕을 가지고 좋은 상태에 있는 이치를 지배하는(즉 자제력 없는 사람이 그런 사람이다), 또 마찬가지로 이치가 못된 상태에 있어서, 좋은 상태에 있고 고유한 덕을 가지고 있는 감정을 지배하는 경우도 있겠지만, 만일 후자가 성립하는 것이라면, 덕을 나쁜 방식으로 사용하는 일이 생길 것이다(왜냐하면 이치에서 못된 상태에 있고 덕을 사용하는 사람[57]은 나쁜 방식으로 사용할 것이기 때문이다). 바로 그런 일이 일어나는 것은 불합리하다고 생각된다.

아니라고 결론난 것은 이치에 맞다. 기술은 다른 어떤 현실 활동에도 속하지 않고 능력에 속하기 때문이다. 그럼에도 향료술이나 요리술이 쾌락의 기술이라는 의견이 있다.") , 제11장 1152b18-19("그들은 쾌락이 기술과 아무 관련이 없지만, 모든 좋은 것은 기술의 성과라고 주장한다.") 참조.

56 1204b1 아래 참조. 1206a31의 allos는 사본에 따라 allōs로 읽는다.

57 암스트롱에 따라 logō[i] phaulōs로 읽는다.

그러므로 그런 어려운 난제에 대해서는, 먼저 우리가 덕에 대해 앞서 이야기한 것들로부터 반박하고 해결하는 것이 쉽다.[58] 즉, 우리는 이치가 좋은 상태에 있고 고유의 덕을 가진 감정들과 조화를 이룰 수 있으며, 또 여러 감정들은 이치와 조화를 이룰 때, 그때 덕이 존재한다고 주장한다. 왜냐하면 그것들이 그러한 상태에 있을 때 서로에 대해 협조하고, 그 결과로 이치가 항상 최선을 명령하고, 다른 한편 감정은 좋은 [성격] 상태에 있기 때문에 이치가 명하는 것이 무엇이든 그것을 쉽게 하기 때문이다. 그러므로 이치가 못된 상태에 있고, 다른 한편 감정은 좋은 상태에 있다면, 이치가 빠져 있으니 덕은 존재하지 않을 것이다. 덕은 양자로 구성되는 것이니까.[59] 따라서 덕을 나쁜 방식으로 사용할 수도 없다.[60]

하지만 단적으로 다른 사람들이 생각하듯이, 이치가 덕의 시원이고 지도자인 것이 아니라 오히려 여러 감정이 그것이다. 왜냐하면 첫째, 아름다움에 대한 이치가 결여된 어떤 동기 부여가 [혼의] 안에서 생기고 (그것은 실제로도 생긴다), 이어서 그러한 상태에서 이치가 그 후에 한 표를 던져 판정을 내려야 하기 때문이다.[61]

사람들은 이것을 아이들이나 이치가 없는 동물들로부터 알아차릴 것이다. 왜냐하면 그러한 것들 중에는 아름다움에 대한 감정의 동기 부여가 이치 없이 더 먼저 생기고, 이치는 더 나중에[62] 그 위에 생기고, 같은

58 제1권 제34장 1197b36-1198a21. 제2권 제6장 1201a16-35, 1202a8-18 참조.
59 1206b16에서 toū logou 뒤에 마침표를 찍고, 주제밀의 텍스트와 달리 괄호를 뺀다.
60 『에우데모스 윤리학』 제8권 제1장 1246a26-b36 참조.
61 『에우데모스 윤리학』 제7권 제12장 1245a26-b36 참조.
62 1206b24에서 huteros 대신에 husteron으로 읽는다.

의견이면 아름다운 것들을 행위하게 하기 때문이다. 그러나 만일 아름다운 것들에 대한 시원을 이치에서 얻는다면 감정이 동일 의견으로 따라가지 않고, 종종 반대한다. 그러므로 감정이 좋은 상태에 있는 경우에는 이치보다 오히려 감정이 덕으로의 시원에 적합하다.

VIII. 행복

제8장　행운에 대하여

그런데 우리의 논의는 행복에 관한 것이기 때문에, 이것 다음으로 행운 30
에 대해서 말하는 것이 계속될 것이다.[1] 왜냐하면 많은 사람들은 행복한
삶은 운이 좋거나 적어도 운이 없으면 안 된다고 생각하고, 게다가 아마
도 올바르다고 생각하고 있기 때문이다. 행운이 그 지배적인 것인 외적
인 좋은 것들 없이는 행복할 수 없기 때문이다.[2] 그러므로 행운을 놓고 35

1　『에우데모스 윤리학』 제8권 제2장 1246b37-1248b7("그러나 성공[eupragia]을 만들어
　　내는 것은 사려와 덕만이 아니다. 행운도 성공을 만들고, 그런 점에서 지식과 다를 바 없
　　다고 생각되고, 우리가 행운의 사람들 또한 '잘 산다'(eu prattein)는 식으로 말하는 이상,
　　행운의 사람과 불운한 사람이 있는 것은 과연 자연 본성(타고난 소질)에 의한 것인지
　　아닌지, 그리고 이것들에 대한 진상은 어떤 것인지를 살펴봐야 한다. 운이 좋은 사람들
　　이 실제로 있다는 것을 우리가 보는 것은 사실이니까. 즉, 운이 지배하고 있는 영역에
　　서는 당사자가 사려가 부족한데도 불구하고 잘 되어 가는 경우도 부지기수다. 게다가
　　기술의 영역이라 하더라도 운의 요소가 다분히 끼여 있는, 예를 들어 군 통수술이나 항
　　해술 등의 경우에도 마찬가지다.") 참조.

2　제1권 제2장 1183b34-35에서 좋음의 구분이 이루어지는데, 그 첫 번째 구분의 네 분
　　류에서, "운으로부터 부와 지배, 그리고 가능성의 대열에 합류하는 모든 것이 생기기
　　때문이다"라고 말하고 있다. '외적인 좋음'으로서 이런 것들을 생각할 수 있다. "행복
　　은 명백하게 추가적으로 외적인 좋음 또한 필요로 한다. 일정한 뒷받침이 없으면 고귀
　　한 일을 행한다는 것은 불가능하거나 쉽지가 않기 때문이다"(『니코마코스 윤리학』 제

말해야 하고, 또 무조건으로 행운이 좋은 사람은 무엇이며,[3] 무엇 안에 있으며, 무엇에 대하여 있는지를 말해야 한다.[4]

그래서 우선 첫째로, 다음과 같은 일로 나아가 눈을 돌릴 때 누군가는 의문을 제기할 것이다. 즉, 누가 운[5]을 자연[자연 본성]이라고 말할 수는 없을 것이다. 왜냐하면 자연은 그것이 원인인 것에 대해서는, 대개의 경우 혹은[6] 항상 같은 방식으로 그[자체의]것을 만들어 내지만,[7] 운은 결코 그런 일이 없으며, 질서 없이 우연히 생겨난 것처럼 보이기 때문이다. 그렇기에 운은 그런 것들 속에서 이야기된다. 그러므로 또, 적어도 [운을] 어떤 종류의 지성[8]으로서 혹은 올바른 이치라고 말하는 일도 없을 것이다. 왜냐하면 거기에서도 [자연의 경우 못지않게] 질서 잡힌 것이나 항상 같은 방식의 것이 있지만, 운은 그렇지 않기 때문이다. 그러므로 또

1207a

1권 제8장 1099a32-34)라고 말하면서, 계속해서 외적인 좋음으로서 친구, 재산, 정치적 권력, 좋은 출생, 훌륭한 자식, 얼굴의 아름다움 등을 들고 있다. 이 책의 제10권 제8장 1178b33 아래에서는 '외적인 번영'(hē ektos euēmeria)으로 신체의 건강, 음식이나, 기타의 보살핌을 들고 있다.

3 tis를 ti로 읽는다.

4 행복과 행운의 관계에 대해서는 『니코마코스 윤리학』 제1권 제9장 1099a31 아래, 제10장 1100b7-11, 제7권 제13장 1153b15 아래, 제10권 제8장 1178b33-1179a17, 『에우데모스 윤리학』 제1권 제1장 1214a24-25, 제8권 제3장 1248b27-29 참조.

5 '행운'으로 옮긴 말은 eutuchē이고, 그냥 '운'으로 옮긴 말은 tuchē이다.

6 1206b38의 aei(항상)는 주제밀의 제안대로 1206b39의 ē 뒤로 옮긴다. 1207a3(to aei hōsautōs) 참조.

7 『에우데모스 윤리학』 제8권 제2장 1247a31-32 참조.

8 nous(지성)는 생각되는 것이나 존재하는 것의 시원과 관련이 있다고 여겨졌다(제1권 제34장 1197a20). nous와 귀납(에파고게)의 연관성에 대해서는 『분석론 후서』 제2권 제19장, 『분석론 전서』 제2권 제23장, 『토피카』 제1권 제12~13장, 제2권 제10~11장 참조.

한 지성과 이치가 최대인 곳, 거기서는 운이 최소이며, 가장 운이 최대인 곳, 거기서는 지성이 최소이다.

그러나 과연 행운은 말하자면 신의[9] 일종의 배려와 같은 것일까? 아니면, 그것이라고는 생각되지 않는 것일까? 즉, 우리는 신이 그러한 일을 지배하는 것이며, 좋은 일도 나쁜 일도 그럴 자격이 있는 사람들에게 배분하는 것이 적절하다고 생각하지만, 다른 한편으로는 운과 운으로부터 오는 것은 참으로 운에 의해 생기는 것이기 때문이다. 하지만 우리가 신에게 그러한 것들을 배분한다면, 우리는 신을 열등한 혹은 정의롭지 않은 판정자로 만들 것이다. 하지만 그것은 신에게는[10] 어울리지 않는다.[11]

그러나 어쨌든, 이러한 것들[자연, 지성, 신] 이외의 다른 어떤 것에도 운을 누군가가 위치시키지는 않을 것이다. 따라서 그것들 중 어느 하나일 것임은 분명하다. 그래서 지성과 이치와 지식[12]은 [운과는] 전혀 이질적인 무언가인 것 같다. 그러나 신의 배려와 호의도, [행운이] 못된 사람들 사이에서도 생겨나는 것이므로 행운이라고는 생각되지 않을 것이다. 신이 못된 사람들을 배려하는 일은 있을 것 같지 않다. 그렇다면 남는 것

9 1207a6의 theōn을 theou로 읽는다(1207a7, 10, 12, 15, 17). 『에우데모스 윤리학』 제8권 제2장 1247a24, 1248b4 참조.

10 tō는 삭제한다.

11 『자연학』 제2권 제56장 196b10-198a5 참조.

12 지성은 알려질 수 있는 것과 존재하는 것의 시원(아르케)에 관련된다. 지식은 논증 (apodeixis)에 수반하는 것에 속하지만, 시원(원리, 아르케)들은 논증 불가능하기 때문에 시원과 관련된 것은 지식이 아니라 '지성'(nous)이다(제1권 제34장 1197a20-23). 한편으로 지식과 지성은 복합하여 지혜를 구성한다고 생각되기도 한다(1197a23-30). 감각, 사려, 사고의 차이에 대해서는 『혼에 대하여』 제3권 제3장 427b8-14 참조.

은 자연이며, 자연이 행운에 가장 가깝다.

그런데 행운과 운은 우리에게 달려 있지 않으며, 우리 자신이 그것들을 지배하고 행위하는 능력이 있는 것도 아닌 것들 안에 있다는 것이다. 그러므로 정의로운 사람을, 정의로운 한, 아무도 행운이라고 말하지 않으며, 용기 있는 사람도, 일반적으로 덕을 따르는 사람도 그렇게 말하지 않는다. 왜냐하면 그것들[의 성향]을 가지는 것도 가지지 않는 것도 우리에게 달려 있기 때문이다.[13] 오히려 그렇지 않고, 실제로는 다음과 같은 경우에 우리가 행운을 말하는 것이 더 적합할 것이다. 즉, 잘 타고난 사람을 우리는 행운이라고 말하며, 일반적으로 좋은 것들 중 그 사람 자신이 그것에 지배적이지 못한 그러한 것들에 속한 사람을 행운이라고 말한다.

그러나 그럼에도 그런 곳에서도 행운은 그 고유한 의미로 언급되지는 않을 것이다. 하지만 운이 좋은 사람은 많은 방식으로 이야기되고 있다. 왜냐하면 자기 자신의 헤아림(추론)에 반하여 무언가 좋은 것을 행위하는 것이 그 몸에 일어난 사람도 우리는 행운이라고 말하고, 벌을 받는 것이 이치에 맞았던 그런 사람이 이득을 얻는 경우에도 그 사람을 행운이라고 우리는 말하기 때문이다.

그래서 행운은 이치에 어긋나서 무엇인가 좋은 것이 속하는 것 중에, 받아야 마땅한 나쁜 것을 몸에 받지 않는 것 중에 있다. 그러나 행운은 좋은 것을 얻는 것 중에 더욱 많고, 더 본래적이라고 생각할 수 있다. 왜냐하면 좋은 것을 얻는 것은 그 자체로 행운에 의해 얻어진 것이라고 생

---

13 제1권 제9장 1187a5-23 참조.

각되지만, 나쁜 것을 얻지 못하는 것[14]은 부수적으로 행운에 의해 얻어진 것이라고 생각될 것이기 때문이다.

그래서 행운은 이치에 맞지 않는 자연[자연 본성]이다. 왜냐하면 행운이 좋은 사람은 이치 없이 좋은 것에 대한 동기 부여를 가지며 그것들에 해당하는 사람인데, 이는 자연에 속하기 때문이다. 왜냐하면 우리가 그것들과의 관계에서 좋을 것 같은 것에 대한 동기 부여를, 이유 없이 그것에 의해서 우리가 가지는 것 같은 그런 것[15] 혼 안에, 자연에 의해서 내재하기 때문이다. 그리고 그런 상태에 있는[16] 사람에게 '그 일을 그렇게 하는 것이 왜 네 마음에 드느냐?'고 누군가 묻는다면, 그 사람은 신들린 사람들이 겪는 것과 같은 마음의 상태로, '나는 모르겠지만, 나는 그것이 마음에 들어'라고 말하는 것이다. 왜냐하면 신들린 사람들도 이치 없이 무언가를 행하는 것에 대한 동기 부여를 가지고 있기 때문이다.

그런데 우리는 행운을 합당하고 고유한 이름으로 부르지 못하고 있으며, 종종 우리는 그것을 원인이라고 말한다. 원인은 [행운이라고 하는] 그 이름과는 이질적인 것이다. 왜냐하면 원인과 그것이 그 원인인 것[결과]과는 다른 것이며, 또 [행운을] 원인이라고 말할 때, 좋은 것들을 명중시킬 수 있는 동기(움직임)조차 없이 말하고 있기 때문이다. 예를 들어 나쁜 것을 몸에 받아들이지 않는 것의 원인이라든가, 혹은 반대로, 좋은 것을 손에 넣을 것이라고 생각하지 않았는데도 좋은 것을 손에

---

14 즉, 나쁜 것을 회피하는 것.
15 '그런 것'은 1207b15-16에서 '좋은 것들의 적중(的中)에 대한 동기 부여의 시원'이라고 말하는 것이다. 1207a38은 enesti ti phusei로 읽는다.
16 '혼 속에 내재되어 있는 상태 전체.'

넣는 것의 원인이라고 일컬어지는 경우이다. 그래서 그런 행운은 앞의 행운[17]과는 다르고, 전자는 상황의 변화에서 생기는 것처럼 보이며, 부수적인 의미에서 행운이다.[18] 따라서 그러한 것도 행운이지만, 그럼에도 적어도 행복과의 관계에서는, 그것에 대해서는, 좋은 것들의 적중(的中)에 대한 동기 부여의 시원[19]이 그 사람 안에 있는 것과 같은, 그러한 행운이 보다 본래적일 것이다.

그러므로 행복은 여러 외적인 좋은 것 없이는 있지 않으며, 그러한 일들은 조금 전에 말했던[20] 방식으로 행운으로부터 발생하므로, [행운은] 행복에 도움이 될 것이다.[21]

---

17 1207a35-b5 참조.

18 본래적 의미에서의 행운은 '동기 부여의 시원(원리)'에 관계되는 데 반해, 비본래적인 의미에서의 행운은 부대적인 것으로 사건이 일어난 상황의 변화와 관련된 것이다. 행복은 행운이라는 좋은 것을 요구한다. 하지만 행운은 자연적인 것이 아니다. 왜냐하면 자연은 아무렇게 일어나는 것도 아니고, 이성도 아니며, 이성은 질서를 가지며 신의 보살핌은 없기 때문이다. 신은 나쁜 것을 돌보지 않는다. 그러나 행운은 우리에게 달려 있지 않다는 점에서 자연과 같다(그래서 덕은 행운에 의한 것이 아니다). 그리고 행운은 이성에 반하여 좋은 것을 얻는 데 있다. 그것은 일종의 이성 없는 본성이거나 좋음을 향한 혼에서의 이성 없는 충동(동기 부여)이다. 또 다른 종류의 행운은 자연에서 오는 것이 아니라 사물이 어떻게 흘러가는지에서 온다. 그것은 행복에 덜 적합하다.

19 '동기 부여의 시원(archē)'은 1207a38-b1에서 '우리가 그것들과의 관계에서 좋을 것 같은 것에 대한 동기 부여를, 이유 없이 그것에 의해서 우리가 가지는 것 같은 그런 것'을 가리킨다.

20 1206b33 아래 참조.

21 『에우데모스 윤리학』 제8권 제2장 1246b37-1248b7 참조.

IX. 덕의 완성

제9장 '지극히 훌륭하고 좋음'에 대하여, 완전한 덕

이렇게 해서 행운에 대해서는 이 정도로 해두자. 여러 덕의 각각을 둘러 싸고 우리는 개별적으로 이야기해 왔으므로, 개별적인 것들을 종합하여 정리한 후 일반적으로[1] 이야기할 것이 남아 있을 것이다.[2]

그래서 '지극히 훌륭하고 좋음'이라는[3] 이름이 완전히 훌륭한 사람일 경우에 이야기되는 것은 나쁘지 않다. 왜냐하면 완전히 훌륭할 경우에, '아름다고 좋다'라고 사람들이 말하기 때문이다. 사람들이 아름답거나 좋은 사람들을 덕을 바탕으로 말하는데, 예를 들어 정의로운 사람, 용기 있는 사람, 절제 있는 사람을 아름답고 좋음이라고 말하며, 일반적으로

20

25

1　1207b20에서 eiē 뒤에 kai를 넣는다.

2　『에우데모스 윤리학』 제8권 제3장 1248b8-1249a17 참조.

3　원어는 kalokagathia. 세 단어를 축약한 말로, 어원적으로는 '아름답고, 훌륭하며(kalos), 게다가(kai) 좋은(agathos) 상태'를 의미한다. 원래는 '귀족 사회에서 타고난 좋은 점, 귀족의 특성'을 이야기하는 이데올로기적 색깔을 나타내는 말이었다. 보통 사람에게 선망의 대상이 되는 사람을 가리키는 말이다. 요즘 말로는 '신사(gentleman)가 지닌 특성'을 이르는 말이다. 점차 도덕적인 완성을 의미하게 되었다. 박종현은 '훌륭하디 훌륭한'으로 옮긴다. 플라톤, 『국가』 376C, 396B-C, 402A, 409A, 425D, 489C(박종현, 2005, 163쪽, 각주 45 참조).

덕에 바탕으로 그렇게 말하기 때문이다.

　　그래서 우리는 둘로 나누어 어떤 것은 아름답다고, 다른 쪽은 좋다라고 말하고, 더 나아가 좋은 것들에 대해서는 어떤 것은 무조건적으로 좋지만 어떤 것은 그렇지 않고, 또 한편으로 아름다운 것들은 예를 들어 덕과 덕에서 비롯된 행위들이고, 다른 한편 좋은 것들은 예를 들어[4] 지배, 부, 명성, 명예, 그런 종류의 것들이기 때문에, 그래서 지극히 훌륭하고 좋은 사람은 무조건 좋은 것들이 그 사람에게 좋고, 무조건 아름다운 것들이 그 사람에게 아름다운 것이다.[5] 그런 사람이 아름답기도 하고 좋기 때문이다. 반면에, 무조건적으로 좋은 것들이 그 사람에게는 좋지 않은 사람은 아름답고 좋은 것('지극히 훌륭하고 좋음')이 아니지만, 그것은 마치 무조건적으로 건강에 좋은 것이 그 사람의 건강에는 좋지 않은 것이라고 생각하는 것과 같다. 왜냐하면 부나 지배(권력)가 어떤 사람의 몸에 생긴 경우 그 사람을 해친다면, 그것들은 선택할 가치가 없고, 그 사람을 해치지 않을 때까지 그러한 것들이 자기 자신에게 있기를 바랄 것이기 때문이다. 하지만 좋은 것들 중 무엇인가가 자기 자신에게 있지 않은 것처럼, 그것으로부터 움츠리는 성질에 있는 사람은, '지극히 훌륭하고 좋음'이라고 생각되지 않을 것이다. 그러나 모든 좋은 것이 그 사람에게 좋고, 그것들에 의해 예를 들어 부나 지배에 의해 파괴당하지 않는 사람, 그러한 사람이 아름답고 좋은 것이다.[6]

30

35

1208a

4　hoion은 삭제하지 않고 읽는다.

5　『정치학』 제7권 제13장 1332a21-23 참조.

6　『에우데모스 윤리학』 제8권 제3장 1248b8-1249a17 참조.

X. 올바른 이치

제10장　올바른 이치에 근거한 행위

그런데 여러 가지 덕에 따라서 올바르게 행위하는 것을 둘러싸고 이야 5
기해 왔지만, 충분하지 않다. 왜냐하면 우리는 올바른 이치에 근거해서
행위할 것을 주장하고 있었지만,[1] 아마도 바로 그 사실을 모르는 누군가
가 올바른 이치에 근거해서라는 것은 도대체 무엇이며, 올바른 이치는
어디에 있느냐고 물을 것이기 때문이다.[2] 따라서 올바른 이치에 근거해
서 행위한다는 것은 헤아리는(추리적) 부분이 그 자신의 현실 활동을 혼 10
의 비이성적 부분이 방해하지 않는 경우에 가능하다. 왜냐하면 그때 행
위는 올바른 이치와 일치할 것이기 때문이다. 왜냐하면 우리는 혼의 어
떤 부분은 더 못한 것으로, 또 다른 어떤 부분은 더 나은 것으로 갖고 있
지만, 더 못한 것은 항상 더 나은 것을 위해 있기 때문인데, 그것은 마치
신체와 혼의 경우에 신체는 혼을 위해 있으며, 신체가 좋은 상태에 있다 · 15
고 말하는 것은 혼이 그 자신의 일을 완수하는 것을 위해, 그것이 방해하

1　제1권 제34장 1198a10-21 참조.
2　『에우데모스 윤리학』 제8권 제3장 1249a21-b25 참조.

지 않고, 사실상 기여를 하고 촉진도 하는 경우와 같은 것이다(더 못한 것은 더 나은 것을 위해서, 더 나은 것과 협동하는 것을 지향하기 때문이다). 그래서 지성이 자신의 기능을 완수하는[3] 것을 여러 감정이 방해하지 않는다면, 그때 올바른 이치에 근거해서 생기는 것이 있을 것이다.

'그렇네요. 하지만' 아마도 누군가가 말할 것이다. '여러 감정이 어떤 상태에 있을 때 방해가 되지 않는가, 또 언제 그런 상태에 있는 것인가? 나는 [그것을] 모르기 때문에'라고. 바로 그런 것을 말하기란 쉽지 않다.[4] 예를 들어 의사의 경우 또한 그것을 말하기 쉽지 않다. 열이 있는 사람에게 보리죽을 처방하고 싶다며 [의사가] 말할 때, '열이 있다는 것을 나는 어떻게 지각할 수[5] 있을까요?' 의사가 말하길, '얼굴이 창백한 것을 네가 볼 때이다'. '하지만 안색이 창백한 것을 나는 어떻게 알 수 있을까요?' [의사는] 이렇게 말할 것이다.[6] '바로 여기서 의사는 깨달아야 하는 것이다.[7] 즉, 만일 네가 너 자신 안에 적어도 그런 것들에 대한 지각이 없다면, 여기에는 내가 더 이상 설명할[8] 거리가 없네'라고. 마찬가지로 그러한 성격의 다른 것을 둘러싸고도 설명은 공통적이다. 감정을 식별하는 경

3   1208a19-20의 energein를 여러 사본을 좇아 epitelein라고 읽는다.

4   의사와 '의술을 공부하는 조수' 사이의 문답 장면으로 이해된다.

5   aisthanōmai로 읽는다(Jaeger).

6   phēsi를 phēsei로 읽는다.

7   이 문장은 의사의 말일까? 아니면, 지문으로 해석해야 하는가? 1208a26-27의 ei gar mē echeis para sautō의 존재이다. 지문으로 해석하면, 이 gar가 읽기 어려워진다.

8   텍스트의 이 부분에 탈문이 있다. '거기엔 더 이상 설명이 없다'(Susemihl), '나는 그것을 설명할 수 없다'(Armstrong), '이제 너는 알 것이 없을 것이다' 혹은 '나는 더 이상 설명할 말이 없다'(Dirlmeier), ouketi('더 이상', Simpson) 등으로 탈문을 채우고 있다.

우도 마찬가지다. 왜냐하면 지각을 위해서는 어떤 면에서 자기 자신이 30 기여해야만 하기 때문이다.[9]

그런데 아마도 누군가가 다음과 같은 것도 탐구할 것이다. '과연 내가 실제로 그것들을 알고 있다면, 거기서부터 곧바로 행복해질 수 있는가?' 사람들은 그렇게 생각하니까. 그런데 그러한 것은 그렇지 않다. 그 밖의 여러 지식 중 어느 것도 배우는 사람에게 [그 지식의] 사용과 현실 활동을 제공하는 일은 없으며, 오직 그 소유(hexis, Habitus)만을 제공하는 것이니까. 여기서도 또한 그러한 것들을 아는 것이 제공하는 것은 그 사용 35 이 아니라(우리가 주장하는[10] 바와 같이 행복은 현실 활동이니까) 소유이며, 행복도 행복을 성립하는 구성 요소(기원)들을 아는 것 안에 있는 것이 아니라 그것들을 사용하는 것으로부터 있는 것이다. 그런데 그러한 것들의 사용과 현실 활동에 대해서, 그것을 제공하는[11] 것은 이 고찰에는 속하지 않는다. 왜냐하면 다른 어떤 지식도 그 사용이 아니라 소유를 1208b 제공하기 때문이다.[12]

---

9   『에우데모스 윤리학』제8권 제3장 1249a21-b25, 『니코마코스 윤리학』제6권 제1장 1138b18-34 참조.

10   제1권 제4장 1184b31 아래, 제2권 제7장 1204a27 아래 참조.

11   paradounai로 읽는다.

12   철학계에 전설처럼 전해지는 속담이 하나 있는데, "윤리학 교수치고 윤리적으로 사는 놈 없다"는 것이다. 초중고 대학 시절까지 한국에만 존재하는 '국민 윤리'(박정희, 전두환 시대까지) 교육을 받은 한국의 60~70대가 '윤리적 시민'으로 살았고, 또 살아왔는가? 도덕철학 교육을 받는 것은 지식의 소유만 줄 뿐, 덕을 주지도, 덕에 따른 현실 활동으로서의 행복을 제공하지는 않을 것이다. 그렇다고 도덕 지식의 '소유'가 중요하지 않다고 주장하는 것은 아니다.

XI. 친애

제11장 친애에 대하여 (1) ─ 친애의 본질, 동등한 자와 동동하지 않은 자들에서의 친애, 친애의 세 가지 종류

이제, 이상의 이러한 모든 문제 위에 친애에 대하여, 그것이 무엇이며, 무엇 안에 있으며, 무엇에 관련되어 있는지 말하는 것이 필연적이다. 우리는 그것이 인생 전체에 걸쳐서 또 모든 시기에 걸쳐서 널리 퍼져 있고, 또한 좋은 것임을 우리가 보고 있기 때문에, 친애도 행복을 위해 함께 다루어져야 할 것이기 때문이다.[1]

그래서 우선 첫째로, 아마도 의문시되고 탐구되는 것을 말하는 것이 더 좋을 것이다. 즉, (1) 친애는 그렇게 생각되고 이야기되고 있듯이[2] 비슷한 것 안에 있는가. 사람들은 '까마귀는 까마귀 곁에 머문다'[3]라고 말하고, 또,

---

1 『에우데모스 윤리학』 제7권 제1장 1234b18-1235a4, 『니코마코스 윤리학』 제8권 제1장 1155a3-31 참조.
2 『니코마코스 윤리학』 제8권 제1장 1155a34, 『에우데모스 윤리학』 제7권 제1장 1235a8, 『수사학』 제1권 제11장 1371b17 참조.
3 『수사학』 제1권 제11장 1371b17 참조.

"신은 항상 비슷한 것을 비슷한 것으로 이끈다"[4]

라고도 하니까. 또, 어느 때 개가 항상 같은 기왓장(keramidos, tile) 위에서 잠을 잘 때, 도대체 왜 그 개는 같은 기와 위에서 잠을 자느냐고 물었고, 엠페도클레스는 그 개가 뭔가 기와와 닮은 것을 가지고 있다고 말했다고 하는데, 이는 닮음 때문에 개가 그것을 자꾸 찾는다고 생각하기 때문이다.[5]

한편, 이번에는 반대로 다른 어떤 사람들에게는, (2) 친애는 오히려 반대의 것 안에서 생긴다고 생각되고 있다. 그들이 말하길, "비를 대지는 그리워하고, 땅이 마를 때는"이니까.[6] 그래서 그들이 말하기를, 그들은 바로 그 반대의 것들이 친구가 되기를 원한다. 그것[친구인 것]은 유사한 것 안에서 생기는 것이 가능하지 않기 때문이라고. 그들이 말하기를, 유사한 것은 어떤 점에서도 유사한 것을 더 필요로 하는 것은 없는

---

4 호메로스 『오뒷세이아』 제17권 218행(hos aiei ton homoion agai theos es[hos] ton homoion["신이 어떻게 늘 닮은 것을 닮은 것으로 이끄는지"]), 『니코마코스 윤리학』 제8권 제1장 1155a34, 『에우데모스 윤리학』 제7권 제1장 1235a7 참조. 1208b10의 두 homoion은 ὅμοῖον으로 읽는다. 이후 이 말은 종종 인용되고 있다. "요약하자면, 악당과 친교 맺는 것은 악행과 친족이 되는 것이다. 속담이 말하는 것처럼, '닮은 것이 닮은 것을 향해 움직이는 것'(to homoion pros to homoion poreuesthai)은 참이다"(테오프라스토스, 『성격의 유형들』29.7). 이 밖에도 이와 비슷한 속담은 플라톤의 『뤼시스』 214A, 『향연』 195B, 『고르기아스』 510B, 아리스토텔레스, 『수사학』 1371b16-18("까마귀는 까마귀끼리 논다") 등에도 나온다.

5 DK 31A20A 참조. 『에우데모스 윤리학』 제7권 제1장 1235a12-14 참조. 개는 자신이 분비한 분비물로 표시한 유사성 때문에 분비물이 묻은 것으로 이끌리는 것인가?

6 이와 유사한 표현에 대해서는 『니코마코스 윤리학』 제8권 제1장 1155b2-4 참조. 거기서는 에우리피데스의 말로 나온다(단편 898[Nauck]).

것이라고, 뭔가 그런 이유 때문이라고.[7]

게다가 (3) 과연 친구가 되는 것은 어려운 일인가, 아니면 쉬운 일인가? 어쨌든 아첨하는 자들은 금세 달라붙는 자들이기 때문에 친구가 아닌데도 친구로 보이는 것이다.[8]

게다가 다음과 같은 것도 의문이 된다. (4) 과연 훌륭한 사람이 못된 사람과 친구일 수 있는가? 아니면, 그렇지 않은가? [그렇지 않다.] 한편, 친애는 신실함과 확실함 속에 있지만, 못된 사람이 그런 사람인 경우가 가장 적으니까. 또, (5) 못된 사람은 못된 사람과 친구일 수 있는가? 아니면, 그것 또한, 그렇지 않은가?[9]

그래서 먼저, 어떤 종류의 친애에 대해 우리가 고찰할 것인가를 규정해야 할 것이다. 사람들이 생각하는 바로는, 신이나 혼이 없는 것에도 친애는 있다고 하지만, 그것은 올바른 생각이 아니기 때문이다. 우리는 우리가 다시 사랑을 되돌려 받을 수 있는 곳에 친애가 있다고[10] 주장하지만, 다른 한편으로는 신에 대한 친애가 다시 사랑을 되돌려 받는 것을 허용하지도 않고, 또한 일반적으로 사랑하는 것을 허용하지도 않기[11]

25

30

---

7   『에우데모스 윤리학』 제7권 제1장 1235a4-28, 『니코마코스 윤리학』 제8권 제1장 1155a32-b8 참조.

8   『에우데모스 윤리학』 제7권 제1장 1235b6-9 참조.

9   『에우데모스 윤리학』 제7권 제1장 1235a31-33, 『니코마코스 윤리학』 제8권 제1장 1155b11-12 참조.

10   『니코마코스 윤리학』 제8권 제2장 1155b27-34 참조.

11   1208b29, 30에서 oute와 outh' 대신에 oude holōs로 읽는다(Johnstone, 1185b11, 1207a21 참조).

때문이다.[12] 만일 누군가가 제우스를 친구로 사랑한다고 말한다면, 터무니없는 일이 될 것이기 때문이다.[13] 그러므로 또한 혼이 없는 것에서 다시 사랑을 되돌려 받을 수는 없다. 그럼에도 물론 혼이 없는 것들, 예를 들면 포도주나 다른 그런 종류의 것들으로의 친애를 가질 수는 있지만. 그렇기에 우리는 신에 대한 친애를 탐구하는 것도 아니며, 혼이 없는 것에 대한 친애를 탐구하는 것도 아니고, 혼을 가진 것, 게다가 그것들에 있어서는 다시 사랑을 되돌려 받을 수 있는 것에 대한 친애를 탐구하는 것이다.[14]

그래서 만일 이것 다음으로 누군가가 사랑받을 수 있는 것이 무엇인지를 고찰한다면, [그것은] 좋은 것 이외에 어떤 다른 것도 없다.[15] 그렇기에 원할 수 있는 것과 원해질 수 있는 것이 다르듯이, 사랑할 수 있는

35

---

12 (1) 다시 사랑을 되돌려 받을 수 있는 곳에 친애가 성립한다. (2) 그런데 신에 대한 친애는 다시 사랑을 되돌려 받는 것을 허용하지 않는다. (3) 일반적으로('원칙적으로') 사랑하는 것을 허용하지도 않는다. 이 논의의 전제가 되고 있는 '신에 대한 사랑', 즉 '신을 사랑하는 것'이 부정되는 논의 구조로 되어 있다.

13 『에우데모스 윤리학』 제7권 제4장 1239a17-21("다만 그 지나침이 심한 경우에는 자신이 사랑한 보답으로 상대방이 사랑해 주거나 혹은 같은 방식으로 사랑을 되돌려 줄 것을 당연한 것으로 요구하지 않는다. 누구든 신에게 사랑의 보답을 당연시하지 않는 것처럼 말이다. 그래서 서로 동등함 속에 있을 때 그들은 친구이지만 다시 사랑을 되돌려 주는 행위는 반드시 친구이지 않고도 있을 수 있음은 분명하다"), 제1장 1242a32-35, 제3장 1238b18-19, 그리고 '서로의 우열, 차이가 심한 관계 속에 있는 예를 들면, 신과 인간처럼 차이가 많이 날 경우에는 친애가 존재하지 않음을 지적하는' 『니코마코스 윤리학』 제8권 제7장 1158b33-1159a5 참조.

14 『에우데모스 윤리학』 제7권 제2장 1236a10-11, 1237a39, 제5장 1239b39-40, 제7장 1241a9, 『니코마코스 윤리학』 제8권 제2장 1155b27-31 참조.

15 『니코마코스 윤리학』 제8권 제2장 참조.

것과 사랑받을 수 있는 것은 다르다.[16] 원할 수 있는 것은 무조건적으로 좋은 것이고, 원해질 수 있는 것은 각자에게 좋은 것이다. 그런 식으로 또한 사랑할 수 있는 것은 무조건 좋은 것이고, 사랑받을 수 있는 것은 그 사람에게 좋은 것이며, 따라서 사랑받을 수 있는 것(친애의 객관적 대상)은 사랑할 수 있는 것(친애의 주관적 대상)이지만, 사랑할 수 있는 것은 [언제나 모든 경우에] 사랑받을 수 있는 것이 아니다.

그래서 여기서, 또 그런 것들 때문에 (4′) 과연 훌륭한 사람은 못된 사람에게 친구인가 아닌가 하는 의문이 든다. 왜냐하면[17] 좋은 것에는 그 사람에게 좋은 것이, 사랑받을 수 있는 것에는 사랑받을 수 있는 것이 어떤 식으로든 연결되어 있고, 다른 한편 좋은 것에는 즐거운 것도 유익한 것도 결합되어 수반된다. 그래서 훌륭한 사람들의 친애는 서로를 다시 되돌려(보답으로) 사랑할 때 있는 것이다. 하지만 그들이 서로를 사랑하는 것은, 그들이 사랑받을 수 있는 한에서이다. 그런데 사랑받을 수 있는 것은 그들이 좋은 한에서이기 때문이다. 그래서 그 논의는 주장하는데, 훌륭한 사람이 못된 사람에게 친구일 수 없지 않을까라고. 하지만 확실히 친구일 것이다. 좋은 것에는 유익함과 즐거움이 수반되기[18] 때문에, 못됐다고 해도 즐거운 사람이라면 그 한도에서 그는 [훌륭한 사람에게] 친구이다. 또 이번에는 유익하다면 유익한 한에서, 그 한도에서 친구이다. 그러나 그러한 친애는 적어도 사랑받을 수 있는 것(객관적 대상)에

16 원어로는 philēton과 philēteon, boulēton과 boulēteon이다.

17 이유를 나타내는 gar의 영향력이 1209a9-10행까지("그들이 좋은 한에서이기 때문이다.") 미치는 것으로 옮겼다.

18 1209a6-7 참조.

부합하지 않을 것이다. 왜냐하면 좋은 것은 사랑받을 수 있는 것[19]이었
지만, 못된 사람은 사랑받을 수 있는 것이 아니기 때문이다. 확실히 이런
친애가 [사랑받을 수 있는 것에 따르는 것이] 아니라, 사랑할 만한 것(주
관적으로 필요한 대상)에 따르는 것이기[20] 때문이다. 왜냐하면 완전한
친애, 훌륭한 사람들의 친애로부터 나온, 그 친애들, [즉] 즐거움에 따른
친애와 유익함에 따른 친애 또한 존재하기 때문이다.

그래서 즐거움에 따라서 사랑하는 사람은 좋은 것에 따르는 친애를
사랑하는 것이 아니며, 유익함에 따라 사랑하는 사람도 그렇지 않다. 실
제로 그 친애들, [즉] 좋은 것에 따른 친애도 즐거움에 따른 친애도, 유익
함을 따른 친애도 같은 것은 아니지만, 완전히 서로 이질적인 것이라고
하는 것도 아니며, 같은 것으로부터 어떤 방식으로 의존하고 있다. 예를
들어 우리는 작은 칼을 의술에 관여한다고 하고, 인간을 의술에 관여한
다고 하며, 지식을 의술에 관여한다고 말한다. 그러나[21] 그것들은 비슷
한 방식으로 이야기되는 것이 아니라, 반면 작은 칼은 의술에 유용함으
로서 의술에 관련된다고 말하고, 인간은 건강을 만들어 냄으로서이며,
또 지식은 원인이자 시원으로서이다. 그런데 마찬가지로, 여러 친애도,
[다시 말해서] 훌륭한 사람들의 친애, [즉] 좋은 것으로 말미암은 친애
도, 즐거움에 따른 친애도, 유익에 따른 친애도 같은 방식으로 [이야기되
는 것은] 아니다. 그러므로 동명이의적으로 이야기되는 것도 아니고, 같
은 친애는 아니지만 같은 것들에 어떤 방식으로 관련되어 있고, 같은 것

---

19 1209a1 -2 참조.

20 to philēteon estin으로 읽는다.

21 ouk 앞에 de를 보충한다.

들에서 유래한다. 그러므로 만일 누군가가 '즐거움에 따라 사랑하는 사람은 그 [상대방] 사람에게 친구가 아니다. 그것은 좋은 것에 따른 친구가 아니기 때문이다'라고 말한다면, 그러한 사람은 훌륭한 사람들의 친애로, [즉] 그 모든 것들, 즉, 좋은 것들로부터, 즐거움으로부터, 유익함으로부터 이루어진 친애를 향해 걸어 나가고 있으며, 따라서 그는[즐거움에 따라 사랑하는 사람은] 진실로 적어도 [앞에서 말한] 그 친애에 따른[22] 친구가 아니라 즐거움에 따른 또는 유익함에 따른 친애에서의 친구인 것이다.[23]

그렇다고 하면[(2´) (4´) (5´)], 과연 훌륭한 사람은 훌륭한 사람에게 친구가 되는 것인가, 그렇지 않은가? 그것은 그런 논의를 펼치는 사람의 주장으로는[24] 유사한 자가 유사한 자를 더 이상 필요로 하지 않기 때문이다. 그래서 바로 그러한 논의는 유익함에 따른 친애를 탐구하고 있는 것이다. 왜냐하면 어떤 사람이[25] 다른 사람을 더 필요로 하는 한, 그들은 유익함에 따른 친애 안에 있는 친구[26]이기 때문이다. 그러나 유익함에 따른 친애와 덕 및 쾌락에 따른 친애와는 다른 것으로 규정되어 있다. 그러므로 그러한 [훌륭한] 사람들이 훨씬 더 [친구인 것도] 당연하다. 왜냐하면 모든 것, 즉 좋은 것과 즐거운 것과 유익함이 그들에게 속해 있기

---

22 kat'를 삭제하지 않는다.

23 『에우데모스 윤리학』 제7권 제2장 1235b18-1236a33, 『니코마코스 윤리학』 제8권 제23장 1155b17-1156a19 참조.

24 1280b15 아래에서 논의된 논의.

25 ho를 삭제한다.

26 philoi를 philos로 읽는다.

때문이다. 뿐만 아니라, 훌륭한 사람은 못된(열등한) 사람에게도 친구이다. 왜냐하면 아마도 그 사람이 즐거운 한, 그 한도 내에선 또한 친구이기 때문이다. 그리고 못된 사람도 못된 사람에게 또한 그렇다. 왜냐하면 같은 것이 그들에게 유익한 한, 그 한도 내에서 친구이기 때문이다. 왜냐하면 우리는 유익한 것이 같은 것일 때, 그들, 즉 그들이 유익함 때문에 친구가 되는 것을 보고 있기 때문이며, 따라서 못됐더라도 그들을, 어쨌든 같은 어떤 것이 유익이 되는 것을 아무것도 방해하지 않을 것이다.[27]

그런데 훌륭한 사람들의 친애는 덕과 좋음에 따른 것이므로, 가장 확실하고 지속적이며 아름다운 것인데, 그것은 당연하다. 왜냐하면 그 친애가 있기 때문에 어떤 덕은 가장 변하지 않는 것이고, 따라서 그러한 친애가 가장 변하지 않는 것은 당연하지만, 유익함은 결코 동일하지 않다. 그러므로 유익함으로 말미암은 친애는 확실하지 않고, 유익함과 함께 변화하기 마련이다.[28] 즐거움에 근거한 친애도 마찬가지다. 그래서 가장 좋은 사람들의 친애는 덕에 근거해 생기는 친애이지만, 많은 사람들의 친애는 유익함에 근거해서 생기는 친애이며, 즐거움에 근거한 친애는 비속한 사람과 어디에나 있는 사람들 안에 있다.[29]

그런데 친구들이 못됐는데 마주치게 되면 분개하거나 놀라는 일도 생긴다. 그러나 [그것은] 전혀 불합리한 일이 아니다. 왜냐하면 그들이

---

27 『에우데모스 윤리학』 제7권 제2장 1236b10-26, 1238a30-b14, 『니코마코스 윤리학』 제8권 제4장 1157a16-20, b1-5 참조.

28 alla hama [⋯] metapiptei(사본)로 읽기도 하지만(Ellebodius), 내용은 동일하다.

29 『에우데모스 윤리학』 제7권 제2장 1236a33-b1, b19, 1237a10, 『니코마코스 윤리학』 제8권 제3장 1156a19-22, a33-b1, b11-12 참조.

그것 때문에 친구인 시원으로서 쾌락 혹은 유익함을 친애가 가질 경우, 그러한 것들이 떠나감과 동시에 친애 또한 지속되지 않기 때문이다. 하지만 종종 친애는 지속되는데, 친구를 나쁜 방식으로 대우했기 때문에, 그 때문에 그들이 분개할 때가 있다. 하지만 이것 또한 이유가 없는 것은 아니다. 왜냐하면 그 사람에 대한 너의 친애는 덕으로 말미암아 이루어진 것이 아니며, 그렇기에 그 사람이 덕에 합당한 것들을 아무것도 하지 않는 것도 불합리하지 않기 때문이다. 그러므로 [그들이] 분개하는 것은 옳지 않다. 왜냐하면 쾌락을 위해 친애를 자신들에게 만들어 냈는데, 덕을 위한 친애가 자신들에게 성립되어 있을 것이라고 생각하기 때문이다. 하지만 그것은 가능하지 않다. 쾌락과 유익함 때문인 친애는 덕과 관련이 없기 때문이다. 그래서 [사람들은] 쾌락을 공동으로 해서 덕을 추구하지만, 그것은 옳지 않다. 왜냐하면 덕이 쾌락과 유익함에 따르는 것이 아니라 그것들 둘 다가 덕에 수반하기 때문이다.[30] 훌륭한 사람들은 그들 자신이 그들 자신에게 가장 달갑다고 생각하지 않는 사람들이 있다면, 그것은 터무니없는 노릇이기 때문이다. 왜냐하면 에우리피데스가 주장하는 것처럼, 못된 사람들조차도 그들 자신이 자기 자신들에게 즐거워하고 있기 때문이다. 즉, '나쁜 놈은 나쁜 놈에게 녹아든다'[31]라고 말한다. 덕이 쾌락에 따르는 것이 아니라, 쾌락이 덕에 따르는 것이니까.

하지만 과연 훌륭한 사람들의 친애 속에는 쾌락 또한 존재하는가, 그렇지 않은 것인가? [존재해야 한다.] 존재해야만 한다는 것을 부정하는   1210a

---

30 『에우데모스 윤리학』제7권 제10장 1242b37-1243a6, 제1장 1244a34-36 참조.

31 에우리피데스, 『벨레로폰테스』의 한 구절(단편 298 Nauck2), 『에우데모스 윤리학』제7권 제2장 1238a34, 제5장 1239b22 참조.

것은 기묘한 노릇이기 때문이다. 왜냐하면 당신이 그들로부터 서로를 기쁘게 하는 것을 박탈한다면, 그들은 다른 사람들, 즉 쾌활한 사람들을 함께 살기 위한 친구로서 자신들에게 제공할 것이기 때문이다. 함께 사는 것에서, 즐거운 것 이상으로 더 큰 일은 아무것도 없으니까. 그래서 훌륭한 사람들이 서로 가장 함께 잘 살 것이라고 생각하지 않는 것은 어처구니가 없다. 그런데 이것은 즐거움 없이는 있을 수 없다. 그러므로, 생각되는 바로는, 즐겁게 있다는 것은 그 사람들에게 가장 성립되어야 할 것이다.[32]

그런데 친애는 세 종류로 나누었기 때문에,[33] 그러한 친애에 있어서도 과연 친애는 동등성 안에 생기는 것인지, 아니면 동등하지 않음 안에 생기는 것인지 하는 의문이 제기되고 있었다.[34] 그래서 [(1)(2)], 그것은 양쪽 모두에 근거해서 존재한다. 훌륭한 사람들의 친애이자 완전한 친애는 유사성에 따른 친애이다. 한편, 유익함에 근거한 친애는 비유사성에 근거한 친애이기 때문이다. 가난한 사람이 부유한 사람에게 친구인 것은 부자가 가진 것이 충분하지 않기 때문이며, 열등한 사람이 훌륭한 사람에게 그런 것도 마찬가지이기 때문이다. 왜냐하면 덕의 부족으로 말

---

32 『에우데모스 윤리학』 제7권 제2장 1236b31-32, 1237a18-b7, 1238a32-38, 제3장 1239b16-22 제12장 1245a35-b11, 1246a16-19, 『니코마코스 윤리학』 제8권 제3장 1156b14-17, 제4장 1157a1-2, 제9권 제9장 1170a4-b19 참조.

33 1209a3-19에서 말해진 좋음, 쾌락, 유익함 각각에 따르는 친애는 세 종류이다. 암스트롱에 따르면 이 분류에 대한 언급은 『니코마코스 윤리학』 제8권 제23장 1155b17-1156a10에서 직접적으로 주어진 것으로 해석한다. 따라서 여기서는 간접적인 언급이라는 것이다. 이런 측면에서 이 책은 '편찬물'(compilation, 즉 '모아서 정리된 것')임을 강하게 시사한다는 것이다(Armstrong, 1935, p. 658 각주 b 참조).

34 1208b7-20 참조.

미암아, 거기서부터 [덕이] 자기 자신에게 구비될 수 있을 것이라고 생각하는 그 사람에게, 그 때문에 친구이기 때문이다. 그래서 유사하지 않은 사람들 속에서는 유익함에 따른 친애가 생겨난다. 그래서 에우리피데스[35]도 [이렇게 말한다].

'비를 대지는 그리워하고, 땅이 마를 때에는.'[36]

15 그것은 그것들이 반대되는 것이기 때문에 유익함으로 말미암아 친애가 생긴다고 생각하는 것이다.[37] 그것은, 만일 당신이 불과 물을 가장 반대하는 것으로 생각하더라도, 그것들은 서로에게 유용하기 때문이다. 왜냐하면 불은, 만일 그것이 습기를 가지지 않는다면 멸망한다고 사람들이 말하는 것은, 습기가 불에게 일종의 양식을 제공한다고 생각하는 것이지만, 그 양식은 불이 지배할 수 있을 그 정도만큼의 양식이다. 왜냐

20 하면 당신이 만일 습기를 그 이상 많이 한다면, 그것이 지배하고 불이 꺼지는 사태를 초래하지만, 적절한 양만큼만을 한다면[38] 그것은 이익이 될 것이기 때문이다. 그래서 가장 반대되는 것 중에서도 유익함으로 말미암아 친애가 생긴다는 것은 분명하다.

그런데 모든 친애는 동등성에서도 동등하지 않음에서도 분류된 세

---

35 에우리피데스(기원전 480~406년)는 고전기의 비극작가이다. 92개의 작품을 썼다고 하는데, 전해지는 것은 17~18개이다.

36 1208b16-17 참조. 사본을 좇아 pedon 다음에 ḗ를 보충한다.

37 에우리피데스, 헤라클레이토스 입장과 엠페도클레스의 관점의 차이에 대하여 『니코마코스 윤리학』 제8권 제1장 1155b2-8 참조.

38 ean 대신에 an으로 읽는다.

가지와 관련이 있다.

그런데 그 모든 친애 중에서 [각각의 친애 관계에 있는 사람들이] 사 ²⁵
랑하거나, 잘해 주거나, 봉사하거나 혹은 뭔가 그런 종류의 것이 비슷한
방식이 아닐 경우에는 그들 서로 간에 대해서 차이가 생긴다. 왜냐하면
한 사람은 열심히 하지만, 다른 사람은 결핍되어 있을 경우, 그 결핍분
에 따라 불평과 비난이 생겨나기 때문이다. 그렇긴 하지만, 그 친애의 목
적이 같은 것인 그러한 사람들의 경우에는, 예를 들어 쌍방의 사람이 유 ³⁰
익함에 근거해서, 혹은 즐거움에 근거해서, 혹은 덕에 바탕을 두고 서로
친구라고 한다면, 어느 한쪽의 사람으로부터의 결핍은 매우 명백하다.³⁹
그래서 만일 내가 당신에게 하는 것보다 더 많은 좋은 일을 당신이 나에
게 한다면, 더 이상 당신이 나에게서 더 사랑받을 필요는 없지 않느냐고
내가 이의를 제기하지도 않는다. 한편, 같은 것으로 말미암아 우리가 친
구가 아닌 것과 같은 친애에서는 더욱 그 차이가 크다. 왜냐하면 각각으 ³⁵
로부터의 결핍이 명확하지 않기 때문이다. 예를 들어 한 사람은 쾌락을
위한 친구이고 다른 사람은 유익함을 위한 친구라면, 거기에는 논란거
리가 생겨난다. 즉, 유익함에서 우월한 사람들은 쾌락을 유익함과 교환
할 가치가 있다고 생각하지 않으며, 또 쾌락에서 우월한 사람들은 유익 ¹²¹⁰ᵇ
함에서의 혜택을 쾌락적 가치가 있다고 생각하지 않기 때문이다. 그러
므로 여러 가지 차이가 그러한 친애들에서 더욱 많이 생기는 것이다.⁴⁰

한편, 사람들이 동등하지 않음에서 친구인 때에는, 부나 그 밖의 다른

39 1210a32의 eteron 다음에 마침표를 찍는다.

40 『에우데모스 윤리학』 제7권 제3장 1238b32-35, 제4장 1239a1-21, 제10장 1243b14-
38, 『니코마코스 윤리학』 제8권 제13장 1162a34-b4 참조.

그러한 무언가에 있어서 우월한 사람들은 자신들이 사랑해야 한다고 생각하지 않고, 더 부족한 사람들에 의해 자신들이 사랑을 받아야 한다고 생각한다. 하지만 사랑하는 것이 사랑받는 것보다 낫다. 왜냐하면 사랑하는 것은 쾌락의 어떤 현실 활동이고 좋은 것이지만, 사랑받는 것으로부터는 사랑받는 사람에게 아무런 현실 활동이 생기지 않기 때문이다. 더 나아가, 아는 것이 알려지는 것보다 낫다. 왜냐하면 알려지는 것과 사랑받는 것은 혼이 없는 것에도 속하지만,[41] 아는 것과 사랑하는 것은 혼을 가진 것에 속하기 때문이다. 게다가 남에게 잘해 줄 수 있는 것은 그렇게 해줄 수 없는 것보다 나은 것이다. 그래서 사랑하는 사람은 사랑하는 한 남에게 잘해 주지만, 사랑받는 사람은 사랑받는 한 그렇지 않은 것이다. 그러나 인간들은 명예에 대한 사랑 때문에 사랑하는 것보다 사랑받기를 원하는데, 이는 사랑받는 것 속에는 일종의 우월성이 있기 때문이다. 사랑받는 사람은 언제나 쾌락이나 부 또는 덕에 우월하지만, 명예를 사랑하는 사람은 우월감을 원하기 때문이다. 또한 우월한 사람들은 자신들이 사랑해야만 한다고 생각하지 않는다. 왜냐하면 그들을 사랑하는 사람들에게는 우월함에 있어서 되돌려 준다고 [그들은] 생각하기 때문이다. 심지어 그들보다 못한 사람들도 존재한다. 그러므로 [전자의 사람들은] 사랑하는 것이 아니라 사랑받아야 한다고 생각하는 것이다. 한편, 재화나 쾌락이나 덕이 부족한 사람은 그것들에서 우월한 사람을 찬탄하며, 그것들을 얻거나 얻을 것이라고 생각하기 때문에 사랑하는 것

---

41 1208b32-33 참조.

이다.[42]

또한 다음과 같은 친애, 즉 공감으로부터의 친애, 누군가에게 좋은 일이 있기를 바라는 것으로부터의 친애도 있다. 그러나 그러한 경우에 생기는 친애는 그 모든 것[43]을 가지고 있지는 않다. 우리는 종종 다른 사람에게 좋은 일이 있기를 바라면서도, 다른 사람과 함께 살기를 원하기 때문이다. 그러나 그것들은 친애의 [일반] 속성(성질)[44]으로 말할 것인가, 아니면 덕에 바탕하는 완전한 친애의 속성으로 말할 것인가? 그것은 그 친애[후자의 우애] 속에 그 모든 것이 내재하고 있기 때문이다. 왜냐하면 [훌륭한 사람 외의] 다른 누구와도 우리는 함께 살기를 원하지 않으며(즐거움도, 유익함도, 덕도 훌륭한 사람에게 속하기 때문이다), 또 우리는 여러 가지 좋은 것을 그 사람에게 최대한 바라는 것이며, 사는 것과 잘 사는 것을 그 사람 말고 다른 사람에게 바라는 일이 없기 때문이다.

과연 자기애,[45] 즉 자기 자신에 대한 친애는 존재하는지, 그렇지 않은지는 지금은 내버려 두고 나중에[46] 이야기하기로 하자. 이제 우리는 우리 자신에게 모든 것을 원한다. 왜냐하면 우리는 우리 자신과 함께 살기

25

30

35

---

42 『에우데모스 윤리학』 제7권 제45장 1239a21-b5, 『니코마코스 윤리학』 제8권 제8장 1159a12-b1 참조.

43 이것이 무엇을 말하는지는 분명하지 않지만, 지금까지 논의된 친애의 특징들을 가리키는 것으로 볼 수 있다. 그것들은 또한 아래에서 설명되는 것들이다.

44 원어로는 pathos이다. 우리말로 옮기기가 매우 어려운 기술적 용어 가운데 하나다. 일반적으로 '윤리학'에서는 '감정'([수동적] 겪음)으로 옮겨지지만, 맥락에 따라 달리 번역되어야 하는 경우가 많다. 『에우데모스 윤리학』 제3권 제5장 1232b9-10, 『형이상학』 제5권 21장 참조.

45 autō[i] philia를 autophilia(자기애)로 읽는다.

46 1211a16 아래 참조.

를 원하고(아마도 그것은 필연적인 일이기도 하다), 잘 삶과 사는 것을 바라지만, 좋은 것을 바라는 것은[47] 다른 누군가를 위한 것이 아니기 때문이다. 게다가 우리는 우리 자신에게 가장 공감한다. 왜냐하면 우리가 실수하거나 어떤 다른 것에 빠진다면, 우리는 즉각 고통을 느끼기 때문이다. 그러므로 그렇게 자기 자신에 대한 친애가 스스로에게 존재하는 것처럼 생각될 것이다.

그러므로 그러한 것들, 예를 들면 공감이나 잘 사는 것이나 그 밖의 다른 것들을, 우리는 우리 자신에 대한 친애로 되돌려서, 혹은 완전한 친애로 되돌리는 식으로 이야기하는 것이다. 하지만[48] 그것들 양자 안에 그 모든 것이 성립하고 있다. 왜냐하면 함께 사는 것, 존재하기를 바라는 것, 잘 있음, 그리고 다른 모든 것들이 그 친애들 안에 있기 때문이다.[49]

게다가 아마도 그 안에 정의로움이 있을 것이며, 그런 것들 중에는 친애 또한 있다고 생각될 것이다. 그러므로 정의로운 것들의 종류가 있는 바로 그 수만큼 친애의 종류도 있다. 따라서 정의로운 것은 시민과의 관계에서 외국인에게도, 주인과의 관계에서 노예에게도, 시민과의 관계에서 시민에게도, 아버지와의 관계에서 아들에게도, 남편과의 관계에서 아내에게도 있고, 무조건적으로 말하면, [이들 및] 그 밖의 다른 모든 공동성, 그들 각각 안에 친애 또한 있다. 그런데 그 친애들 중에서 외국인들과의 친애가 가장 확실하다고 생각될 것이다. 왜냐하면 그들은, 예를

1211a

5

10

---

47 tagathon 다음에 쉼표를 빼고 읽는다.

48 1211a3의 gar를 de로 읽는다.

49 『에우데모스 윤리학』 제7권 제6장 1240a8-b37, 『니코마코스 윤리학』 제9권 제4장 1166a1-b29 참조.

들어 시민들이 그러하듯이, 그것을 놓고 논쟁할 공통의 목적은 아무것도 없기 때문이다. 우월성에 관련하여 서로 논쟁하는 경우에는 친구로 남아 있을 수 없기 때문이다.[50]

이제 다음과 같은 것, 즉 과연 자기 자신에 대한 친애는 있는지, 아니면 그렇지 않은지를 말하는 것이, 다음으로 계속될 것이다. 그래서 조금 위에서도 우리가 말했듯이,[51] 한편으로 친애한다는 것은 개별적인 것에서 식별되지만, 다른 한편으로 개별적인 것을 우리는 스스로 우리 자신에게 가장 많이 바라는 것을 보고 있기 때문에(좋은 것도, 존재하는 것도, 잘 있는 것도 우리는 원할 테니까. 우리는 우리 자신에게 가장 공감하고, 또 우리는 우리 자신과 함께 살기를 가장 많이 원한다[52]), 따라서 만일 친애가 개별적인 것으로부터 식별되고, 다른 한편 개별적인 것이 우리 자신에게 성립되기를 바란다면, 마치 자기 자신에 대한 부정의도 있다고 우리가 주장했던 것처럼[53] 우리 자신에 대한 친애가 있다는 것은 분명하다.[54] 왜냐하면 부정의를 행하는 사람과 부정의를 당하는 사람과는 별개이지만, 그 각각은 동일한 한 명의 사람이기 때문에, 그러한 것 때문에 자신에게 부정의는 없다고 생각되었기 때문이다.[55] 그럼에도 혼의 여

---

50 『에우데모스 윤리학』 제7권 제9장 1241b12-40, 『니코마코스 윤리학』 제8권 제9~11장 1159b25-1161b10 참조.

51 1210b34-1211a5 참조.

52 bouloimetha로 읽는다(a20행 참조).

53 제1권 제33장 1195b25-1196a33 참조.

54 1211a24의 estin은 읽지 않고, philia 앞에 hē를 삽입해 읽는다.

55 제1권 제33장 참조.

러 부분의 경우를 고찰하여 우리가 주장했던 것처럼,[56] 복수의 부분이 존재하는 이상 그것들이 같은 생각을 가지고 있지 않은 경우에는, 그때에는 자기 자신에 대한 부정의가 있을 수 있으니까. 그래서 그와 마찬가지로 친애도 자기 자신에 대한 것이 있다고 생각할 것이다. 왜냐하면 친구와 우리가 매우 친하다는 말하고 싶을 때 우리가 주장하는 것처럼, '내 것과 그 사람 사이에 하나의 혼'이라고 말하기 때문이다. 그래서 혼에는

여러 부분이 속하므로, 이치와 감정이 서로에 대해 같은 목소리를 낼 때, 그때 하나의 혼이 있을 것이기 때문이다(혼은 그런 방식으로 하나일 테니까). 그러므로 혼이 하나일 때에는 자기 자신에 대한 진애가 있을 것이다.

그런데 그 자신에 대한 친애는 훌륭한 사람 안에 존재할 것이다. 왜냐하면 그 사람에게 있어서만 혼의 여러 부분이 어긋나지 않기 때문에 서로에 대하여 좋은 상태를 유지하고 있기 때문이다. 적어도 열등한 사람

에 한해서는, 결코 자신이 자신에게 친구가 될 수 없는데, 이는 항상 그

자신과 싸우고 있기 때문이다. 어쨌든 자제력 없는 사람은 쾌락에 따르는 것들의 어떤 행위를 할 경우, 얼마 지나지 않아 후회하고 제 자신이 스스로를 비난한다. 다른 악덕의 경우도 열등한 사람과 마찬가지다. 그것은 자신이 자기 자신과 싸우고, 계속 대립하고 있기 때문이다.[57]

그런데 친애는 동등성 안에도 있다. 예를 들어 동료들 사이의 친애는

좋은 것의 수와 힘에서의 동등성 안에 있다(왜냐하면 그들 중 어느 것도

---

56 제1권 제33장 참조.

57 『에우데모스 윤리학』 제7권 제6장 1240a8-b30, 『니코마코스 윤리학』 제9권 제4장 1166a1-b29 참조.

좋은 것들의 수에 따라서든 힘에 따라서든, 크기에 따라서든 간에 다른 것보다 더 많은 것을 가질 자격이 없으며, 같은 것을 가질 자격이 있기 때문이다. 동료들은 같은 것을 원하니까). 한편, 동등하지 않음 안에 있는 것은 아들에 대한 아버지의 친애나 지배되는 것과 지배하는 것의 친애, 더 나은 것과 더 모자라는 것의 친애나, 아내와 남편의 친애나, 무조건적으로 말하면 더 열등한 것과 더 나은 것의 지위를 가지는 것이 그중에서, 친애 안에 있는 것과 같은 여러 관계의 경우이다. 동등하지 않음 안에 있는 그 친애는 비례에 근거하기 때문이다. 왜냐하면 좋은 것을 부여할 경우에는 결코 그 누구도 더 나은 것과 더 열등한 것에 동등한 것을 주는 것이 아니라, 우월한 것에 더 많은 것을 주는 것이 항상이기 때문이다. 그런데 이는 비례에 의한 동등성이다. 왜냐하면 더 열등하기 때문에 더 적은 좋음을 갖는 것은 더 나은 것에 더 많은 좋음을 갖는 것에 대해 어떤 방식으로든 동등하기[58] 때문이다.[59]

10

15

제12장   친애에 대하여 (2) ― 호의, 마음의 일치('한마음'), 친애

그런데 우리가 언급한 그 모든 친애 중에서 친애(사랑)함이 어떠한 방식으로든 최대한으로 생기는 것은 친족과 관련된 친애 가운데, 게다가 아들에 대한 아버지의 친애에서이다. 또 도대체 무엇 때문에 아들이 아버지를 사랑하는 것보다 아버지가 아들을 더 사랑하는 것일까? 그래서 과연 그것은 몇몇 사람들이 적어도 많은 사람들의 입장에서 옳게 말하고

20

---

58   isos로 읽는다.

59   『에우데모스 윤리학』 제7권 제3장 1238b15-25, 32-34, 제10장 1242a1-18, b2-21, 『니코마코스 윤리학』 제8권 제6~7장 1158b1-28, 제13장 1162a34-b4 참조.

있듯이, 아버지는 어떤 식으로든 아들에게 은혜를 베풀어 온 반면, 아들은 그 은혜에 대한 감사를 느낀다는 이유에서일까? 그래서 그 원인은 유익함에 근거한 친애 안에서도[60] 성립하고 있다고 생각된다. 하지만 마치 여러 지식에 관해서도 성립되어 있는 것을 우리가 보고 있듯이, 여기서도 사정은 뭔가 그런 방식이다.

내가 말하는 것은, 예를 들어 그 목적과 현실 활동이 동일한 것, 즉 현실 활동 외에 무엇인가 목적이 속해 있지 않은 것이 있는데, 예를 들어 아울로스를 부는 경우에서 그 현실 활동과 목적은 같지만(아울로스를 부는 것이 그에게 있어서는 목적이기도 하고 현실 활동이기도 하기 때문이다), 그러나 건축술에 있어서는 그렇지 않다(실제로 목적은 현실 활동 이외의 다른 것이기 때문이다). 그래서 친애는 일종의 현실 활동이지만, 목적은 사랑한다는 현실 활동 이외의 다른 어떤 것도 아니고, 바로 그 자체이다. 그래서 아버지는 아들이 자신의 일종의 작품임에 따라서 항상 어떤 식으로든 더욱 현실 활동을 하고 있다. 하지만 이 일은 다른 것의 경우에도 있다는 것을 우리는 본다. 모든 사람들은 자신이 그것을 만들 때 그것을 향해, 그 자체를 향해, 어떤 방식으로 호의를 가질 수도 있기 때문이다. 그래서 아버지는 기억과 기대에 의해 이끌리면서 자신의 작품인 아들을 향해 어떤 방식으로 호의를 갖는 것이다. 그러므로 아들이 아버지를 사랑하는 것보다 아버지는 아들을 더 사랑하는 것이다.[61]

그런데 친애라고 할 만한 다른 것을 놓고도 친애인지 살펴봐야 한다.

---

60 kai를 삭제하지 않고 읽는다.

61 『에우데모스 윤리학』 제7권 제8장 1241a35-b9, 『니코마코스 윤리학』 제9권 제7장 1167b17-1168a27, 제8권 제12장 1161b16-b33 참조.

예를 들어 호의[62]는 친애로 여겨진다. 그래서 단적으로 말하자면 호의는 친애가 아니라고 생각할 것이다(왜냐하면 우리는 종종 어떤 사람을 둘러싸고 좋은 것을 보거나 듣거나 하는 것으로부터 많은 사람들에게 호의적이기[63] 때문이다. 그렇다면 과연 이미 친구가 된 것일까? 아니면, 그렇지 않은가? [그렇지 않다.] 왜냐하면 아마도 실제로 그랬던 것처럼, 다레이오스가 페르시아인들 사이에서 지배하고 있었을 때, 만일 어떤 사람이 그에게 호의적이었다면, 즉시 다레이오스[64]에 대한 친애도 그 사람에게 있었다는 것은 아니기 때문이다). 그러나 때로는 호의가 친애의 시작이라고[65] 생각되며, 좋은 일을 할 능력이 있는 경우에 호의를 품고 있는 상대를 위해 행동하는 것에 대한 열망을 더해서 갖는다면 호의는 우애가 될 것이다. 이제 호의(선의)는 인간의 성격에 속하고 성격으로 향한다. 포도주나 다른 혼이 없는 좋은 것이나, 즐거운 것에는 아무도 호의를 베풀지 않으며, 누군가가 그 성격에서 훌륭하다면 그 사람에게 호의는 향한다. 하지만 친애를 떠나서 호의는 존재하지 않고, 동일한 것(성격) 안에 있다. 그러므로 호의는 우애라고 생각된다.[66]

---

62 원어로는 eunoia(선의).

63 eunooi로 읽는다.

64 알렉산드로스에게 패배한 다레이오스 3세(기원전 380~330년)를 말하는 듯하다. 알렉산드로스에 의한 헬라스의 지배를 싫어한 아테나이인들은 그가 알렉산드로스를 꺾어주기를 바라면서 다레이오스에게 공감을 가졌을 것이다.

65 hē eunoia philias로 읽는다.

66 『에우데모스 윤리학』제7권 제7장 1241a1-15("그런데 [이상의 고찰에다] 한마음('마음의 일치')과 호의에 관해서도 고찰하는 것은 [사랑을 둘러싼] 연구에 부합하는 일이다. 왜냐하면 이것들이 [사랑과] 같다고 생각하는 사람도 있고, 또 서로 없이는 이루어질 수 없다고 생각하는 사람도 있기 때문이다. 하지만 실제로 호의는 사랑과 전혀 다른

그런데 마음의 일치('한마음')[67]는, 그 말의 본래적 의미로 이야기되는 마음의 일치를 당신이 다룬다면, 친애와 가까운 것이기는 하다. 그렇다면 만약 누군가가 엠페도클레스와 마찬가지로 파악하고, 그 사람에게도 그렇게 생각된 것이 [세계의] 요소라고 그 사람에게도 생각된다면, 과연 그 사람은 엠페도클레스와 마음의 일치를 하고 있는가? 아니면 그렇지 않은가? [그렇지 않다.] 그러한 것들은 무엇인가 다른 것에 관한 것이기 때문이다. 왜냐하면 첫째, 마음의 일치는 생각되는 것들 안에 있는 것이 아니라, 행위되는 것들 안에 있으며, 게다가 그것들 안에 있는 것은 동일한 것을 생각하는 한에서가 아니라, 동일한 것을 생각하는 동시에, 그것에 대해 생각하고 있는 동일한 것에 대한 선택을 가지고 있는 한에 있어서이기 때문이다.

것도 아니고, 그렇다고 동일한 것도 아니다. 즉, 친애가 세 종류로 구별되었으니, 이 중에서 (1) 유용성에 근거한 친애에도, (2) 쾌락에 근거한 친애 속에서도 호의는 존재하지 않는다. 그것도 (1) 만일 [상대방인 갑이 도움이 되는] 인간이기 때문에 갑에게 있어서의 좋음을 [을이] 원했다고 하더라도, 그것은 갑을 위한 것이 아니라 결국은 을 자신을 위해서 바라는 것이다. 그러나 친애의 경우와 마찬가지로, 호의란 호의를 품는 사람 자신을 위해서라는 의미에서의 호의가 아니라 을이 호의를 품는 상대[갑]에게서의 [좋음이 문제가 되는] 호의인 것으로 생각된다. 또, (2) 만일 즐거운 것을 좋아하는 것 중에 친애가 존재한다고 한 경우에는, 무생물조차 호의를 품는 일이 벌어지게 된다. 따라서 호의가 (3) [상대방의 성격을 향한] 친애와 관련된 것은 분명하다. 그렇다고 호의를 품는 사람은 [상대방의 좋음을] 단순히 바라는 것에 불과한 반면, 친구에게는 원하는 것을 실행한다는 점도 더해진다. 확실히 호의는 친애의 시작이긴 하다. 친구는 누구나 호의를 품는 자임이 틀림없지만 호의를 품는 자가 모두 친구일 수는 없기 때문이다. 즉, 호의를 베푸는 자는 친애를 쌓기 시작한 자일 뿐이며, 따라서 호의는 친애의 시작이기는 하지만, 아직 친애라고는 할 수 없다."), 『니코마코스 윤리학』 제8권 제2장 1155b32-1156a5, 제9권 제5장 1166b30-1167a21 참조.

67 원어로는 homonoia.

만일 두 사람이 모두 지배하는 것을 생각하고 있지만, 한쪽은 자기 자신이 지배하는 것을, 다른 쪽도 자기 자신이 지배하는 것을 생각하고 있다면, 과연 실제로 그들은 마음의 일치를 하고 있는가? 아니면, 그렇지 않은가? [그렇지 않다.] 하지만 만일 나도 나 자신이 지배하기를 원하고, 그 사람도 내가 지배하기를 원한다면, 그런 식으로 우리는 이미 마음의 일치를 하고 있는 것이다. 그렇기에 마음의 일치가 이루어지는 것은 동일한 것에 대한 바람을 수반하여 행위되는 것들 중에 있다. 그러므로 그 본래의 의미로 이야기되는 마음의 일치는[68] [앞의 예에서는] 같은 사람을 지배자로서 옹립하는 것에 관한 것이다.[69]

제13장 친애에 대하여 (3)—자기애 (1)

그런데 우리가 주장하는 것처럼,[70] 자기 자신에 대한 친애가 있기 때문에, 훌륭한 사람은 과연 자애적(自愛的)일까, 그렇지 않은가? 자애적이란 이익이 되는 것과 관련된 것에 있어서, 모든 것을 자기 자신을 위해 행동하는 사람이다. 그래서 열등한 사람은 자애적이다(스스로가 자기 자신을 위해 모든 것을 행위하니까). 하지만 훌륭한 사람은 그렇지 않다. 왜냐하면 다른 사람들을 위해 행동하는 것이며, 그것 때문에 훌륭하기 때문이다. 그러므로 자애적이지 않다. 그러나 모든 사람들은 좋은 것에 동기를 부여하고, 그것들이 무엇보다도 자기 자신에게 속해야 한다고 생

---

68 en praktois를 삭제한다(Ellebodius와 Susemihl).

69 『에우데모스 윤리학』 제7권 제7장 1241a1-3, 15-34, 『니코마코스 윤리학』 제9권 제6장 1167a22-b2 참조.

70 제2권 제11장 1211a16-b3 참조.

각한다.[71] 그것은 부나 지배의 경우에 가장 명백하다. 그렇기에 훌륭한 사람은 다른 사람들을 위해 그것들로부터 비켜서겠지만, 그것은 자기 자신에게 가장 적합하지 않다고 생각해서가 아니라, 다른 사람이 자기 자신보다 그것들을 더 많이 사용할 수 있을 것이라는 점을 보는 경우이

다. 다른 사람들은 무지 때문에(그런 좋은 일을 [자신들이] 나쁘게 사용하게 될 것이라고 생각하지 않기 때문에), 혹은 지배하는 것에 대한 명예에 대한 사랑(명예욕) 때문에 비켜서는(손을 떼는) 일은 하지 않을 것이다. 하지만 훌륭한 사람은 그것들[무지와 명예욕]의 어느 상태에도 빠지지 않을 것이다. 그러므로 그는 적어도 그런 좋은 것들에 근거해서 사애적이지도 않다. 그러나 만일 [그에게] 그런[72] 일이 있다면, 아름다움에

5 따른 것에 근거해서이다. 왜냐하면 훌륭한 사람은 그것만은 다른 사람을 위해 비켜서지 않을 것이고, 유익하고 즐거운 것들에서는 비켜서게 될 것이다.[73] 그렇기에 아름다운 것에 근거해서 선택하는 데에서는 그는 자애적일 것이다. 한편, 유익함에 근거해서 또 쾌락에 근거해서 이야기 되는 선택에서는 훌륭한 사람이 아니라 열등한 사람이 그러할 것이다.

---

71 dein hautois로 읽는다.

72 즉 자애적.

73 1212b5의 ta de sumpheronta hēdea를 tou de sumpherontos kai hēdeos로 읽는다
   (Spengel).

제14장 친애에 대하여 (4) — 자기애 (2)

과연 훌륭한 사람은 스스로 자기 자신[74]을 가장 사랑하는 것일까, 그렇지 않은 것일까? 스스로 자기 자신을 가장 사랑할 수 있는 방식이 있고, 그렇지 않을 수 있는 방식이 있다. 즉, 우리는 훌륭한 사람이 친구를 위해 유익함에 근거한 좋은 덕들에서 비켜설 것이라고 주장하기 때문에,[75] 자신보다 친구를 더욱 사랑할 것이다. 맞다. 하지만 친구들을 위해 그것들로부터 손을 떼면서 내 자신에게는 아름다운 것들을 확보하는 한, 그런 것들에서 손을 떼는 것이다. 그렇기에 스스로 자기 자신보다 친구를 더욱 사랑하는 방식이 있으며, 스스로 자기 자신을 가장 사랑하는 방식이 있는 것이다. 그 이유는, 한편으로 유익함에 근거해서는 친구를, 다른 한편으로 아름답고 좋은 것에 근거해서는 스스로를 가장 사랑하기 때문이다. 가장 아름다운 것들은 자기 자신에게 있으니까.

그래서 '좋음을 사랑하는 자'이기는 하지만, '자애적'이지는 않다. 왜냐하면 당신이 스스로를 사랑한다면, 그것은 단지 좋은 사람이기 때문이다. 반면, 열등한 사람은 자애적이다. 왜냐하면 뭔가 아름다운 것처럼, 그것 때문에 스스로 자기 자신을 사랑할 것은 아무것도 없고, 그런 것들 없이 자기 자신인 한, 스스로 자기 자신을 사랑할 것이기 때문이다. 그러므로 바로 그 사람이 본래적 의미에서 자애적이라고 말할 수 있다.[76]

---

74 hauton으로 읽는다.

75 제2권 제13장 1212a36 아래 참조.

76 『니코마코스 윤리학』제9권 제8장 1168a28-1169b2 참조.

제15장 친애에 대하여 (5) — 자족과 친애

자족성과 자족적인 사람을 둘러싸고 이야기하는 것이 다음에 계속될 것이다. 과연 자족적인 사람은 친애도 아울러 필요한 것일까, 그렇지 않고, 그 일[친애]에 근거해서도 스스로 자기 자신에게 자족적일 수 있을까? 왜냐하면 시인들도 그런 말을 하고 있으니까.

하지만 신(다이몬)[77]이 잘해 주실 때, 친구들이 무슨 필요가 있을까요?[78]

여기서도 또 어려운 문제가 생기는데, 과연 모든 좋은 것을 가진 자족적인 사람은 친구를 필요로 하는 것일까? 아니면, 그때에 최대한으로 친구를 필요로 하는가? 즉, 누구에게 잘할 것인가, 아니면, 누구와 함께 살 것인가? 어쨌든 혼자 살지는 않을 테니까. 그래서 만일 그것들이 필요하지만, 그것들이 친애 없이 가능하지 않다면, 자족적인 사람들은 친애를 보태야 할 것이다.

그래서 [철학적] 논의에서 신으로부터 취하는 것이 익숙해진 유사성[79]은 거기서는 옳지 않으며, 또한 여기서는 도움이 되지 않을 것이

---

77 다이몬(daimōn)은 신령으로, 행복하다(eudaimōn)는 말의 어근이 된다. 몫을 나누거나 분배한다는 의미도 갖는다(daiō). 따라서 행복(eudaimonia)은 문자적으로 '좋은 몫과 같은 무엇'을 의미한다. 다이몬은 신령, 영웅들, 재산과 운명으로 사용되는 말이다. 이 것을 통해서 인생에서 자신의 몫이 올 것이라고 헬라스인들은 생각했다. 이 말에서 '악마'(demon)로 변형되어 쓰이는 것은 '나쁜 신령의 영향력'만으로 사용되는 측면을 반영한 것이다.

78 에우리피데스, 『오레스테스』 667행, 오레스테스가 스파르타 왕이자 삼촌인 메넬라오스에게 말하는 구절. 『니코마코스 윤리학』 제9권 제3장 1169b7-8 참조.

79 우주를 행복한 신으로 태어나게 했다는 이야기를 하고 있는 플라톤, 『티마이오스』

다.[80] 왜냐하면 만일 신이 자족적이고 아무것도 필요로 하지 않는다면, 그것[신과의 유사성]에 의해서, 우리 또한 아무것도 필요로 하지 않는다는 것이 되는 것은 아니기 때문이다. 사실상 무엇인가 다음과 같은 논의 또한 신의 경우에 이야기되고 있기 때문이다. 즉, 그 논의가 주장하기를, 신은 모든 좋은 것을 가지고 있으며 자족적이니, 무엇을 하겠는가? [신이] 잠자는 일은 없을 테니까. 그래서 뭔가를 관상할 것이라고 말한다. 왜냐하면 그것이 가장 아름답고 가장 고유한 것이기 때문이다. 그렇다면 무엇을 관상하는 것일까? 다른 어떤 것을 관상한다면, 자기 자신보다 더 나은 무언가를 관상할 것이다. 그러나 그 일, 신보다 다른 것이 더 낫다는 것은 이치에 맞지 않는다. 그러므로 [신은] 스스로 자기 자신을 관상하게 될 것이다. 그러나 이치에 맞지 않는다. 인간도 스스로 자기 자신을 찬찬히 관찰하는 자가 있으면, 우리는 감수성이 둔한 놈이라고 비난하기 때문이다. [그 논의는] 주장한다. '그래서 신이 스스로 자기 자신을 관상한다면 이치에 맞지 않을 것이다.'

그래서 신은 무엇을 관상하는지는 내버려 두기로 하자. 우리는 신의 자족성을 둘러싸고 고찰을 하고 있는 것이 아니라 인간적인 자족성을 둘러싸고, 자족적인 사람은 친애를 필요로 하는 것인지, 그렇지 않은지를 고찰하고 있다. 그래서 만일 누군가가 친구에게 눈을 돌려 친구가 무엇인가, 친구가 어떤 종류의 사람인지를 본다면, 적어도 당신이 그와 매

1213a

5

10

34a8-b9 참조.

80 '거기'란 신들의 영역을 가리키고, '여기'는 인간의 영역이다. 두 영역 사이의 차이가 너무 커서 '유비에 의한 논의'는 유효하지 않다는 의미를 내포하고 있는 것으로 보인다.

우 친하다고 가정한다면, '그것은 또 다른 나인 그런 것'일 것이고,[81] 마치 '그 사람은 또 다른 헤라클레스'라는 관용구처럼, 친구는 또 다른 나이다.[82]

15 　그래서 몇몇 지자(知者)들이 말했듯이, 자기 자신을 아는 것은 가장 어려운 일이기도 하고 가장 즐거운 일이기도 하지만(자기 자신을 아는 것이 기쁘니까), 반면 우리는 스스로 자신을 자신으로부터 바라볼 수 없다(우리 자신이 우리 자신을 [관상]할 수 없다는 것은, 우리가 다른 사람들에게는 그것에 대해 비난하지만, 우리가 같은 일을 하고 있어도 깨닫지 못한다는 것에서 명백하다. 이 일은 호의 때문에 혹은 감정 때문에 생

20 긴다. 하지만 우리 대부분에게는, 이러한 것들이 올바르게 판정하는 것에 그림자를 드리운다). 그래서 마치 우리가 스스로 자기 얼굴을 보고 싶어하는 경우, 거울 속으로 눈을 돌려 보는 것처럼, 우리 스스로를 알기를 바라는 경우에도 마찬가지로 친구에게 눈을 돌리면 알게 될 것이다. 왜냐하면 우리가 주장하는 것처럼,[83] 친구는 또 다른 나이기 때문이다. 그

25 래서 자기 자신을 아는 것은 즐거운 일이지만, 친구인 다른 사람 없이는 그것을 알지 못한다면, 자족적인 사람은 자기 자신을 알기 위해 친애가 필요할 것이다.

81　1213a11의 toioutos 앞의 공백은 eiē an으로 읽는다(Kassel). 암스트롱은 〈doxeien an〉을 삽입한다.

82　allos houtos Hēraklēs, allos philos egō에서 인용은 앞부분만으로 한정하고, 나머지는 지문으로 해석한다. 헤라클레스에게는 그의 모험에 동행한 이올라오스가 있었는데, 헤라클레스가 '그는 또 다른 헤라클레스이다'라고 말했다. 그들이 협력해서 괴물 휘드라(Hudra)를 퇴치했다.

83　1212b11-13 참조.

게다가 만일 운으로부터 좋은 것을 가지고 있다면, 사람들에게 좋은 것이 실제로 그렇듯이 아름답다면, 누구에게 좋은 것일까? 또 누구와 함께 사는 것일까? 어쨌든 혼자서만 살아가는 것은 아닐 테니까. 왜냐하면 함께 사는 것은 즐거우며 또 필연적이기 때문이다. 그래서 만일 그것들 이 아름답고 즐거우며 필연적인 것이지만, 그러한 일들이 친애 없이는 있을 수 없다면 자족적인 사람은 친애를 덧붙여야 할 것이다.[84]

제16장 친애에 대하여 (6)—친구의 숫자

과연 많은 친구를 가져야 할까, 아니면 소수의 친구를 가져야 할까? 그래서 무조건적으로 말하자면, 많이 가져서도 안 되고, 소수를 가져서도 안 된다. 왜냐하면 친구가 많은 경우에는 사랑하는 것을 그들 각자에게 나눈다는 것은 어려운 일이기 때문이다. 즉, 다른 모든 경우에도 우리의 자연 본성은 많은 것에 도달하기에는 약하고 전혀 불가능하기 때문이다. 왜냐하면 우리는 시각에 따라 먼 곳을 볼 수 없으며, 만일 당신이 그 것에 어울리는 것보다 더 멀리 떨어져 있다면, 자연 본성의 약함 때문에 실패할 것이고, 청각의 경우나 다른 감각의 경우나, 모든 것의 경우도 마찬가지다.[85] 그래서 누군가가 무능력으로 말미암아 사랑하는 데 실패하면 정당하게 비난받을 만도 하고 적어도 말로만 사랑할 뿐 친구는 아닐 것이다. 반면, 친애는 그것을 의미하지 않는다.

왜냐하면 많은 사람들이 있을 때마다 적어도 누군가 한 사람에게는

---

84 『에우데모스 윤리학』 제7권 제12장 1244b1-1245b19, 『니코마코스 윤리학』 제9권 제 9장 1169b3-1170b19(제11장 1171a21-b28) 참조.

85 out' epi tōn allōn, homoiōs kai epi pantōn으로 읽는다.

어떤 불운한 일이 일어날 수는 있을 것 같지만, 그런 일들이 생기면 고통을 느끼는 것이 불가피하기 때문이다. 또 반대로 소수, 한두 명도 아니고 시의적절하게 사랑하는 것에 대한 그 사람의 동기 부여와 조화된 수의 것이어야 한다. 더욱이 친구가 많다면 고통을 느끼는 것을 멈출 수 없다. 왜냐하면 많은 사람들이 있을 때마다 적어도 누군가 한 사람에게는 어떤 불운한 일이 늘 일어날 수 있을 것 같지만, 그런 일들이 생기면 고통을 느끼는 것은 필연적이기 때문이다. 또 반대로 소수, 한두 명도 아니고 시의적절하게, 또 사랑하는 것에 대한 그 사람의 동기 부여와 어울리는 수여야 한다.[86]

제17장 친애에 대하여 (7)─ 친애와 비난

이것들 다음에는, 어떻게 친구를 대우해야 하는지를 고찰해야 할 것이다. 하지만 그 고찰은 모든 친애 안에 있는 것이 아니라, 거기서 친구들이 서로를 가장 비난하는 친애 안에 있는 것이다. 그러나 그 외의 친애에서는 그것과 마찬가지로 비난하는 것이 아니다. 예를 들어 아들과의 관계에서의 아버지에게는, 몇몇 친애의 경우에는 그것이 당연하다고 [사람들이] 생각하는 그러한 비난, 즉, '마치 내가 너에게 있듯이, 그런 식으로 너도 나에게 있지만' 만일 그렇지 않으면, 거기에서는 격렬한 비난이

---

86 이 마지막 문장에 앞 문장의 ana[n]gkaion이나 dei 정도를 보충해 읽으면 자연스럽게 읽힌다. 친구의 수가 얼마이어야 적절한가에 대해서는 『에우데모스 윤리학』 제7권 제2장 1237b34-1238a11 ("하지만 동시에 다수자와 친구인 것은 실제로 사랑하는 행위 측면에서는 곤란하다. 동시에 많은 사람들을 상대로 일할 수 없기 때문이다."), 제12장 1245b19-26, 『니코마코스 윤리학』 제9권 제1장 1170b20-1171a20 참조.

있다는 식의 비난은 존재하지 않는다.[87] 그런데 동등하지 않은 친구들 중에는 동등한 것이 존재하지 않지만, 아들에 대한 아버지의 친애는 동등하지 않은 것 안에 있고,[88] 남편에 대한 아내의 친애나 주인에 대한 집안 하인의 친애도 마찬가지이며, 또 일반적으로 더 열등한 것과 더 나은 것의 친애도 그렇다. 그래서[89] 그들은 앞서 언급한 것과 같은 그런 비난을 갖지 않는다. 그러나 동등한 친구들 및 그들 안에서의 친애[90] 중에는 그러한 비난이 있다. 따라서 동등한 친구들 속에서의 친애에서는 어떻게 친구를 대우해야만 하는지를 고찰해야 할 것이다. **.[91]

---

87 해득하기 어려운 고약한 문장이다.

88 제2권 제11장 1211b8-12 참조.

89 dē를 oun으로 읽는다.

90 1231b28의 kai en […] philia를 kai tē[i] en autois philia[i]로 읽는다(Ellebodius).

91 다 끝내지 못하고 도중에 중단된 것으로 보인다. 친구를 대우하는 방법은 친구가 서로를 동등하지 않게 대할 때 일어나는 비난과 관련이 있다. 이러한 비난은 동등하지 않은 친애에서는 일어나지 않는다. 따라서 친구를 어떻게 대해야 하는지에 대한 질문은 동등한 사람들 사이의 친애에서만 일어나는 것이다.

참고문헌

아리스토텔레스 윤리학 원전 및 주석

〈대본 1〉 Susemihl, F., *Aristotelis quae feruntur Magna Moralia*, Leipzig, 1883.

〈대본 2〉 Armstrong, G. C., *Aristotle, Metaphysics Books X-XIV, Oeconomica, Magna Moralia*(Loeb Classical Library), Cambridge, Mass, 1935.

Barthélémy Saint Hilaire, J., *Grande Morale et Morale à Eudème*, Paris, 1856.

Bekker, I., *Aristotelis Opera*, vol.II, Berlin, 1831.

Bender, H. n. d., *Die Große Ethik des Aristoteles*, Stuttgart, 1890.

Bonitz, H., *Observationes Criticae in Aristotelis quae feruntur Magna Moralia et Eudemia Ethica*, Berlin, 1844.

Bussemaker, U. C., *Aristotelis Opera Omnia*, vol.2 (A. F. Didot), Paris, 1850.

Bywater, I., *Aristotelis Ethica Nicomachea*, Oxford, 1894.

Caiani, L., *Etiche di Aristotele: Etica Eudemea, Etica Nicomachea, Grande Etica*, Torino, 1996.

Casaubonus, I., *Operum Aristotelis nova editio*, Graece et Latine, vol.2, Lyon, 1590.

Susemihl, F., *Aristotelis Ethica Nicomachea*, Leipzig, 1880.

Susemihl, F., *Eudemi Rhodii Ethica*, Leipzig, 1884.

Walzer, R. R. et J. M. Mingay, *Aristotelis Ethica Eudemia*, Oxford, 1991.

Weise, C. H., *Aristotelis Opera Omnia quae extant uno volumine comprehensa*, editio Tauchnitziana, Leipzig, 1843.

아리스토텔레스, 『니코마코스 윤리학』·『에우데모스 윤리학』, 김재홍 옮김, 미간행.

_____, 『정치학』, 김재홍 옮김·주석, 그린비, 2023.

_____, 『소피스트적 논박에 대하여』, 김재홍 옮김, 아카넷, 2020.

연구 논문과 연구서 및 그 밖의 2차 문헌

Ackrill, J. L., *Aristotle on Eudaimonia*, London: Oxford University Press, 1974.

Allan, D. J., "Magna Moralia and Nicomachean Ethics", *The Journal of Hellenic Studies,* vol. 77, 1957.

Annas, J., *The Morality of Happiness*, London: Oxford University Press, 1993.

_____, "The Hellenistic Version of Aristotle's Ethics", *The Monist* 73, 1990.

Bärthlein, K., "Der Orthos Logos in der Grossen Ethik des Corpus Aristote licum", *Arch. Gesch. Philosophie,* 1963.

Berg, K., "Die Zeit der Magna Moralia", *Wiener Studien*, vol.52, 1934.

Bergk, T., *Sophoclis Tragoediae,* Leipzig, 1858.

Bodéüs, R., "Contribution à l'Histoire des Oeuvres Morales d'Aristote", *Revue philosophique de Louvain,* 1973.

Bonitz, H., "Zur Textkritik der Eudemischen Ethik und der Magna Moralia." *Jahrbuch für classische Philologie* 5, 1859.

_____, *Index Aristotelicus,* Berlin, 1870.

Brandis, C. A., *Handbuch der Geschichte der griechisch-römischen Philosophie* II, 2b, Berlin, 1857.

Brink, K. O., *Stil und Form der pseudarist. Magna Moralia* (Diss. Berlin 1931), Ohlau, 1933.

Broadie, S., "Aristotelian Piety", *Phronesis* 48, 2003.

_____, *Ethics with Aristotle*, London: Oxford University Press, 1991.

_____, *Ethics with Aristotle*, Oxford, 1991.

Brown, E., "Wishing for Fortune, Choosing Activity: Aristotle on External Goods and Happiness", *Proceedings of the Boston Area Colloquium in Ancient Philosophy* 21, 2005.

Buddensiek, F., *Die Theorie des Glücks in Aristoteles, Eudemischer Ethik,* Hypomnemata 125, Vandenhoeck & Ruprecht, Gottingen, 1999.

Burnet, J., *The Ethics of Aristotle*, Methuen, London, 1900.

Caesar, I., *Why We Should Not Be Unhappy about Happiness via Aristotle* (Ph. D. Diss), Deutschland: Lambert Academic Publishing, 2010.

CAG (*Commentaria in Aristotelem Graeca*), vol.xix ed. Heylbut, Berlin, 1889; vol.xviii ed.

Busse, Berlin, 1900.

Case, J. ed., 1596, *Reflexus Speculi Moralis qui commentarii vice esse poterit in Magna Moralia Aristotelis,* Oxford, Available online in the original Latin, with Simpson's English translation, at http://www.philological.bham.ac.uk/reflexus/ (검색일 2019. 8. 2)

Cashen, M. C., "Aristotle on External Goods: Appying the Politics to the Nicomachean Ethics", *History of Philosophy Quarterly* 33, 2016.

Cooper, J. M., "Aristotle on the Goods of fortune", *The Philosophical Review* 94, 1985.

_____, "Friendship and the Good in Aristotle", *Philosophical Review* 86, 1977.

_____, "The Magna Moralia and Aristotle's Moral Philosophy", *American Journal of Philology* 94, 1973.

Dalimier, C., *Aristote, Les Grandes Livres d'Éthique (La Grande Morale),* with preface by Pierre Pellegrin, Paris : Arléa, 1992.

Décarie, V., *Aristote, Éthique à Eudème,* Bibliotheque des Textes Philosophiques. Vrin, 1978.

Deichgräber, K., "Original und Nachahmung, Zur Ps.-Aristoteles Magna Moralia…", *Hermes* 70, 1935.

Diels, H., & Kranz, W., *Die Fragmente der Vorsokratiker,* vol.1·2·3. Berlin: Weidmann, 1952 (*DK*).

Dirlmeier, F., "Die Zeit der Grossen Ethik", *Rheinisches Museum* 88, 1939.

_____, "Zur Chronologie der Grossen Ethik des Aristoteles", SB der Heidelberger Akademie der Wissenschaften, 1970.

_____, *Aristoteles, Eudemische Ethik, übersetzt und kommentiert,* Berlin, 1962.

_____, *Aristoteles, Magna Moralia, übersetzt und kommentiert,* Berlin, 1983.

_____, *Aristoteles, Nikomachische Ethik, übersetzt und kommentiert,* Berlin, 1959.

Donini, P., *L'Etica dei Magna Moralia,* Torino: Giappichelli, 1965.

Düring, I., *Aristotle in the Ancient Biographical Tradition,* Göteborg, 1957.

Elliott, J. R., "Aristotle on Virtue, Happiness and External Goods", *Ancient Philosophy* 37, 2017.

Elorduy, E., "Los Magna Moralia de Aristóteles", *Emérita* 7, 1939.

_____, Besprechung von E. J. Schächer 1940, *Emérita* 13, 1945.

Fahnenschmidt, G., *Das Echtheitsproblem der Magna Moralia des Corpus Aristotelicum*, Diss. Tübingen, 1968.

Feliciani, J. B., Preface to vol.3 of *Opera Aristotelis cum Averrois Commentariis*, Venice, 1562.

Flashar, H., "Die Kritik der Platonischen Ideenlehre in der Ethik des Aristoteles", *Synusia, Festschrft Schadewalt*, Pfulling, 1965.

Foot, P., *Natural Goodness*, Oxford: Clarendon Press, 2003.

Fortenbaugh, W. W ed. *On Stoic and Peripatetic Ethics. The work of Arius Didymus.* Transaction Books. New Brunswick, NJ, 1983.

Gigon, O., "Die Socratesdoxogragphie bei Aristoteles", *Museum Helveticum* 15, 1959.

_____, "Zwei Interpretationen zur Eudemischen Ethik des Aristoteles." *Museum Helveticum* 26, 1969.

Giulio Di Basilio ed. *Investigating the Relationship Between Aristotle's Eudemian and Nicomachean Ethics*, Routledge, 2022.

Gohlke, P., "Die Entstehung der aristotelischen Ethik, Politik, Rhetorik", *SB Wien* 223, 1944.

_____, *Aristoteles. Grosse Ethik*, Schöningh, Paderborn, 1949.

Görannsson, T., *Albinus, Alcinous, Arius Didymus*, Göteborg, 1995.

Helms, P., *Populaere Forlaesning over Ethik, Den "store Moral"*, *Magna Moralia*, trans, and intro., Copenhagen, 1954.

Hursthouse, R., *On Virtue Ethics*, London: Oxford University Press, 1999.

Inwood, B., *Ethics After Aristotle*, Cambridge: Harvard University Press, 2014.

_____. & Woolf, R. trans., *Aristotle; Eudemian Ethics*, Cambridge, 2013.

Irwin, T., *The Development of Ethics: vol.1.*, London: Oxford University Press, 2007.

_____, "Permanent Happiness", *Oxford Studies in Ancient Philosophy* 3, 1985.

Jaeger, W., *Aristotle, Fundamentals of the History of his Development*, 2nd ed., trans. Robinson, Oxford, 1948.

_____, "Ein Theophrastzitat in der Grossen Ethik", *Hermes* 64, 1929.

_____, *Aristoteles, Grundlegung einer Geschichte seiner Entwicklung*, Berlin, 1923.

Johnstone, H. M., *Prolegomena to A Critical Edition of The Aristotelian Magna Moralia*, Oxford

University, 1997.

Kassel, R., "Emendation und Erklärung von Aristoteles MM II 15. 1213a11 und EE VII 12. 1245a29", in *Rudolf Kassel Kleine Schriften*, ed. H.-G. Nesselrath, Berlin, 1991.

Kenny, A., *The Aristotelian Ethics: A Study of the Relationship between the Eudemian and Nicomachean Ethics of Aristotle*, Oxford: Clarendon Press, 1978(2016).

Kenny, A. J. P., *Aristotle on the Perfect Life*, Clarendon, Oxford, 1992.

_____, *Aristotle, The Eudemian Ethics,* Oxford, 2011.

_____, *The Aristotelian Ethics*, Clarendon, Oxford, 1978.

Kraut, R., *Blackwell Guide to Aristotle's Nicomachean Ethics,* Blackwell, Oxford, 2006.

Mansion, S., *Aristote et les Problèmes de Méthode*, Louvain, 1961.

Moraux, P., *Der Aristotelismus bei den Griechen*, Berlin, 1973.

Natali, C., *The Wisdom of Aristotle*, trans. G. Parks, SUNY, Albany, 2001.

Oncken, W., *Scaligeriana zu Aristoteles' ethischen und politischen Schriften*, *Eos, Süddentsche Zeitschrift für Philologie und Gymnasialwesen* 1, Scaliger, 1864.

Plebe, A., *Aristotele, Grande Etica*, Etica Eudemia. Bari, 1965.

_____, "La Posizione storica dell" "Etica Eudemia" e dei "Magna Moralia", *Rivista Critica di Storia della Filosofia,*1961.

_____, *Grande Etica, Etica Eudemia,* Editori Laterza, Bari, 1965.

Polanky, R. ed, *The Cambridge Companion to Aristotle's Nicomachean Ethics,* Cambridge: Cambridge University Press, 2014.

Ramsauer, G., *Zur Charakteristik der arist. Magna Moralia*, Progr. Oldenburg, 1858.

Rassow, H., *Forschungen über die Nikomachische Ethik des Aristoteles,* Weimar, 1874.

_____, *Observationes criticae in Aristotelem,* Berlin, 1858.

Reeve, C., *Practices of Reasoning: Aristotle's Nicomachean Ethics,* London: Oxford University Press, 1992.

Riekher, J., *Aristoteles, Große Ethik*, Stuttgart, 1859.

Roche, T. D., "Happiness and the External Good", *Aristotle's Nicomachean Ethics*, Cambridge University Press, 2014.

Rose, V., *Aristoteles Pseudepigraphus,* Teubner, Leipzig, 1863.

Rowe, C. J., "A Reply to John Cooper on the Magna Moralia", *American Journal of Philology* 96, 1975.

_____, *The Eudemian and Nicomachean Ethics: A Study in the Development of Aristotle's Thought*, Cambridge, 1971.

Samaranch, F. de P., *Aristóteles Gran ética*, Buenos Aires, 1961.

Schächer, E. J., *Studien zu den Ethiken des Corpus Aristotelicum, I und II,* Parderborn, New York: Johnson reprint, 1940/1968.

Schleiermarcher, F., *Über die ethischen Werke des Aristoteles, Sämtliche Werke* III. 3., Berlin, 1817.

Sharples, R. W., *Peripatetic Philosophy, 200 BC to AD 200*, Cambridge, 2010.

Shute, R., *On the History of the Process by which the Aristotelian Writings arrived at their Present Form*, Clarendon, Oxford, 1888.

Simpson, P. L. P., *A Philosophical Commentary on the Politics of Aristotle*, Chapel Hill, 1998.

_____, *The Eudemian Ethics of Aristotle*, Rutgers, 2013.

_____, *The Great Ethics of Aristotle*, Routledge, 2017.

Spengel, L., "Aristotelische Studien I", *Abhandlungen der philosophisch-philologischen Classe der königlich Bayerischen Akademie der Wissenschaften* X; "Aristotelische Studien II", 1866.

_____, "Über die unter dem Namen des Aristoteles erhaltenen Ethischen Schriften", *Abhandlungen der philosophisch-philologischen Classe der königlich Bayerischen Akademie der Wissenschaften* III ix, 1841 & 1843.

_____, "Über die unter dem Namen des Aristotles erhaltenen ethischen Schrifien", *Abhandl. der Bayer. Akademie* 3 Munich, 1841 & 1843.

Stevens, P. T., "Aristotle and the Koine–Notes on the Prepositions", *Classical Quarterly* 30, 1936.

Stock, St. G., *Translation of the Magna Moralia in The Complete Works of Aristotle, The Revised Oxford Translation*, vol.II, ed. J. Barnes, Princeton, 1984. (Originally published under the editorship of W. D. Ross, Oxford, 1915.)

Swanton, C., *Virtue Ethics: A Pluralistic View,* London: Oxford Univ. Press, 2003.

Sylburg, F., *Aristotelous ta Heurikomena*, vol.10, Frankfurt, 1584.

Taylor, T., *The Great, and Eudemian, Ethics, and the Politics, and Economics of Aristotle* (*The Works of Aristotle,* vol. III), Somerset, 1811/2002.

Theiler, W., "Die Grosse Ethik und die Ethiken des Aristoteles", *Hermes* 69, 1934.

Von Arnim, "Arius Didymus" Abriß der peripatetischen Ethik, *SB Wien* 204, 1926.

_____, "Die Drei Aristotelischen Ethiken", *SB Wien* 202, 1924.

_____, "Die Echtheit der Grossen Ethik des Aristoteles", *Rheinisches Museum* 76, 1927.

_____, "Die neueste Versuch, die Magna Moralia als unecht zu erweisen", *SB Wien* 209, 1929b.

_____, "Neleus von Skepsis", *Hermes* 63, 1928.

_____, "Nochmals die Aristotelischen Ethiken", *SB Wien* 209, 1929.

Wagner, D., "Zur Biographie des Nicasius Ellebodius (1577) und zu seinen 'Notae' zu der aristotelischen Magna Moralia." *Sitzungsberichte der Heidelberger Akademie der Wissenschaften, philosophisch-historische Klasse*, vol.5, 1973.

Walzer, R., *Magna Moralia und Aristotelische Ethik*, Berlin, 1929.

Wartelle, A., *La Grande Morale, Revue de l'Institut catholique de Paris* 23, Paris, 1987.

White, S., *Sovereign Virtue: Aristotle on the Relation between Happiness and Prosperity*, CA: Stanford University Press, 1992.

Whiting, J., "Self-Love and Authoritative Virtue: Prolegomenon to a Kantian Reading of Eudemian Ethics viii 3", *Aristotle, Kant, and the Stoics: Rethinking Ethics and Duty*, Eds. Engstrom & Whiting, Cambridge, 1996.

Wilamowitz-Moellendorff, U. von, "Neleus von Skepsis.", *Hermes* 62, 1927.

Wilpert, P., "Die Lage der Aristotelesforschung", *Zeitschrift für philos: Forschung,* 1946.

Wolt, D., Energeia in the *Magna Moralia*: A New Case for Late Authorship, *Mnemosyne*, 76(1), 2021.

Yu, J., "Will Aristotle count Socrates Happy?", Yu and Gracia, 2003.

_____, and Gracia, J. ed., *Rationality and Happiness: From the Ancients to the Early Medievals.* Rochester: University of Rochester Press, 2003.

Zürcher, J., *Aristoteles' Werk und Geist*, Paderborn, 1952.

디오게네스 라에르티오스, 『유명한 철학자들의 생애와 사상』 1·2, 김주일·김인곤·김
　　재홍·이정호 옮김, 나남, 2021.

손병석, 「아리스토텔레스 행복과 외적 좋음의 관계에 관한 고찰」, 『철학연구』 118집,
　　2017.

장미성, 「아리스토텔레스의 대윤리학에 나타난 외적 좋음과 행복에 관하여」, 『서양고
　　전학연구』, 2019.

＿＿＿＿, 「아리스토텔레스의 덕은 우울 치료의 대안일 수 있는가?」, 『대동철학』 71집,
　　2015.

전헌상, 「아리스토텔레스 주석사의 주요 흐름」, 『철학사상』 26집, 2007.

＿＿＿＿, 「행복과 외적 좋음」, 『철학』 134집, 2018.

찾아보기

【ㄱ】

가능성(dunamis) 1183b21, 28, 30, 35
가치(axia) 1194a23, 1199a17
가해(blabē) 1199a21, b12
간통(moicheia) 1186a37,
   간통하다(moicheuein) 1196a19, 21,
   간통한 사람(moichos) 1186a38
감각(지각, aisthēsis) 1189b32,
   1196b20, 1208a27, 30, 감각될
   수 있는(aisthētos) 1183a27,
   1196b25-33, 1204b33, 37,
   감각하다(aisthanesthai) 1208a24
감정(pathos) 1182a22, 1198b19,
   1201b28, 1208a19, 21, 29, 1213a19,
   감정이란 1186a11-12, 덕과 감정
   1186a33, 36, b34-35, 1187a2,
   1190b7, 8, 36, 1191a1, 4, 22, b38,
   1192a1, 1200a34, b2, 1206a19,
   37-38, 1206b3, 10, 11-13, 15, 19,
   24, 27-28 자제력과 감정 1200b4,
   1206a37, 자제력 없음과 감정
   1200b28, 1202a6, 7, 1203a32, b26,
   1206a19, 38, 친애와 감정 1211a35,
   1213a19
강제(ana[n]gkē) 1188a2, 11, 13,
   b1, 14-24, 27, 1206b14, 16,
   강제적인(필연적인, ana[n]gkaion)
   1188b15, 19, 23, 1198b16, 1213a30,
   강제하다(ana[n]gkazein) 1187b35,
   1188a1, 10, b17, 21
건강(hugieia) 1182b25-26, 1183b37,
   1184a4, 6, 22-23, 1185b19, 21,
   1189a9, 1190a3, 5, 1192a12,
   1196b8, 1199a31, 33, 1209a27,
   건강하게(hugiēs) 1201b28-
   29, 32, 1203a28, 건강하게
   만드는(hugieinos) 1184a6, 21,
   1196b9, 10, 1199a31, 33, 38,
   1207b35-36, 건강하다(hugiainein)
   1189a9, 10, 1199b27, 28, 1207b35
격정적(thuikos) 1185a21
결여(endeia) 1204b9-12, 1205a2, b22,
   결여되다(endeēs) 1204b26, 38,
   1205a2, 4
결핍(elleipsis) 1186a37, b3, 1189b29,
   1191b35, 1192a5, b12, 1193b26,

1210a28, 31, 35, 결핍하다(elleipein)
1191b36, 1210a27

경기(agōn) 1196a36

경험(empeiria) 1190b24-33

경험이 없는(apeiros) 1190b33

계약(sumbolaion) 1193b24

고매(megalopsuchia) 1182b36, 1183a2,
1192a21, 35, 고매한(megalopsuchos)
1192a34

고찰(pragmateia) 1181b26, 28,
1182a27, 1197b29, 1208a39

고찰하다, 관상하다(theōrein) 1182b24,
1190b2, 1191b7, 1199a30, 1200b33,
1204a7, b7, 17, 1205a34

고통(lupē) 1185b34, 35, 37, 1186a14,
34-35, 1188a3, 1189b30-31,
1190a6, 1191b21, 1202b3, 26,
31-32, 1204a29, b13, 1205a2-
3, 1206a14, 19-20, 22, 고통을
겪다(lupein) 1186a15, 1191a3,
1192b22, 26, 1202b27, 1206a13, 15,
17, 1210b39, 1213b14, 16

공감(homoiopatheia) 1210b23, 1211a1,
공감하다(homoiopathēs) 1210b37,
1211a20

공동체(koinōnia) 1194a25, b26, 28,
1211a11

공평한(epeieikēs) 1198b26, 1199a3,
공평한 성향(epieikeia) 1198b24, 26,
35, 1199a1

공포(두려움, phobos) 1185b27, 29,
31, 1186a12, 1190b8, 10, 15, 18,
1191a30, 32, b17

과녁을 삼는다(stochazesthai, stochastikos)
1189b27, 1190a9, 29

교환(allaxis) 1194a24, 교환하다(anti-
katallattesthai) 1188b20, 1189a14,
1194a11, 20, 1195b14, 16, 1210a38

구두쇠(kimbix) 1192a9

굴종(areskeia) 1192b30, 굴종적인
사람(areskos) 1192b34, 1199a16

궁극적이 아닌, 불완전한(atelēs)
1184a8, 9, 1185a5, 1204a34

궁극적인, 완전한(teleios) 1184a8, 13,
17, 36-37, 1185a3-5, 8, 1204a28,
궁극적인, 완전한 덕 1185a25,
1193b6, 10, 1198a6, 1200a3, 9,
완전한 친애 1210a8, b27

궁리(euboulia) 1199a4, 7, 9

궁리함(euboulos) 1199a12

귀납(epagōgē) 1182b18, 32, 35, 1183a3

기개(thumos) 1187b37, 1188a24,
1202b19

기대(희망, elpis) 1191a14, 1211b38

기술(technē) 1197a12

기억, 기억력(mnēmē) 1185b6, 1211b37

기하학(geōmetria) 1187a36, b14,
1189b9

【ㄴ】

낭비(asōtia) 1186b21, 22, 1191b39

낭비하는 자(asōtos) 1186b14-15,
1192a1

냄새(osmē) 1196b19

냄새 맡다(osphrainesthai) 1204b8, 14-15

네레우스(Nēleus) 1205a23
넥타르(nektar) 1205b14
노랑이(kuminopristēs) 1192a9
노예(doulos) 1194a35, 1211a9
논증(apodeixis) 1197a21, 27, 33
농담(놀림, skōmma) 1193a12
농담하다(skōptein) 1193a13-14, 16, 18
능력(dunamis) 1182a33-b1, 23-24, 29,
　　1183a8, 21, 33, 35, 1184a2, 1186a11,
　　14, 1199b19, 32, 1211b5, 7

【ㄷ】

다레이오스(Dareios) 1212a5-6
대개의 경우(hōs epi to polu) 1206b39
대담함(tharros) 1190b9, 10, 15, 18,
　　대담케 하다(tharrein) 1190b12-13,
　　1191a34, 대담한(tharraleos) 1190b20
대목수(architektōn) 1198a34-b5
덕(aretē) 덕은 감정의 중간임 1186a10-
　　35, 덕의 어려움 1186b35-1187a4,
　　덕은 최선의 성향 1185a38, 본래적인
　　덕과 자연 본성적인 덕의 구분
　　1197b36-1198a21, 신적인 덕
　　1200b13, 17
동경(pothos) 1186a13
동기 부여(충동, …로 향한 움직임의
　　발동, hormē) 1188b25, 1189a30,
　　1191a22, 23, 1194a27, 1197b38,
　　1198a8, 9, 17, 20, 1199b38, 1200a5,
　　1203a33, 1206b19, 23, 1207a36, b4,
　　15, 1213b17
동기 부여를 갖다(horman) 1188a29,

1191a23, 1198a27, 1200b2,
　　1202b19, 1207a38, 1212a34
동등성(isotēs) 1193b24, 1194b8, 16,
　　21, 25, 1210a7, 23, 1211b4, 5
동등한(isos) 1182a14, 1193b29-37,
　　1195b10, 11, 18, 20, 1211b7, 13, 15,
　　1213b24, 28, 30
동료(hetairos) 1211b4, 8,
동명이의적으로(homōnumōs) 1194b6,
　　1209a30
동물(zō[i]on) 1187a32, 1189a3-4,
　　1191b18, 1205a30, b3, 1206b23
동정(su[n]ggnōmē) 1201a2, 4
두려워하다(phobeisthai) 1185b24-26,
　　1190b11, 13, 16, 1191a26, 28-29,
　　34, 두려워하는(phoberos) 1190b17,
　　1191a27
두려워하지 않다(aphobos) 1185b23,
　　1191a24, 25
둔감함, 분노에 대한 무감각(analgēsia)
　　1186a23, 둔감한(analgētos) 1191b34
듣다(akouein) 1189b34-35, 1202b15,
　　18, 20, 1204b8, 14, 1212a3
디오뉘시오스(Dionusios) 1203a22
떨어져 있다(chōristos) 1182b13-15

【ㄹ·ㅁ】

람프로스(Lampros) 1205a19, 22
많은 사람들(hoi polloi) 1190b19,
　　1192a23, 1199b18, 1206b31,
　　1208b18
맛(chumos) 1196b19-21

맡겨 놓은 물건(parakatathēkē) 1196a19,
　21, 1295a10,
멘토르(Mentōr) 1197b22
명령하다(keleuein) 1187a15, 1193b4,
　7, 1196a1-2, 1198a18
명성(doxa) 1195b15, 1201a37,
　1202a31, 38, b6, 1207b30
명예(timē) 1183b23-24, 1192a22-
　23, 26-27, 33, 1195b14, 1200a17-
　29, 1201a37, 1202a30, 36, 38, b6,
　1207b31
명예에 대한 사랑(philotimia) 1205b31,
　1210b13, 1212b2, 명예를 사랑하는
　사람(pfilotimos) 1202a36, 1205b30,
　31, 1210b16
명칭(epōnumia) 1181b27, 1185b38,
　1186a2, 1188b12
명하다(prostattein) 1193b3, 8,
　1198a29-30, b6, 12, 1200a6,
　1206b13, 14
모방자(mimētēs) 1190a31
모방하다(mimeisthai) 1190a32
목적(telos) 1182a34, 36, b1, 23,
　1183a36, 1184b30, 37, 1189a8, 26,
　1190a9, 24, 27, 1197a5-6, 1211b31,
　궁극적 목적 1184a8, 13, 17, 1185a2,
　목적을 향한 것들(ta pros to telos)
　1189a8, 25, 1190a4, 9-10, 12, 17,
　28, 목적의 구별 1184a8, b10, 목적의
　설정 1190a11, 17, 현실 활동과 목적
　1184b10, 16, 33-34, 1197a8, 10,
　1211b27-29, 32
목표(skopos) 1190a16, 32

무감각(쾌락에 대한)(anaisthēsia)
　1186b9, 10, 1191a37, b4,
　무감각한(anaisthētos) 1191b12,
　1213a5
무모함(thrasutēs) 1186b7,
　무모한(thrasus) 1186b15
무지(agnoia) 1195a25-b4, 1205b16,
　1212a39, 무지하다(agnoein)
　1195a34, 38, 1208a7
문법적 지식(읽고 쓰는 지식, grammatikē)
　1205a18-22
문법적인(grammatikos) 1205a21
미각(geusis) 1191b10, 22, 1196b21,
　1202a32
미리 생각함(pronoia) 1188b35
미약(媚藥, philtron) 1188b32-33, 36
미움(misos) 1186a12
미친 짓이다(mainesthai) 1185b24,
　1186b17, 1190b18
밑에 놓여 있는 것들(hupokeimena)
　1196b18, 23, 1202b6

【ㅂ】

방종(akolasia) 1186b2, 8, 10, 30, 32,
　1191a37, b4, 방종한(akolastos)
　1186b27, 1191b8, 1202b38,
　1203a1, 6-7, 15, 17, 26, 29, b24-
　32, 1204a2, 3
벌, 형벌(zēmia) 1187a15, 1189b5,
　1207a29
법(Nomos) 1193b4, 7, 1195b38,
　1196a2, 법에 근거한 정의 1193b2-

3, 8, 16, 1194b30, 1195a5-6, 9, 13,
1198b27, 33
병적인(nosēmatikos) 1202a19-20
보는 것, 시각(horasis) 1184b11
보리죽(ptisanē) 1208a24
보상으로 받는(antipaschein) 1194a31,
b2
보편적인(katholou) 1184a7, 보편적인
전제 1201b27, 보편적인 지식
1201b30
복귀(회복, apokatastasis) 1204b36,
1205a4, b11, 복귀하다(apokathistathai)
1204b37-38
부(ploutos) 1183b28, 34, 1184a2,
1199b6, 14, 19, 31, 1200a15,
1202a30, 1207b30, 36, 1208a4,
1210b4, 1212a36
부끄러운 이익을 탐하는 사람(ais-
chrokerdēs) 1192a10
부를 가진(plousios) 1210a10
부인, 처(gunē) 1188b17, 1194b23-24,
27, 1196a22, 1211a10, b10, 1213b25
부정의(adikos), 부정의한 사람 1187a9,
1188a15, 1193b26, 1195a18, 20, 36,
37, 1199a22, 25, 27, b1, 4, 부정의한
일 1193b20, 1195a8-10, 20-21, 23,
b6, 1196a30
부정의(성향)(adiakia) 1187a10,
1193b23, 1199a21, b11, 자기 자신에
대한 부정의 1211a25, 27, 30
부정의한 행위(adikēma) 1194b2,
1196a18-34, 부정의와 부정의한
행위 1195a8, 11, 자기 자신에 대한

부정의한 행위 1196a5
부정의한 행위를 당하다(adikeisthai)
1195b5-34
부정의한 행위를 하다(adikein),
부정의를 저지르다 1188a14-
15, 1193b22, 27, 1194b1, 1202b19,
1211a26, 부정의한 짓을 하다
1195a22-23, 26, 부정의한
행위를 하다 1195a28, 30, 32, 35,
1196a34-b3, 1199a19, 22, b5, 17,
자기 자신에 대해 부정의한 행위를
하다 1195b36-1196a33
부족(endeia) 1185b13-14, 1186a30,
32, b5-25, 1191b1, 3, 1200a34,
1210a10-11, 부족하다(endēs)
1210b5, 20
분노(orgē) 1186a12, 19, 23, 24,
1188a26, 1191b36, 1201a37,
1202a38, b11-13, 18, 21-22, 25-26
『분석론』(ta analutika) 1201b25
불명예(atimia) 1192a22,
하찮은(불명예스러운, atimos)
1205a30
불사의(athanatos) 1183b3, 5, 1189a7
불운하다(atuchein) 1195a22
불운한(atuchēs) 1195a20, 불운한
일(atuchēma) 1213b15
비겁(delia) 1186b8, 1187a10,
비겁한(deilos) 1185b25, 1186b16
비굴(mikropsuchia) 1192a22, 36,
비굴한(mikropsuchos) 1192a32
비난(e[n]gklēma) 1210a23, 1213b11,
22-23, 27-28

비난(psogos) 1187a19, 21,
　　비난하다(psegein) 1187a25-
　　26, 1201a5, 비난을 받다, 비난할
　　만하다(psektos) 1186b3, 1188a34-
　　35, 1191b2, 31, 34-35, 1192a5, 14,
　　b19, 1200b39, 1201a5, 6, 18, 34,
　　1202a9, 18, 22, 29, b5-11, 23, 25, 28,
　　1203a35, b2, 7
비례관계(analogia) 1194a6, 12, 15-16,
　　39
비례적인(analogon) 1193b37-39,
　　1194a17, 18, 34
비속한 사람(phrtikos) 1209b19
비유(metaphora) 1192b16
비자발적인(akōn) 1188b30, 1196a9
비자발적인(akousios) 1187b39,
　　1188a5, 20, b26,
　　비자발적으로(akousiōs) 1196a15

【ㅅ】

사각형(tetragōnon) 1187a39, b1, 2,
사고(dianoia) 1188b26, 28, 37, 38,
　　1189a17, 19, 21, 32, 36, b22-
　　23, 32, 36, 1204b16, 사고와
　　관련된(dianoētikos) 1182a18,
　　생각하다(dianoeisthai) 1189a18-20,
　　28, 33, 35, 1205b27
사고(생각, doxa) 자제력 없는 사람의
　　생각 1200b38-39, 1201a5, 8, b4-10
사는(bioun) 1185a6
사랑을 되돌려
　　받음(antiphilein) 1208b29-35,

1209a8
사랑한다(philein) 1208b30-31,
　　1209a9, 18, 32, 1210a33, b4-21,
　　1211a18, b19, 21, 32, 1212b9-
　　22, 1213b5, 10, 12, 17, 사랑받을
　　수 있는(philētos) 1208b36, 38,
　　1209a1, 3, 9, 14-15, 사랑할 수
　　있는(philēteos) 1208b38, 1209a2, 3,
　　6, 16
사려, 슬기(phronēsis) 1184a34, 37,
　　1185b5, 1196b36, 1197a11, 16, 19,
　　32, 34, 1199a24-29, b4-5, 1200a4,
　　8, 9, 11, 궁리와 사려 1199a4, 6,
　　사려 깊은(phronimos) 1185b10,
　　1197a17, b16-23, 1199a24, 1204a6-
　　17, 사려는 무엇인가 1197a1, 14,
　　1198a22, 26, 28, 30-32, b4-5, 8,
　　영리함과 사려 1197b19-20, 23, 36,
　　이해력과 사려 1197b12, 15, 지혜와
　　사려 1197a32, b1-2, 4-6, 8, 1198b17
사용-(chrēsis) 1183b32, 1184b32, 34-
　　35, 1195a2, 1208a34, 36, 38, b1
사회적 교제(enteuxis) 1192b31,
　　1199a14, 17
살다(zēn) 1184b23-38, 1204a21,
　　1210b31-32, 36, 1211a2
삼각형(trigōnon) 1183b2, 6, 1187a38,
　　b1, 3, 1189b11
상식에 어긋난(paradoxas) 1199b18
상태(diathesis) 1199a7
색(chrōma) 1196b19, 22
생각하다(doxazein) 1189a18, 1201a1,
　　4, b8

생각하다(noein) 1212a20-21

생성(genesis) 1183b33, 1196b28,
　쾌락의 생성 1204a33-b36, 1205a5-
　6, b17, 19

선택(hairesis) 1189a15, 1190a2,
　1197a1, 1200a2, 1212b6

선택(prohairesis) 1187b15, 18, 1189a36,
　b4, 6, 13, 1190b4, 1194a28, 1196b31,
　1198a2, 6, 8, 16, 사고를 수반한
　숙고에 기초한 욕구 1189a31-
　32, 선택과 관련된(prohairetikos)
　1196b27, 32, 1197a14, b24, 선택될
　수 있는(prohairetos) 1189a33,
　b1, 선택에 따라서 1189a31, b5
　1195a15, 선택이란 무엇인가
　1189a1, 3, 7, 12, 17-18, 22, 24-25,
　선택하다(prohaireisthai) 1181a24,
　1187b29, 1189a7, 9, 13, 16, 19, 21,
　b2, 17, 1196b30, 1198a12

선택하다(hairesthai) 1187a9, 1190a7,
　1191b20, 1198b29, 1199b5, 1200a3,
　8, b27-28, 선택할 만한(haireton)
　1182b9, 21, 1183b39, 1184a1,
　1189a27, 1207b37

성격(ēthos) 1181a24-25, b26,
　1182a23, 1185b8, 1186a1, b34,
　1197b28, 1212a10, 12, 성격에
　관련된(ēthikos) 1181b28, 1185b15

성급함(propetēs, propetikos) 1186b16-
　17, 1203a30

성향, 소유(hexis) 1186a11, 31, 1190b1,
　1194a27, 1197a14, 1199a7, 덕과
　성향 1185a38, 1191a39, b28,

덕과 소유 1184b33, 사용과 소유
　1184b32, 1208a34, 37, b2, 성향이란
　무엇인가 1186a16, 28

소리(psophos) 1196b19, 21

소멸(phthora) 1196b29

소작(kausis) 1199a33

소크라테스(Sōkratēs) 1182a15,
　1183b8, 1187a7, 1190b28, 1198a10,
　1200b25

수공업자(banausos) 1205a32

수치심(aischunē) 1191a6, 13

숙고(boulē) 1196b31, 숙고에
　관련된(bouleutikos) 1189a32,
　1196b16, 27, 숙고하다(bou-
　leuesthai) 1189a29, 34, b2, 18-19, 23,
　35, 1190a1, 1196b29, 1197b13

술에 취하다(methuein) 1195a31-32,
　1202a2

술에 취한(methē) 1202a2, 4-5, 7,
　1205a23, 1206a5

숫기 없음(kataplēxis) 1193a1, 숫기
　없는 사람(kataplēx) 1193a9, 숫기
　없는 행위를 하다(kataplēttein)
　1193a4, 6

습관(ethos) 1186a1, 4, 1203b30-31,
　1204a1, 3, 습관 들이다(ethizein)
　1186a2, 6, 자연 본성에서의 덕과
　습관에 의한 덕 1198a1

시각(ophis) 1189b33, 1196b22,
　1213b7, 시각에서의 쾌락 1205b23,
　26

시기, 시샘(phthoneria) 1192b18

시기심 많은(phthoneros) 1192b24

시민(politēs) 1191a6, 1194b17, 1211a8, 9, 14

시원(원리, archē) 1183b1-3, 8, 23, 1187a33-38, b5-18, 1189b12, 1190a20, 23-24, 1197a20-27, 1203a15-28, 1206b18, 26, 28, 1207b15, 1209a27, b22, 1212a6

시인(poiētēs) 1212b27

시치미 떼는 것(자기 비하, eirōneia) 1186a25-26, 1193a28-33

시치미 떼는 사람(eirōn) 1193a31

식물(phuton) 1187a31

신(theos) 1182b4, 1185b24, 1200b14, 16, 1205b15, 1207a6-17, 1208b10, 27, 29, 34, 1212b34-38, 1213a6-8

신실함(pistis) 1208b24

신적인(thios) 1183b22, 1197a8, 신적인 덕 1200b13, 17

신중함(aidōs) 1193a1, 7, 신중한 사람(aidēmōn) 1193a7

신체(sōma) 1184b3, 1187a28, b23-27, 1196a3, 1199b26, 28, 33, 1200a14, 1202a31, 1204b32, 1208a14-15, 신에 관련된, 신체적인(sōmatikos) 1202b3, 8, 1205b18, 28

심술(남의 불행을 보고 기뻐함, epi-chairekakia) 1192b18, 남의 불행을 보고 기쁨을 느끼는 성향의 사람(epichairekakos) 1192b26

【ㅇ】

아는(gignōskōn) 1198b37, 자기 자신을 아는 1213a14-15, 22

아들(hios) 1194b5, 10, 13-14, 1202a23, 1211a10, b9, 20-21, 23, 34, 37, 39, 1213b21, 25

아레이오스 파고스(Areios Pagos) 1188b33

아르키클레스(Aechiklēs) 1189b20-21

아름다운(kallos) 1183b28, 1184b3, 1200a17

아름다운(kalon) 1190a10, 27, 33, b5, 1198a21, 1200a1, 5, 1206b19, 24, 1212b4, 6, 아름다움 때문에(dia to kalon) 1191a23, 아름다움을 위해서(kalou heneken) 1191a24, b15

아름답다(kalos) 1185b35, 1187a14, 16, b26, 1189b32, 1191a20, b19-20, 1198a14, 16, b16, 1204b3, 1206a14-15, 21, b25-26, 1207b28-33, 1212b17, 18, 21, 1213a1, 27, 30

아버지(patēr) 1194b6, 10, 14, 16, 1195a21, 34, b1, 1202a15, 24-25, 27, 1211a10, b8, 20-22, 33, 36-39, 1213b21, 25

아첨(kolakeia) 1193a20

아첨하는 사람(kolax) 1193a21, 1199a16, 1208b21

악덕(kakia) 1185b36, 1186a36, 1187a20, 29, 1192a13, 1200a37, b5-11, 16, 18, 1203a18, 20, 1206b1, 1211b2

악한(kakos) 1182a35, b19, 1188a7, 30-31, 1189a14-15, 1192a11, 1193b21, 1195a32, 1199a23, b8, 31, 1200a15-

32, b26, 1203a12, 17, 22, 1207a8, 31,
34, b9, 1209b36
악한 자(mochthēros) 1203a23
알고 있다, 지식을 가지고 있는(epi-
stathai) 1201b11, 12, 28, 30, 32,
알려질 수 있는(epistētos) 1196b38
알려질 수 있는(noētos) 1183a26,
1196b25, 27, 1197a20, 1212a19
양손잡이(amphidexios) 1194b34
양식(eugnōmosunē) 1198b34, 1199a1
양식이 있는 사람(eugnōmōn) 1198b34,
1199a1-2
에우리피데스(Euripidēs) 1208b16,
1209b35, 1210a13, 1212b28
엘라테리온의 하제(elatērion) 1199a32
엘레보로스의 풀(eleboros) 1199a32
엠페도클레스(Empedoklēs) 1208b12,
1212a15, 17
여성(gunē) 1203a32, b3
연민(eleos) 1186a13
연민을 겪다(eleein) 1186a16
연약(malakia) 1202b33-34,
연약한(malakos) 1202b34,
유약해지다(katamalakizesthai)
1202b37, 1203b7, 11
열등한(못된, phaulos) 1183b29, 32,
1187a8, 11-12, 19, b20, 1188b10,
1192a29, 1197b21, 1199b11, 15,
30, 33-34, 1200b5, 10, 1203b29,
33, 36, 1204a1-2, 37, 1207a16-17,
1208b23-25, 1209a5, 10, 12, 15,
b6-7, 10, 20, 35, 1210a11, 1211a39,
b2, 1212a31, b8, 20, 열등한

것들(못된 일들, ta phaula) 1185b35,
1187a14-15, 23, 1188a8, 30, b11,
1189b31, 1195b27, 33, 1200b27,
32, 34, 1201a1, 3, 20, b11, 16, 36-
37, 1202a1, 12, 1203a8, 26, b27,
1204b1, 1205a31, 33, 37, 열등한
시원 1203a21, 24, 열등한 욕망
1203b17-18, 열등한 이치 1203b34,
36, 1206b3, 5, 15, 열등한 자연 본성
1205a29, b3, 5, 8, 12, 열등한 지식
1205a32, 열등한 쾌락 1204a35,
1205a26, b2, 8
염치없음, 부끄러움을 모름(anaischuntia)
1193a1, 부끄러움을
모르는(anaischuntos) 1193a2, 8
영리함(deinotēs) 1197b18-36,
영리하다(deinos) 1197b19-27,
1204a13-14, 16
영양섭취적(threptikos) 1185a16, 23
영원한(aidios) 1197b8
예민함(a[n]gchinoia) 1185b5
예증(paradeigma) 1183a25
오만(authadeia) 1192b30, 오만한(au-
thadēs) 1192b31, 33, 오만이
지나침(huperoptēs) 1200a15
오만을 가진 사람(autoadēs) 1192b33
오목한(koilos) 1197a36
온화(praotēs) 1191b23-24, 38,
온화한(부드러운, praos) 1186a23,
1191b36, 38
온후(euorgētos) 1186a23
'왜인가'라는 것(to dia ti) 1189b8-15
외국인(xenos) 1211a8, 외국인의(xeni-

kos) 1211a12

외적 좋음(ta ektos agatha) 1184b3,
1200a13-34, 1202a30, 1206b33,
1207b17

요리사(deipnopoios) 1206a27

요소(stoicheion) 1212a16

욕구(orexis) 1187b36, 1188a27,
1189a2, 4, 32, 욕구하다(oregesthai)
1210b16

욕망(epithumia) 1187b37-38,
1188a3-25, b11, 1201a12-33,
1202a14, b27, 1203a5, b14, 17-18,
욕망적인(epithumētikon) 1185a21,
욕망하다(epithumein) 1201a15, 29,
31, 1202a15

용기(andreia) 1183a1, 1185b7, 22,
28-31, 1186b7, 1187a10, 1190b9-
1191a36, 1192a17, 1198a24, 27,
29, 1200a18, 1206a33, 본래적
의미에서의 용기 1191a17-
25, 비본래적 의미에서의
용기 1190b21-1191a16, 용기
있는(andreios) 1185b24, 25,
1186b16, 1190b12-1191a36,
1193b14, 1207a21, b26, 용기 있는
일(tandreia) 1193b4, 1197b39,
1198a11, 1199b37

우리에게 달려 있는 것(ep' hēmin)
1187a7, 17-18, 22, b19, 31, 1189b7,
1196b29, 1197a2, 15, 1207a19, 22

우울증 기질(mela[n]gcholikos) 1203b1

우쭐댐(salakōneia) 1192a37,
우쭐대는(salakōn) 1192b2-3

운(tuchē) 1183b33-34, 1206b34, 37,
39, 1207a1, 4-5, 9, 12, 19, 1213a28

운동(kinēsis) 1196b28, 32, 1204b28

원망(바람, boulēsis) 1187b16, 37,
1188a27, 32, 35, 1189a5, 12, 1212a8,
26

원할 수 있는(boulētos) 1208b38-39

원해질 수 있는(Boulēteos) 1208b38

유비(parabolē) 11187a23

유사성(homiotēs) 1194b16, 22,
1210a8, 1212b34

유사한(homoios) 1194b9, 1208b8, 14,
18-19

유약하다(exasthenein) 1203b11

유용한, 도움이 되는(ch/rēsimos)
1209a25, 1210a17, 1212b35

유익이 되는(sumpherein) 1197a16, 37-
38, b1, 8, 1209a7-b30, 1210a9-b1,
30, 1211b24, 1212b5, 7, 12

은혜(혜택, charis) 1210b1

은혜를 베풀다(euergetein) 1211b22

음료수(potos) 1185b18

응보(antipeponthos) 1194a29, 34

의문, 난문, 어려운 문제(aporia) 1188a25,
1199b10, 36, 1201a16, b1-2, 22, 1202a8,
1206b8, 1209a4, 1212b29

의문을 품다(aporein) 1195b35,
1197b28, 1198a22, b10, 1199a19,
1200a12, b21-22, 1201a6, 10, 39,
b22, 1202a34, 1203b12, 1204a8,
1206b37, 1208b23, 1210a6

의분(nemesis) 1192b18, 20, 24, 의분을
느끼다(nemesētikos) 1192b19, 21,

24, 28

의사(iatros)　1182b25, 1183a13, 16, b13, 1199a35, 1208a23, 26

의술에 관련된(iatrikos)　1209a23, 26, 의술(iatrikē) 1183a13, 18, b13, 1199a31, 34, 37, b1, 1209a24, 26

이데아(idea)　1182b12-13, 1183a28, 30, 32, 좋음의 이데아 1182b10, 1183a37, b7

이치(이성, 논의, 이야기, 추론, 비례, logos)　1182a18, 1187b16, 1189a4, 1191a23, b19, 1196b11-12, 38, 1198a4-13, 1199a11, 1200a2, 6, b2, 4, 1201a21-31, 1202a3, 11, 13, 1203a3-1204a6, 1206a37-1207a4, 14, 29, 1211a35, 올바른 이치(이성)(ho orthos logos) 1196b11, 1198a18, 1202a11-12, 1203a14, b17-18, 19, 1204a7, 10, 1207a2, 올바른 이치에 따라서(kata ton orthon logon) 1196b6, 7, 1198a14, 17, 1208a6, 8, 9, 11-12, 20, 이치(이성)가 결여된(alogos, alogōs) 1182a21, 1185b4, 6, 11, 1186a3, 1196b14, 1198a17, 1206b1, 20, 1207a35, 38, 1208a9, 1209b25 이치(이성)를 가짐(logon echein) 1182a24, 1185b4-9, 1196b14, 16, 1197b6, 1200a2, 1203a5, 이치(이성)를 수반해서(meta (tou) logon) 1182a18, 1189a3-4, 1198a2, 20, 1203a34, 이치를 통해서(dia ton logon) 1191a24, 1202b23-24,

1203b15, 이치(이성)에 따라서(kata ton logon) 1204a11, 이치(이성)에 어긋나서(para ton logon) 1202b25, 1207a31, 이치(이성) 없이(aneu tou logou) 1197b39, 1198a4, 7, 1199a12-13, 1200a1, 1206b22, 23, 1207a36, b4

이해력(이해력이 좋음, eumatheia) 1185b6

이해력(sunesis)　1197b11, 15, 이해력이 있는 사람(sunetos) 1197b12, 15, 17

익살꾼(bōmolochia)　1193a11, 익살꾼다운(bōmolochos) 1193a12

인도인들(Indoi)　1189a20

인상(phantasia)　1203b5

인색한 사람(aneleutherios)　1186b14, 1192a3

인색함(aneleutheria)　1186b21-23, 1191b39

인색함(aneleutheriotēs)　그 종류에 대해서 1192a8, 11

인생(bios)　1185a7, 10, 1194b26, 1204a28, 1206b32, 1208b5

일, 기능, 성과, 업적(ergon)　1194a19-20, 1198b19, 1200a24, 1208a17, 19

입법가(nomothetēs)　1187a14, 1189b3, 1198b27-38, 1199b20-21

있는 척하다, 가장하다(prospoieisthai) 1186a25, 1193a30, 32, 34

【ㅈ】

자기애(autophilia)　1210b33

자동적인(automatos)　1199a10

자발적인(hekōn)　1187a12, b18,

1188a1-35, 1189a33, 35, b2,
1195a28, b5-27, 1196a8, 13,
1199a20

자발적인(hekousios, hekousiōs)
1187a21-29, b19, 32-39, 1188a5,
17-37, b25, 31, 36, 38, 1189a32, b1,
4-5

자식(아이, paidion, pais) 1195a38, b2,
1202b13, 1206b22

자애적인(philautos) 1212a29, 31, 33,
b3, 6, 19, 20, 23

자연 본성, 자연(phusis) 1182b9,
1187a30, 1194b10, 34-39, 1195a7,
1204a3, 1205a28, 31, 34, 36, b5,
10, 24, 1206b38, 1207a18, 37-
38, 1213b6, 9, 자연 본성과 습관
1186a4, 1203b32, 자연 본성에서의
덕 1197b38, 자연 본성에서의
악 1203b33, 36, 1204a2, 자연
본성에서의 자제력 없음 1202a19,
자연 본성에서의 정의 1194b30,
1195a1, 2, 6, 1196b2, 자연
본성으로의 회복과 쾌락 1204b37,
1205a1, b7, 11, 21, 자연 본성적
덕 1198a3, 1199b38, 자연 본성적
동기 부여 1198a7-8, 9, 1200a4-
5, 자연 본성적 무지 1195a38, b1,
자연적인(phu-sikos) 1202a26,
1203b30, 훌륭한 자연 본성과
열등한 자연 본성 1205a29, b3, 12

자유인다운 사람(eleutherios, eleutheros)
1186b14-15, 1192a6, 15, 1194a32-
37

자유인다움(eleutheriotēs) 1186b20, 22,
1191b39, 1192a19

자제력 없음(akrasia) 1188a6, 16, 33,
1195b32, 1200a37, b6, 8, 20, 26,
29, 32, 1202a8, 17-18, 34-35, b10,
33, 2종류의 자제력 없음 1203a30,
명예와 관련된 자제력 없는 사람
1202a36, 38, b7, 무조건적으로
자제력 없는 사람 1202a32, 33,
b1, 4, 9, 무조건적인 자제력 없음
1202b5, 28, 방종한 사람과 자제력
없는 사람 1203a1-29, b24-1204a4,
병적인 자제력 없음과 사인 본성의
자제력 없음 1202a19, 28, 분노와
관련된 자제력 없는 사람, 1202a38,
b18, 분노에 관련된 자제력 없음
1202b11, 13, 21, 25, 26, 사려 있는
사람과 자제력 없는 사람 1204a5-
18, 자제력 없는 사람(akratēs)
1188a8-34, b9, 1195b25-34,
1200b27-1201a5, 17-25, 36, 38,
1202a9, 11, 13, b5, 36, 1203b5, 8,
1206a39, b2, 1211a40, 자제력 없는
사람과 지식 1201b9-1202a5

자제력(e[n]gkrateia) 1188a18,
1200a36, b20, 1202a17-18, 28,
자제력과 참을성 1202b29-30,
자제력이 있는 사람(e[n]gkratēs)
1188a17, 21-22, 26, 1193b14,
1201a11-12, 13, 18, 29, 34,
1202a10, 13, b30, 1206a38, 자제력
있는 사람과 절제가 있는 사람
1203b12-23

자족성(autarkeia) 1212b24, 1213a8

자족적인(autarkēs) 1212b25-26, 30,
　33, 35, 39, 1213a9, 25, b2

잘못(hamartia) 1189b21-29, 1190a2, 8,
　1201b31, 34, 1202a26

잘못을 저지르다(hamartanein) 1189b26,
　28, 1201b38

잠(hupnos) 1185a10, 1201b18

잠자다(katheudein) 1185a10, 1201b17,
　21, 1208b11, 13, 1212b39

재산(ousia) 1190b11, 1196a3

재촉하다(protreptikos) 1206a24

재치(eutrapelia) 1193a11, 19, 재치
　있는 사람(eutrapelos) 1193a15, 17,
　19

재화(chrēmata) 1192a1, 14, 16,
　1201a36, 1202b6, 1210b20

재화획득술(chrēmatistikē) 1192a20

적(polemios) 1190b26

적당한(적도, metrios) 1185b29

적도를 이룬(조화를 이룬, summetros)
　1185b20, 1206b11, 1210a21,
　1213b8, 16

적의(echthra) 1193a20

절개(tomē) 1199a33

절도(금욕, kosmiotēs) 1186b30, 절도
　있는(금욕적인, kosmios) 1186b27

절제(sōphrosunē) 1185b7, 22, 1186b8,
　32, 1191a36, 38, b4, 5, 21, 1192a19,
　절제 있게 되다(sōphronizein)
　1198b20, 절제 있는(sōphrōn)
　1191b10-18, 1193b4, 14, 1196a2,
　1201a10, 11, 15, 1203b12-23,

1207b26

정의(dikaiosunē) 1182a14, 1183a1,
　b16, 1184a10, 1185b7, 1193a39, b6,
　10, 12, 18, 24-25, 33, 35, 1194a27,
　b29, 1198a24, 1200a18

정의(horismos) 1182b18, 31, 33

정의(horos) 1182b20, 22, 1183a5

정의, 규정(diorismos) 1191a11, 1195a27,
　b29-30

정의로운 행위들(dikaiopragēma)
　1195a12-13

정의롭게(dikaion) 1183b16, 1187a9,
　b21, 1193b30, 32, 1199a18,
　1207a11, 21, 법에서의 정의와 자연
　본성에서의 정의 1194b30-1195a7,
　비례적 정의 1193b37-1194a18,
　정의로운 것(to dikaion, ta dikaia)
　1193b2-1196b3, 1197b39, 1198a12,
　16, b26, 31-32, 35, 38, 1199b37,
　1211a6-8, 정의로운 사람 1199a14,
　1207a20, b25, 주인과의 관계에서
　정의 1194b20, 폴리스와 관련된
　정의 1194b7-29

정치체제(politeia) 1194a16-17,
　플라톤의『국가』1194a7

제멋대로 함(오만, hubris) 1202b28

제우스(Zeus) 1208b31

제작(poiēsis) 1197a5, 7, 12, 제작에
　관련된(poiētikos) 1183b36,
　1190a21, 1197a4, 6-7, 1198a36-b2,
　1199a31, 34, 1206a28, 30, b39,
　1209a26

존엄(semnotēs) 1192b30, 존엄을

갖춘(semnos) 1192b36

존재, 본질, 존재자(ousia) 존재 1191a31,
본질 1182b19, 존재자 1187a31, b5,
본질적 존재(실체) 1205a10

존중받다(timos) 1183b21, 23-24,
1192a28, 1203a13, 16

종려나무의 가지(phoinix) 1196a36

좋음, 좋은(agathon) 공통된
것으로서의 좋음 1182b11-12,
27-8, 1183a18, 23, 궁극적 좋음
1184a36, 1185a2, 목적이 좋음
1182a34-35, 신들의 좋음 1182b4,
좋음과 쾌락, 유익함 1209a7, 11, 20,
29, 34, b5, 좋음에 대하여 1182b3,
1183a35, 좋음의 구분 1183b20-
1184a14, 1184b1-6, 1200a13,
16, 1202a30, 1206b33, 1207b17,
28-1208a3, 좋음의 모든 범주
1183a9, 1205a8, 좋음의 이데아
1182b10-11, 1183b7, 최고의 좋음,
최고선(ariston) 1182b8, 1183a6,
24, 1184a13-16, 30-38, b31, 36,
1185a1, 1206a33, 35, 쾌락과 좋음
1204a38, b2-3, 1205a7-15, b1,
29-1206a2, 폴리스에 관련된 좋음
1182b5-6

좋음을 사랑하는 자(philagathos)
1212b18

주인(despotēs) 1194b5, 11, 18-19,
1198b15, 1202b14, 1211a9, 1213b26

죽다(apothēskein) 1188b33, 1191a35

중간의(mesos) 1186b20-1187a3,
1191b2, 3, 24-35, 1192a6, 32, b30,

36, 1193a15, 24, b28, 35, 1206a18,
20, 중간의 가짐(mesōs echein)
1186a20, 1187a1, 1191b37

중간임(중용, mesotēs) 1186a23, 27,
30, 33, b5-18, 31, 33, 35, 1190b7,
1191a37, b4, 5, 25-27, 38-39,
1192a21, 37, b12, 18, 28, 1193a1, 7,
11, 20, 37, b25, 33, 1200a31-34

즐거움을 느끼다(hēdesthai) 1191b7,
1192b27, 1204b15, 17, 26, 35,
1205a2-3, 1206a13, 17

즐기다(apolauein) 1191b13

지극히 아름답고 훌륭함(kalokagathia)
1207b23, 아름답고 좋음(kalos
kagathos) 1207b23-1208a4

지나침(huperbolē) 1185b13-14,
1186a30, 32, 37, b3-19, 31-32,
1189b29, 1191b1, 16, 34, 1192a6,
b12, 1200a14, 18, 34, 1204b10-11,
13, 지나치다(huperballein) 1186b13,
1191b37, 1200b9, 1203a20

지나침(초과, 우월, huperochē) 1193b25,
1210b14, 16-17, 1211a15, b14

지배(archē) 1183b28, 34, 1192a28,
1199b2, 7, 9, 14, 18, 31, 1200a17,
28-29, 1202a30, b6, 1207b30, 36,
1212a36

지성(nous) 1183b22, 1196b36, 1197a20-
29, 1207a2, 4-5, 13

지식(epistēmē) 1182a10, 1189b19,
1190b29-30, 1196b36-37,
1197a17-30, 1198a33, 1199a34,
37, b1, 1205a18, 29-36, 1206a6, 7,

1207a14, 1209a24, 27, 1211b25,
덕은 지식이라는 소크라테스의 생각
1182a17, 21, 1183b9-18, 보편적
지식과 개별적 지식 1201b30-
39, 열등한 지식 1205a32, 자제력
없음과 지식 1200b33-1201a7,
1201b3-23, 1202a1, 4, 지식과
관련된(epistēmonikos) 부분과
숙고와 관련된 부분 1196b17,
지식과 목적 1182a33-34, b22,
28, 1183a8, 21, 33, 35, 1190a11,
15, 지식과 쾌락 1206a6, 8, 26, 28,
30, 지식을 가진 사람(epistēmōn)
1183b13, 지식의 소유와 사용
1208a33, b1
지혜(sophia) 1185b6, 1196b36,
1197a23, 24, 28, 32-33, b2,
3, 7, 10, 29, 34, 1198b11, 18,
지혜롭다(sophos) 1185b10, 1213a14
지혜를 사랑하는 자, 철학(philosophos)
1197b32
진실, 진리(alētheia) 1182a29, 1186a27,
1193a28-35, 진실한(alēthēs)
1196b35, 진실한 사람 1193a33
질투(zēlos) 1186a13
짐승(thērion) 1191a2, 1200b10,
1203a19, 21, 25, 1204a38, 1205b5
짐승 상태(獸性, thēriotēs) 1200b6-18,
1203a18-19
집(oikia) 1182b26-27, 1190a13, 1194a8,
10, 21, 1197a6, 1198a36-37, b13
집안 노예(oiketēs) 1194a32, b5, 11, 18,
19, 1213b26

쩨쩨한 사람(mikrologos) 1192a10

【ㅊ】

참을성이 있는(karterikos) 1202b32
참을성이 있는 것(karteria) 1202b29, 31
참을성이 있다(karterein) 1202b32
청각(akoē) 1189b34, 35, 1191b9,
1196b21, 1205b23, 27, 1213b9
촉각(haphē) 1191b10, 22, 1202a31
촌스러움(agroikia) 1193a11, 촌스러운
사람(agroikos) 1193a13, 16
추론(sullogismos) 1201b26
추리(헤아림, logismos) 1201a19, 24,
1207a28, 추리적(헤아리는,
logistikos) 1182a20, 1208a10,
추리하다(logizesthai) 1201a19
충동(움직임, 동기 부여, homē) 1185a28-
29, 31, 33-34, 1202b21, 23
친애(philia) 1193a20, 1208b3-1213b30,
3종류의 친애 1209a11-36
친한 자, 친구(philos) 1193a24, 28,
1199b9, 1202a31, 1209a5, 10, 12-
13, 32, 36-37, b7-9, 25, 1210a10,
12, 34, 36, 1211a15, 31-32, 39,
1212a4, b13, 15-16, 1213a10-12,
23, 25, b3, 12-30, 또 다른 나로서의
친구 1213a11, 13, 23-24
칭찬(epainos) 1187a19, 21, 1195b15,
덕과 칭찬 1183b27, 1187a20,
1197a18, 칭찬받을 만한(epainetos)
1183b21, 26, 1185b8, 1186a31,
1191b36-37, 1192a6, b12, 20, 36-

37, 1193a24, 1197a17, 1198a3, 19-
31, 1201a18, 25- 26, 1202a9, 17, 22,
27, 29, 칭찬하다(epainein) 1185b9-
10, 1187a4, 1188a18-19, 1190a32,
1193a25, 1198a5, 1202a36

【ㅋ】

카테고리아(범주들, katēgoriai) 1183a10,
20, 1205a9, 13, 17
쾌락(hēdonē) 1185b34, 37, 1186a14,
34, 35, b2, 9, 1188a12, b16, 18,
1189b30-31, 1190a6, 1191a38,
b6-21, 1201a2, 1202a21, b22-
37, 1203b6, 10, 1209b4, 17-38,
1210a36-39, b15, 20, 1211b1,
1212b7, 신체적 쾌락 1202b3, 8,
1205b18, 28, 쾌락과 생성 1204a31-
1205a6, 쾌락과 좋음 1205a7-
1206a35, 쾌락에 대하여 1204a19-
1206a35
클레아르코스(Klearchos) 1203a23

【ㅌ】

통이 작음, 비속함(mikroprepeia) 1192a37,
통이 작은 사람(mikro-prepēs)
1192b5, 7
통 큼(megaloprepeia) 1192a37-38, b8-
17, 통 크게(호기롭게, megaloprepōs)
1192b14

【ㅍ】

판단(gnōmē) 1190b4
판단(hupolēpsis) 1196b36, 1197a30
판정, 판단(krisis) 1197b14, 1199a3,
1205a28, 판정자(kritēs) 1207a11
판정하다, 판단하다(krinein) 1192a25,
1196a35, 38, b2, 1197b14, 1199a2,
13, 28, 1202a12, 23, 1213a20
팔라리스(Phalaris) 1203a23
페르시아인들(Persai) 1212a5
포도주(oinos) 1208b33, 1212a10
포뤼다모스(Pouludamas) 1191a9,
폴리스에 관련된 정치적인(politikos)
1181a27, b25, 1183a22, 1194b9,
1196a31, 1197b29, 폴리스에 관련된
부정의한 행위 1196a25 폴리스에
관련된 용기 1191a5, 폴리스에
관련된 정의 1194b8, 21, 22, 24,
1195a7, 폴리스적 공동체 1194a25,
b26, 28
폴리스에 관한 기술, 정치학(politikē)
1181a26, b27, 1182b27, 30, 1183a4,
22, 33, 36
퓌타고라스(Puthagoras) 1182a11
퓌타고라스학파 사람(Puthagoreioi)
1194a29
플라톤(Platōn) 1182a24, 1194a6

【ㅎ】

한마음(마음의 일치, homonoia)
1212a14, 18, 26, 한마음이
되다(homonoein) 1211a29, 1212a17,

23-24

한가(scholē) 1198b15, 18

함께 살다(suzēn) 1212b31, 1213a28-
29

함께 삶(suzēn) 1210a2, 4, b26, 29, 35,
1211a4, 21

합창 무용단(chorēgia) 1192b7

해치다(blaptein) 1195a24, 26, b8-
9, 26-27, 1199a20, b13, 15-16,
1207b37-38

행복(eudaimonia) 1184a11, 18-19,
26, 29-30, b8, 28-30, 32, 35, 37,
1185a1, 26, 35, 37, 1204a20, 27, 30,
1206b30, 1207b14, 16, 18, 1208a37,
b6, 아이는 행복하지 않다 1185a4,
행복하다(eudaimonein) 1184b28,
행복한(eudaimōn) 1184b38,
1185a11, 1206b34, 1208a32, 행복한
사람 1185a7, 행복한 삶 1206b32

행운(eutuchēma) 1199a13, 1207a34-
35 행운(eutuchia) 1206b31-32, 35,
1207a6, 16, 18-35, b5-19, 행운이
있는(eutuchēs) 1199a12, 1206b32,
35, 1207a21-36

행위와 관련해서(활동적, praktikos)
1181b25, 1197b24, 1198a25,
1199a6, 1204a15-17, 사려와 행위
1198a32, b4-8, 제작과 행위 1197a4,
14

행위적인(praktos) 1189b6, 13, 25,
26, 1197a13, b12, 26, 1199a5, 8,
1212a19, 25, 사려와 행위 1197a1, 11

향료 제조자(murepsos) 1206a28

허영(chaunotēs) 1192a21, 35, 허영에
찬(chaunos) 1192a31

허풍(alazoneia) 1186a24, 26, 1193a29,
1193a29, 허풍 떠는(alazōn) 1193a29

헤라클레스(Heraklēs) 1213a13

헤라클레이토스(Herakleitos) 1201b8

헥토르(Hektōr) 1191a8

현실 활동(energeia) 1189b22, 1197a10,
1204a28, b28, 30, 1205a12, b24,
1208a11, 36, 38, 1210b7-8, 목적과
현실 활동 1184b11, 16, 성향과 현실
활동 1190a34-b1, 행복과 현실
활동 1184b31-38, 1185a9, 13, 25-
37, 현실 활동을 하다(energein)
1185a25, 1201b13, 15, 21, 1204b27,
29, 35, 1206a7, 12, 1208a10,
1211b33

호메로스(Homēros) 1191a8, 1208b10

호의(선의, eunoia) 1207a15, 1212a1-13

호의를 가짐(eunous) 1211b36,
1212a4-10

혼(psuchē) 1183b3-4, 22, 1184b2,
22-26, 33, 1185b1-2, 1186a10,
1189a23, 1197b33-34, 1198b9,
1199b25, 30, 33-34, 1200b5,
1207a38, 1208a14, 17, 혼의 부분
1182a19-24, 1185a16-24, 32,
b3, 1196a26, 28, b13-24, 26, 33,
1204b26-35, 1206b1, 1208a10, 12,
1211a28-38

화관 제작자(stephanopoios) 1206a27

화내는 감정의 부족(aorgēsia) 1191b25

화내다(orgizein) 1186a15, 17-18, b38,

1191b31-32, 1193a15, 1202b26

화를 잘 내는(orgilos)　1191b30

화폐(통화, nomisma)　1194a23

회복(katastasis)　1205b6, 12, 1212a25

회식 동료(eranistēs)　1192a12

회피(기피, phugē)　1197a2, 1199a5

회피하다(pheugein)　1189b32, 1190a7,
　　1195b7

후각(osphrēsis)　1191b9

후회하다(metameleisthai)　1211b1

훌륭한(apoudaios)　1181a28, b25,
　　1183b25, 1187a4, 7, 13-18, 22, b15,
　　20-22, 29, 31, 1190b5, 1199a18,
　　1200a29, b15, 1205a37, b14, 19,
　　1206a13-16, 22, 1207b24, 1212a12,
　　33, 훌륭한 사람 1183b29, 31,
　　1190b2, 1192a23-24, 1200a27,
　　1203a36, b8, 1204a37, 1206a10,
　　1207b23, 1208b23, 1209a5, 8, 10,
　　17, 28, 33, 37, b6, 12, 34, 38, 1210a3,
　　11, 1211a37, 1212a29, 32, 36, b2, 8,
　　11, 훌륭한 자연 본성 1205b3, 4, 13

힘(강요, bia)　1188a38, b1, 14, 27,
　　힘으로(biaois) 1188b12, 힘으로
　　강요하다(biazesthai) 1188b3-13

지은이

아리스토텔레스 기원전 384~322년

그리스 북동부 칼키디케 반도 스타게이로스 출생. 별칭으로 '스타게이로스의 사람'으로 불렸다. 마케도니아의 왕 아뮌
타스 3세의 시의(侍醫)였던 아버지 니코마코스 덕에 어린 시절 펠라의 궁전에서 수준 높은 교육을 받으면서 성장했다.
17세가 되던 기원전 367년 아테네로 간 그는 플라톤의 아카데미아에 들어가 플라톤이 죽는 기원전 347년경까지 20년
동안 플라톤 문하에서 학문에 정진한다.
플라톤이 죽고 그의 조카 스페우시포스가 아카데미아의 새 원장이 되자 몇몇 동료와 아테네를 떠난 아리스토텔레스는
기원전 342년 마케도니아의 필립포스 왕에게서 그의 아들 알렉산드로스의 교육을 위탁받은 것으로 추정되기도 한다.
알렉산드로스가 아시아 원정을 준비하던 기원전 335년 아테네로 돌아온 그는 아폴론 신전 경내에 뤼케이온이라는 학원
을 설립한다. 기원전 323년 알렉산드로스 대왕이 죽고, 아테네에 반마케도니아 기운이 감돌기 시작하자 아리스토텔레스
는 아테네를 떠나 어머니의 고향 칼키스로 갔고, 이듬해에 세상을 떠난다.
그의 저술들을 주제별로 정리하면 다음과 같다. 논리학적 저작으로 『범주론』 『명제론』 『분석론 전서』 『분석론 후서』
『토피카』 『소피스트적 논박에 대하여』 등이, 이론철학적 저작으로 『자연학』 『형이상학』 『혼에 대하여』 등이, 실천철학적
저술로 『니코마코스 윤리학』 『정치학』 『에우데모스 윤리학』 『대도덕학』 등이 전해진다. 또한 언어학적 철학 저작인 『수
사술』과 예술 이론적 저작인 『시학』이 전승되었고, 생물학 관련 작품으로 『동물 탐구』 『동물의 부분들에 대하여』 『동물
의 운동에 대하여』 등도 전해진다.

옮긴이·주석

김재홍

숭실대학교 철학과 졸업. 동 대학원에서 서양고전 철학 전공, 1994년 「아리스토텔레스의 학문방법론에서의 변증술의 역
할에 관한 연구」로 철학박사 학위 취득. 캐나다 토론토대학교 '고중세 철학 합동 프로그램'에서 철학 연구(Post-Doc). 가
톨릭대학교 인간학연구소 전문연구원, 서울대학교 철학사상연구소 선임연구원 역임. 가톨릭관동대학교 연구교수를 거
쳐 전남대 사회통합지원센터 부센터장을 지냈으며, 현재 정암학당 연구원으로 있다.
저서 『그리스 사유의 기원』 『왕보다 더 자유로운 삶』 『아리스토텔레스 정치학』 등. 역서 『자기 자신에게 이르는 것들』
『에픽테토스 강의 1·2』 『에픽테토스 강의 3·4, 엥케이리디온, 단편』 아리스토텔레스의 『토피카』 『소피스트적 논박에 대
하여』 『니코마코스 윤리학』 등.

장미성

숭실대학교 철학과 졸업. 동 대학원에서 플라톤 존재론 연구로 석사학위, 뉴욕주립대학에서 아리스토텔레스 윤리학 연
구로 박사학위 취득. 숭실대 철학과 교수로 재직 중. 희랍어·라틴어 고전을 번역하고 연구하는 정암학당 연구원으로도
활동하고 있다. 저서 Aristotle on Emotions in Law and Politics(공저), 역서 『사랑에 빠진 소크라테스』 논문 「아리스토텔
레스의 우정론」 등.